Original en couleur
NF Z 43-120-8

Couverture inférieure manquante

HISTOIRE
DE
MARIE-ANTOINETTE

PAR

EDMOND ET JULES DE GONCOURT

PARIS
LIBRAIRIE DE FIRMIN DIDOT FRÈRES, FILS ET Cⁱᵉ
IMPRIMEURS DE L'INSTITUT, RUE JACOB, 56

1858

HISTOIRE

DE

MARIE-ANTOINETTE

OUVRAGES DES MÊMES AUTEURS.

HISTOIRE DE LA SOCIÉTÉ FRANÇAISE PENDANT LA RÉVOLUTION. Un vol. grand in-8°, 2e édition. *Prix :* 5 fr.

HISTOIRE DE LA SOCIÉTÉ FRANÇAISE PENDANT LE DIRECTOIRE. Un vol. grand in-8°, 2e édition. *Prix :* 5 fr.

PORTRAITS INTIMES DU XVIIIe SIÈCLE, d'après les lettres autographes et les documents inédits.

Première série. *Prix :* 3 fr.

Louis XVI. — Bachaumont. — Beaumarchais. — l'abbé Leblanc. — Doyen. — Camargo, etc. — Dulaurens. — Théroigne de Méricourt. — Watteau. — Mademoiselle de Romans.

Deuxième série. *Prix :* 3 fr.

Madame Dubarry. — Caylus. — Kléber. — Piron. — La duchesse de Chaulnes. — Louis XV enfant. — Madame Geoffrin. — Le comte de Clermont. — Le Bas. — L'abbé d'Olivet.

Paris. — Typographie de Firmin Didot frères, fils et Cⁱᵉ, rue Jacob, 56.

HISTOIRE

DE

MARIE-ANTOINETTE

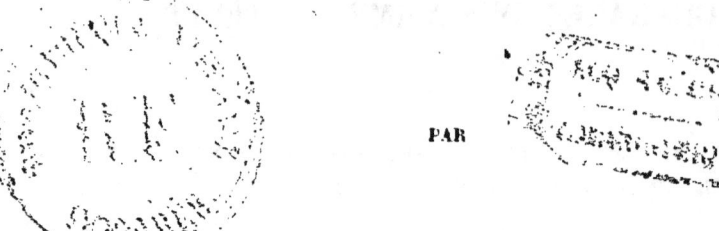

PAR

EDMOND ET JULES DE GONCOURT

PARIS

LIBRAIRIE DE FIRMIN DIDOT FRÈRES, FILS ET Cie

IMPRIMEURS DE L'INSTITUT, RUE JACOB, 56

1858

Droit de traduction et de reproduction réservé

LIVRE PREMIER

1755-1774

1

Abaissement de la France au milieu du dix-huitième siècle. — Politique de l'Angleterre. — Traité de Paris. — Nouvelle politique française de M. de Choiseul. — Alliance de la France avec la maison d'Autriche. — Naissance de Marie-Antoinette. — Son éducation française. — Correspondances diplomatiques et négociations du mariage. — Audience solennelle de l'ambassadeur de France. — Départ de Vienne de l'archiduchesse Antoinette.

Au milieu du dix-huitième siècle, la France avait perdu l'héritage de gloire de Louis XIV, le meilleur de son sang, la moitié de son argent, l'audace même et la fortune du désespoir. Ses armées reculant de défaites en défaites, ses drapeaux en fuite, sa marine balayée, cachée dans les ports, et n'osant tenter la Méditerranée, son commerce anéanti, son cabotage ruiné, la France, épuisée et honteuse, voyait l'Angleterre lui enlever un jour Louisbourg, un jour le Sénégal, un jour Gorée, un jour Pondichéry, et le Coromandel, et Malabar, hier la Guadeloupe, aujourd'hui Saint-Domingue, demain Cayenne. La France détournait-elle ses yeux de son empire au delà des mers? La patrie, en écoutant à ses frontières, entendait la marche des troupes prusso-anglaises. Sa jeunesse était restée sur les champs de bataille de Dettingen et de Rosbach; ses vingt-sept vaisseaux de ligne étaient pris; six mille de ses matelots étaient prisonniers; et l'Angleterre, maîtresse de Belle-Isle, pouvait promener impunément l'incendie et la terreur le long de ses côtes, de Cherbourg à Toulon. Un traité venait consacrer le déshonneur et l'abaissement de la France. Le traité de Paris cédait en toute propriété au roi d'Angleterre le Canada et Louisbourg, qui avaient coûté à la France tant d'hommes et tant d'argent, l'île du Cap Breton, toutes les îles du golfe et fleuve Saint-Laurent. Du banc de Terre-Neuve, le traité de Paris ne laissait à la France, pour sa pêche à la morue, que les îlots de Saint-Pierre et de Miquelon, avec une garnison qui ne pouvait pas excéder cinquante hommes. Le traité de Paris enfermait et resserrait la France dans sa possession de la Louisiane par une ligne tracée au milieu du Mississipi. Il chassait la France de ses établissements sur le Gange. Il enlevait à la France les plus riches et les plus fertiles des Antilles, la portion la plus avantageuse du Sénégal, la plus salubre de l'île de Gorée. Il punissait l'Espagne d'avoir soutenu la France, en enlevant la Floride à l'Espagne. Mais l'Angleterre n'était point satisfaite encore de l'imposition de ces conditions, qui lui donnaient presque tout le continent américain, depuis le 25ᵉ degré jusque sous le pôle.

Elle voulait et obtenait une dernière humiliation de la France. Par le traité de Paris, les fortifications de Dunkerque ne pouvaient être relevées, et la ville et le port devaient rester indéfiniment sous l'œil et la surveillance de commissaires de l'Angleterre, établis à poste fixe et payés par la France (1). Un moment la France avait craint que l'humiliation n'allât plus loin encore, et que l'Angleterre n'exigeât l'entière démolition du port (2).

L'Angleterre est donc l'ennemi, elle est le danger pour la France et pour le maintien de son rang parmi les puissances, pour la maison de Bourbon et pour l'honneur de la monarchie. Devant ce peuple, parvenu à la domination de la mer par son commerce, par sa marine, par les ressorts nouveaux de la prospérité des empires modernes ; devant cet orgueil, qui veut déjà exiger le salut de toute marine sur tous les océans du monde, et qui prétend, à voix haute, dans le Parlement, « qu'aucun coup de canon ne doit être tiré en Europe sans la permission de l'Angleterre ; » devant cette vieille haine contre la France, cette jalousie sans merci et sans remords, qui après avoir usé contre la France de surprises et de trahisons, abuse de ses malheurs ; devant cette politique anglaise, qui déclarera, par la bouche de milord Rochefort, « tout arrangement

---

(1) Politique de tous les cabinets de l'Europe pendant le règne de Louis XV et de Louis XVI. *Paris, Buisson,* 1793. — Les fastes de Louis XV, à Villefranche, 1782. — Vie privée de Louis XV. *Londres,* 1785.

(2) Lettre du duc de Choiseul. Catalogue de lettres autographes, du 29 novembre 1857.

ou événement quelconque contrariant le système politique de la France, nécessairement agréable à S. M. Britannique; » qui déclarera encore, par la bouche de Pitt, « n'estimer jamais assez grande l'humiliation de la maison de Bourbon (1); » devant cet accroissement énorme, cette prétention insolente, cette inimitié implacable, qu'alarment encore l'impuissance et les désastres de la France, la France se devait, avant tout, d'oublier toutes choses pour se défendre contre tant de menaces. Il lui fallait abandonner la politique de l'ancienne France, de Henri IV au cardinal de Fleury, du traité de Vervins à l'établissement d'un Bourbon sur le trône de Naples; abandonner la pensée des Richelieu, des Davaux, des Mazarin, des Servien, des Belle-Isle, la tradition de Louis XIV, cette longue poursuite de l'Autriche allemande et de l'Autriche espagnole, contre lesquelles le grand roi avait poussé, toute sa vie, ses généraux et ses victoires. De nouveaux destins commandaient à la France de quitter cette lutte et ces ombrages, et de tourner contre l'Angleterre sa diplomatie et ses armes, les tentatives de son courage et les efforts de son génie.

Le ministre français qui écrivait, en 1762, au duc de Nivernois, à propos des bruits de démolition de Dunkerque : « *Jamais, Monsieur le Duc, dussé-je en mourir, je ne donnerai mon consentement à une pareille destruction* (2), » ce ministre, M. de Choiseul, obéissait à la né-

---

(1) Vie privée de Louis XV. — Politique de tous les cabinets.
(2) Lettre du duc de Choiseul. Catalogue de lettres autographes, du 29 novembre 1857.

cessité et à la raison des choses en entrant à fond dans la politique de M. de Bernis, en allant jusqu'au bout de ses conséquences, et en acquérant à la maison de Bourbon l'alliance de son ancienne ennemie, la maison d'Autriche. Les périls du moment, aussi bien que les craintes de l'avenir, l'évolution des puissances de l'Europe, le déplacement des contre-poids de son équilibre, la tyrannie de ses conseils usurpée par l'Angleterre, l'amoindrissement de l'Empire, faisaient une loi à M. de Choiseul de rompre avec une politique qui n'était plus qu'un préjugé, et de former contre l'Angleterre ce qu'il appelait « une alliance du Midi, » c'est-à-dire de la France, de l'Espagne et de l'Autriche (1). Mais cette alliance ou plutôt cette ligue, dont M. de Choiseul espérait la restauration du rang et de l'honneur de la France, M. de Choiseul ne la jugeait pas suffisamment scellée par des traités. Il la désirait sans réserve, intime, familière. Aux liens d'un contrat de peuple à peuple, il voulait joindre les nœuds du sang, de cour à cour. Flatter l'orgueil de mère de Marie-Thérèse, appeler une archiduchesse autrichienne à l'espérance et à la succession du trône de France, unir dans un mariage les futurs intérêts des deux monarchies, lui parut le sûr moyen de faire la réconciliation effective et le grand acte de son ministère durable. Le cœur de l'Impératrice accueillait le projet de M. de Choiseul. Lors de son voyage en Pologne, en 1766, madame Geoffrin, de passage à Vienne, caressant la charmante

(1) Mémoires de M. le duc de Choiseul, imprimés dans son cabinet, à Chanteloup, en 1778. *Paris*, 1790.

petite archiduchesse Marie-Antoinette, la trouvant « belle comme un ange, » et disant qu'elle voulait l'emmener à Paris : « *Emportez! emportez!* » s'écriait Marie-Thérèse (1).

Marie-Antoinette-Josèphe-Jeanne de Lorraine, archiduchesse d'Autriche, fille de François Ier, empereur d'Allemagne, et de Marie-Thérèse, impératrice d'Allemagne, reine de Hongrie et de Bohême, était née le 2 novembre 1755.

Marie-Thérèse, pendant sa grossesse, avait parié une discrétion contre le duc de Tarouka, qui lui annonçait un archiduc. La naissance de Marie-Antoinette faisait perdre le duc de Tarouka, qui, pour s'acquitter, apportait à l'Impératrice une figurine en porcelaine, un genou en terre, et présentant des tablettes où Métastase avait écrit :

> Io perdei : l'augusta figlia
> A pagar m'a condannato ;
> Ma s'e ver che a voi somiglia,
> Tutto il mondo ha guadagnato (2).

L'archiduchesse grandissait à côté de ses sœurs. Elle cessait d'être cette folle enfant qui associait Mozart à ses jeux. Marie-Thérèse n'abandonnait point son édu-

---

(1) Portraits intimes du dix-huitième siècle, par Edmond et Jules de Goncourt, 2e série, 1858.
(2) Mémoires sur la vie privée de Marie-Antoinette, par madame Campan. Paris, 1826, vol. I.

cation aux soins des grandes maîtresses, ni ses talents à leurs indulgences : elle surveillait et guidait ses leçons, descendant jusqu'à s'occuper de l'écriture de sa fille, et la complimentant de ses progrès (1). Elle cherchait bientôt tous les maîtres capables de donner à ses grâces les grâces françaises. Deux comédiens français, Aufresne et Sainville, étaient chargés par elle de faire oublier Métastase à l'archiduchesse, et son goût déjà vif de la langue et du chant italiens. Ils devaient la former à toutes les délicatesses de la prononciation, de la déclamation et du chant français. Marie-Thérèse entourait sa fille de tout ce qui pouvait lui parler de la France et lui apporter l'air de Versailles, des livres de Paris à ses modes, d'un coiffeur français à un instituteur français, l'abbé de Vermond (2). Sa préoccupation constante était de montrer aux Français sa beauté et son esprit naissants, d'en envoyer le bruit à l'OEil-de-Bœuf, d'en occuper la curiosité désœuvrée de Louis XV.

Dès le commencement de l'année 1769, les correspondances diplomatiques, les dépêches de l'ambassadeur de France parlent de l'archiduchesse Antoinette, de ses charmes, de l'agrément de sa danse aux bals de la cour, et de l'heureux succès des leçons du Français Noverre. Le peintre Ducreux est envoyé de France pour peindre l'archiduchesse, et commence son portrait le 18 février. Le Roi fait presser Ducreux, qui

(1) Lettre de Marie-Thérèse. Pièce de l'Isographie.
(2) Mémoires de madame Campan, vol. I. — Mémoires de Weber concernant Marie-Antoinette. *Paris*, 1822, vol. I.

avance lentement. Il demande qu'on se hâte, et il témoigne une telle impatience, qu'aussitôt le portrait fini, l'ambassadeur de France, M. de Durfort, le lui envoie par son fils. Un divertissement donné par l'Impératrice, à Luxembourg, à l'archiduchesse Antoinette pour sa fête, révèle à tous combien l'archiduchesse est digne de l'amour d'un Dauphin de France; et le 1ᵉʳ juillet, dans un long entretien avec M. de Kaunitz, le marquis de Durfort règle, sauf quelques réserves, le mariage du Dauphin, le contrat, l'entrée publique, le cérémonial à suivre pour l'ambassadeur extraordinaire du Roi. Le 16 du même mois, Louis XV mande de Compiègne à M. de Durfort d'accélérer la convention du mariage du Dauphin. Le projet de contrat de mariage est soumis à l'Impératrice et présenté à l'acceptation du Roi à son retour de Compiègne. Le 13 janvier 1770, après quelques changements proposés au prince de Kaunitz par M. de Durfort, la dernière note de la cour de Vienne sur le mariage est remise à la cour de France.

Au mois d'octobre 1769, la *Gazette de France* annonçait déjà que des ordres avaient été donnés à Vienne pour réparer les chemins par où l'archiduchesse, future épouse de Monseigneur le Dauphin, devait passer pour se rendre en France. Cinq mois après plus de cent ouvriers travaillent, dans le Belvédère, à cette salle de quatre cents pieds où doivent se donner le souper et le bal masqué du mariage (1).

(1) Gazette de France, 1770, n° 23.

Le 16 avril 1770, vers les six heures du soir, la cour étant en gala, l'ambassadeur de France était reçu par les grands officiers de la maison d'Autriche, les gardes du palais bordant le grand escalier, les gardes du corps, les gardes noble et allemande formant dans les antichambres double haie. Il se rendait à l'audience de l'Empereur, puis à l'audience de l'Impératrice-Reine, à laquelle il faisait, au nom du Roi très-chrétien, la demande de Madame l'archiduchesse Antoinette. Sa Majesté Impériale et Royale donnait son consentement, et Son Altesse Royale l'archiduchesse, appelée dans la salle d'audience, recevait les marques de l'aveu de l'Impératrice, et prenait des mains de l'ambassadeur de France une lettre de Monseigneur le Dauphin, et le portrait de ce prince, qu'attachait aussitôt sur sa poitrine la comtesse de Trautmansdorf, grande maîtresse de sa maison. La cour se rendait ensuite à la salle des spectacles, où étaient joués *la Mère confidente*, de Marivaux, et un ballet nouveau de Noverre, *les Bergers de Tempé*.

Le 17, l'archiduchesse, qui allait devenir Dauphine, faisait, suivant l'usage observé en pareille circonstance par la maison d'Autriche, sa renonciation solennelle à la succession héréditaire, tant paternelle que maternelle, dans la salle du conseil, devant tous les ministres et les conseillers d'État de la cour impériale et royale. La renonciation lue par le prince de Kaunitz, l'archiduchesse la signait et la jurait sur un autel, devant l'Évangile, présenté par le comte de Herberstein (1).

Alors commençaient les fêtes du Belvédère, qui duraient jusqu'au 26, jour du départ de l'archiduchesse.

L'archiduchesse arrivait le 7 mai à la frontière de France.

(1) Gazette de France, 1770, n° 36.

II

Le pavillon de remise dans une île du Rhin. — Portrait de la Dauphine. — Fêtes à Strasbourg, à Nancy, à Chalons, à Soissons. — Arrivée à Compiègne. — Réception de la Dauphine par le Roi, le Dauphin et la Cour. — La Dauphine à la Muette. — Cérémonies du mariage à Versailles. — Accident de la place Louis XV.

Il avait été construit, dans une île du Rhin, auprès de Strasbourg, un pavillon meublé par le garde-meuble du Roi; ce pavillon devait être la maison de remise (1). La Dauphine mettait pied à terre dans la partie du pavillon réservée à la cour autrichienne. Là elle était déshabillée selon l'étiquette, dépouillée de sa chemise même et de ses bas, pour que rien ne lui restât d'un pays qui n'était plus le sien (2). Rhabillée, elle se rendait dans la salle destinée à la cérémonie de la remise. Elle y était attendue par le comte

---

(1) Mercure de France, mai 1770.
(2) Mémoires de madame Campan, vol. I.

de Noailles, ambassadeur extraordinaire du Roi pour la réception de la Dauphine, par le secrétaire du cabinet du Roi, et par le premier commis des affaires étrangères. La lecture des pleins pouvoirs faite, les actes de remise et de réception de la Dauphine signés par les commissaires, le côté où se tenait la cour française de la Dauphine est ouvert. Marie-Antoinette se présente à sa nouvelle patrie; elle va au-devant de la France, émue, tremblante, les yeux humides et brillants de larmes. Elle paraît : elle triomphe.

La Dauphine est jolie, presque belle déjà. La majesté commence en ce corps de quinze ans. Sa taille, grande, libre, aisée, maigre encore, et de son âge, promet un port de reine. Ses cheveux d'enfant, admirablement plantés, sont de ce blond rare et charmant plus tendre que le chatain cendré. Le tour de son visage est un ovale allongé. Son front est noble et droit. Sous des sourcils singulièrement fournis, les yeux de la Dauphine, d'un bleu sans fadeur, parlent, vivent, sourient. Son nez est aquilin et fin, sa bouche, petite, mignonne et bien arquée. Sa lèvre inférieure s'épanouit à l'autrichienne. Son teint éblouit : il efface ses traits par la plus délicate blancheur, par la vie et l'éclat de couleurs naturelles, dont le rouge eût pu suffire à ses joues (1). Mais ce qui ravit avant tout, dans la Dauphine, c'est l'âme de sa jeunesse répandue en tous ses dehors. Cette naïveté du regard, cette timidité de l'attitude, ce trouble et ces premières hontes où tant de

---

(1) Mémoires pour servir à l'histoire de la république des lettres, vol. VIII.

choses se mêlent, embarras, modestie, bonheur, reconnaissance ; l'ingénuité de toute sa personne emporte d'abord tous les yeux, et gagne tous les cœurs à cette jeune Grâce apportant l'amour pudique à la cour de Louis XV et de la Dubarry !

Chaque personne de la suite autrichienne de la Dauphine est venue lui baiser la main, puis s'est retirée. Le comte de Noailles présente à la Dauphine son chevalier d'honneur, le comte de Saulx-Tavannes ; sa dame d'honneur, la comtesse de Noailles. Madame de Noailles, à son tour, lui présente ses dames : la duchesse de Picquigny, la marquise de Duras, la comtesse de Mailly et la comtesse de Tavannes ; le comte de Tessé, premier écuyer ; le marquis Desgranges, maître des cérémonies ; le commandant du détachement des gardes du corps, le commandant de la province, l'intendant d'Alsace, le préteur royal de la ville de Strasbourg, et les principaux officiers de sa maison.

La Dauphine monte dans les carrosses du roi pour entrer dans la ville. Les régiments de cavalerie du Commissaire-Général et de Royal-Étranger, en bataille dans la plaine, la saluent. Une triple décharge de l'artillerie des remparts, les volées des cloches de toutes les églises annoncent son entrée en ville. A la porte de la ville, le maréchal de Contades reçoit la Dauphine devant un magnifique arc de triomphe. En passant devant l'hôtel de ville, la Dauphine voit couler les fontaines de vin pour le peuple. Elle descend au palais épiscopal, où le cardinal de Rohan la reçoit avec son grand chapitre, les comtes de la cathédrale : le prince Ferdinand de Rohan, archevêque de Bordeaux, grand prévôt ; le prince de Lorraine, grand doyen ; le comte de Trucksès, l'évêque de Tournay, les comtes de Salm et de Mandrechied, le prince Louis de Rohan, coadjuteur ; les trois princes de Hohenlohe, les deux comtes de Kœnicgsec, le prince Guillaume de Salm, et le jeune comte de Trucksès. La Dauphine embrasse le cardinal de Rohan, le prince de Lorraine, et les princes Ferdinand et Louis de Rohan ; puis tous les corps sont présentés à la Dauphine. Les dames de la noblesse de la province ont l'honneur de lui être nommées. La Dauphine dîne à son grand couvert, et permet au magistrat de lui présenter les vins de la ville pendant que les tonneliers exécutent une fête de Bacchus, formant des figures en dansant avec leurs cerceaux. Le soir, la Dauphine se rendait à la Comédie française. A son retour elle trouvait toutes les rues illuminées, une colonnade et des jardins de feu vis-à-vis du palais épiscopal. A minuit, elle allait au bal donné par le maréchal de Contades, dans la salle de la Comédie, à toute la ville, à la noblesse, aux étrangers, aux officiers de la garnison, aux bourgeois et aux bourgeoises, habillés à la strasbourgeoise et parés de rubans aux couleurs de la Dauphine.

Le 8, la Dauphine recevait les personnes présentées, admises à lui faire leur cour, les députations du canton et de l'évêque de Bâle, de la ville de Mulhausen, du conseil supérieur d'Alsace, du corps de la noblesse et des université luthérienne et catholique. Elle se rendait à la cathédrale, à la porte de laquelle le prince Louis de Rohan, en habits pontificaux, accompagné des comtes de la cathédrale et de tout le clergé, venait la complimenter. Saluant d'avance la promesse d'une union si belle, il disait : « C'est l'âme de Marie-Thérèse qui va s'unir à l'âme des Bourbons ! »

Après la messe en musique et le grand concert au palais épiscopal, la Dauphine quittait Strasbourg et était reçue à Saverne par le cardinal de Rohan, à sept heures du soir. Un bataillon du régiment du Dauphin, commandé par le duc de Saint-Mégrin, un détachement du régiment Royal-cavalerie, commandé par le marquis de Serent, formaient une double haie dans l'avenue du château. Il y avait un bal où la Dauphine dansait jusqu'à neuf heures ; après le bal, un feu d'artifice ; après le feu, un souper qui réunissait autour de la Dauphine les dames de sa maison et ses dames autrichiennes. Le 9, la Dauphine déjeunait, entendait la messe, et faisait ses adieux aux dames et aux seigneurs autrichiens qui l'avaient accompagnée.

Le 9, la Dauphine arrivait à Nancy. Reçue à la porte Saint-Nicolas par le commandant de Lorraine, le marquis de Choiseul la Baume, elle couchait à l'hôtel du Gouvernement. Le lendemain elle recevait les respects de la Cour souveraine, de la Chambre des comptes, du Corps municipal et de l'Université. Après avoir dîné en public, la Dauphine allait visiter, aux Cordeliers, les tombeaux de sa famille. La Dauphine repartait, couchait à Bar, recevait à Lunéville les honneurs militaires du corps de la gendarmerie, du marquis de Castries et du marquis d'Autichamp. A Commercy, une petite fille de dix ans présentait à la Dauphine des fleurs et un compliment.

Le 11, la Dauphine descendait à Châlons, à l'hôtel de l'Intendance. Six jeunes filles, dotées par la ville à l'occasion du mariage du Dauphin de France, lui récitaient des vers. Les acteurs des trois grands spectacles, venus de Paris, jouaient devant la Dauphine la *Partie de chasse de Henri IV* et la comédie de *Lucile*. Le souper de la Dauphine était précédé d'un feu d'artifice et suivi d'une illumination figurant le temple de l'Hymen.

Le 12, la Dauphine continuait sa route par Reims. A Soissons, la bourgeoisie et la compagnie de l'arquebuse l'attendaient aux portes. Les trois rues conduisant à l'archevêché étaient décorées d'arbres fruitiers de vingt-cinq pieds de hauteur, entrelacés de lierre, de fleurs, de gazes d'or et d'argent, de guirlandes de lanternes. Reçue par l'évêque au bas du perron du palais épiscopal, la Dauphine se rendait à ses appartements par une galerie magnifiquement éclairée. Après le souper, tandis que deux tables de six cents couverts, servies avec profusion, régalaient le peuple, la Dauphine, conduite dans un salon construit exprès pour elle, voyait, dans le rayonnement d'un feu d'artifice, le temple élevé par l'évêque au fond de son jardin sur une montagne d'où jaillissait une source. Un groupe le couronnait : c'était la Renommée annonçant la Dauphine à la France, et un génie portant son portrait. Le lendemain la Dauphine communiait dans la chapelle de l'évêque, recevait les présents de la ville, du chapitre et des corps, assistait dans l'après-dînée à un *Te Deum* en musique dans la cathédrale. Sortie de la cathédrale, elle se montrait au peuple qui l'applaudissait. Le lendemain, 14, à deux heures après-midi, elle partait pour Compiègne (1).

La route avait été, pour la Dauphine, un long et fatigant honneur; mais elle avait été aussi une continuelle et douce ovation. « Qu'elle est jolie, notre Dauphine! » disaient les villages accourus sur son passage, les campagnes endimanchées rangées sur les chemins, les vieux curés, les jeunes femmes. « Vive la Dauphine! » ce n'était qu'un cri courant de champs en champs, de clochers en clochers. N'oubliant jamais de plaire ni de remercier, les stores de sa voiture baissés pour se laisser voir, honteuse et ravie de toutes ces louanges qui la suivaient, la Dauphine trouvait un sourire pour chacun, une réponse à toute chose; et même à quelques lieues de Soissons elle retrouvait quelques mots du peu de latin qu'elle avait appris, pour répondre au compliment cicéronien de jeunes écoliers (2).

Le Roi avait envoyé le marquis de Chauvelin complimenter la Dauphine à Châlons, le duc d'Aumont, premier gentilhomme, la complimenter à Soissons.

---

(1) Mercure de France. — Gazette de France, mai 1770.
(2) Mémoires de Weber, vol. I.

Le dimanche, 13 mai, il partait de Versailles, après la messe, avec le Dauphin, Madame Adélaïde, Mesdames Victoire et Sophie. Il couchait à la Muette, et le lendemain il allait attendre la Dauphine à Compiègne.

Reçue à quelques lieues de Compiègne par l'ami de Marie-Thérèse, le duc de Choiseul, Marie-Antoinette rencontre dans la forêt, au pont de Berne, le Roi, le Dauphin, Mesdames et la cour en grand cortége. La maison du Roi et le vol du cabinet précèdent le carrosse du Roi dans leurs rangs ordinaires. La Dauphine descend de carrosse. Le comte de Saulx-Tavannes et le comte de Tessé la mènent au Roi par la main. Toutes ses dames l'accompagnent. Arrivée au Roi, la Dauphine se jette à ses pieds : Louis XV l'ayant relevée et embrassée avec une bonté paternelle et royale, lui présente le Dauphin qui l'embrasse.

Arrivés au château, le Roi et le Dauphin donnent la main à la Dauphine jusque dans son appartement. Le Roi lui présente le duc d'Orléans, le duc et la duchesse de Chartres, le prince de Condé, le duc et la duchesse de Bourbon, le prince de Conti, le comte et la comtesse de la Marche, le duc de Penthièvre et la princesse de Lamballe.

Le mardi, 15 mai, la Dauphine quitte Compiègne, s'arrête à Saint-Denis, aux Carmélites, pour rendre visite à Madame Louise, et arrive à sept heures du soir au château de la Muette, où l'attend la magnifique parure de diamants que lui offre le Roi (1). Au souper,

---

(1) Mercure de France, mai 1770.

madame du Barry obtient du lâche amour de Louis XV de s'asseoir à la table de Marie-Antoinette. Marie-Antoinette sait ne pas manquer au Roi; et, après le souper, comme des indiscrets lui demandent comment elle a trouvé madame du Barry, « *Charmante* » fait-elle simplement (1).

Le mercredi, 16 mai, vers neuf heures, Marie-Antoinette, coiffée et habillée en très-grand négligé, part pour Versailles où doit se faire sa toilette (2). Le Roi et le Dauphin avaient quitté la Muette après le souper, à deux heures du matin, afin de recevoir la Dauphine. Le Roi passe chez elle aussitôt son arrivée, l'entretient longtemps, et lui présente Madame Élisabeth, le comte de Clermont et la princesse de Conti. A une heure la Dauphine se rendait à l'appartement du Roi. De là le cortége allait à la chapelle.

Précédés du grand maître, du maître et de l'aide des cérémonies, suivis du Roi, le Dauphin et la Dauphine s'avancent au bas de l'autel. L'archevêque de Reims bénit d'abord treize pièces d'or et un anneau d'or; il les présente au Dauphin qui met l'anneau au quatrième doigt de la main gauche de la Dauphine, et lui donne les treize pièces d'or. A la fin du *Pater* le poêle de brocart d'argent est tenu, du côté du Dauphin, par l'évêque de Senlis, du côté de la Dauphine, par l'évêque de Chartres (3).

---

(1) Mémoires de Weber.
(2) Journal des événements tels qu'ils parviennent à ma connaissance, par Hardy. Bib. Imp., Manuscrits, S. F. 2886, vol. I.
(3) Gazette de France. — Mercure de France, mai 1770.

Jamais bénédiction nuptiale à Versailles n'avait attiré pareille affluence. A Paris, le bureau des voitures de la cour était assiégé. Les carrosses de remise se payaient jusqu'à trois louis pour la journée, les chevaux de louage deux louis. Les rues semblaient désertes (1).

Rentrée dans ses appartements, la Dauphine recevait le serment des grands officiers de sa maison, et M. d'Aumont lui remettait la clef d'un coffre rempli de bijoux, apporté par ordre du Roi. Madame de Noailles lui présentait les ambassadeurs et les ministres des cours étrangères.

Le soir, l'archevêque de Reims bénissait le lit. Le Roi donnait la chemise au Dauphin, la duchesse de Chartres à la Dauphine.

Le lendemain commençaient à Versailles des fêtes sans exemple : grands appartements, bals parés dans la nouvelle salle de spectacle, bals masqués, feux d'artifices d'une demi-heure, illumination du grand canal et de tous les jardins emplis de bateleurs, de musiques et de danses. Le peuple de Paris eut des écus de six livres, des distributions de pain, de vin, de viande, et la foire des remparts (2).

Ces joies étourdissantes n'avaient point encore délivré la pensée de la jeune épouse de l'émotion et du souvenir de cet orage éclatant sur Versailles après son mariage, de ces coups de tonnerre ébranlant le

---

(1) Journal de Hardy, vol. I.
(2) Gazette de France. — Mercure de France, mai 1770.

château le jour même où elle y entrait (1). Bientôt une catastrophe l'alarmait de pressentiments plus sinistres.

Le 30 mai, jour de la clôture des fêtes, Ruggieri tirait un feu d'artifice à la place Louis XV. Le manque d'ordres, l'insuffisance de la garde, laissaient, après le feu, la foule aller contre la foule. Il y eut une presse, un carnage épouvantables. Des centaines de blessés étaient recueillis rue Royale. On ramassait cent trente-deux morts (2), et ces morts des fêtes du mariage du Dauphin et de la Dauphine étaient jetés au cimetière de la Madeleine (3). Qui eût dit alors les voisins qu'ils y attendaient?

(1) Mémoires de Weber, vol. I. — (2) Gazette de France, 4 juin 1770.
(3) Mémoires de Weber, vol. I.

III

La Dauphine à Versailles. — Sa gaieté, ses plaisirs. — La comédie dans un cabinet d'entresol. — Le Roi charmé par la Dauphine. — Jalousie et manœuvres de madame du Barry. — Dispositions de la famille royale pour la Dauphine : Mesdames Tantes, Madame Élisabeth, le comte d'Artois, le comte de Provence. — Le Dauphin. — Son gouverneur, M. de la Vauguyon. — Son éducation. — M. de la Vauguyon renvoyé par la Dauphine. — Portrait moral de la Dauphine. — Son instituteur, l'abbé de Vermond. — Le clergé et les femmes au dix-huitième siècle. — Madame de Noailles et madame de Marsan.

Le temps chassait les pressentiments et les tristesses. La Dauphine arrangeait sa vie, son bonheur et l'avenir. Elle s'habituait à sa patrie, à son mari, à son rôle. Elle faisait connaissance avec la cour, apprenait le nom des nouvelles figures, oubliait Vienne et l'allemand. Elle s'installait dans son appartement, elle se familiarisait avec Versailles, et voilà que deux jeunes femmes venaient lui apporter leur compagnie. Le mariage du comte de Provence et du comte d'Artois avec deux filles du roi de Sardaigne amenait dans le vieux palais, auprès de Marie-Antoinette, deux couples qui allaient être les complices de sa gaieté. Les trois ménages furent bien vite une famille, les trois femmes trois amies. On voulut vivre ensemble, sans se quitter, loin de la cour, loin de ses lois. Tout fut mis en commun, rire, jeunesse, innocence, la table même, et l'on mangea les uns chez les autres, hors les jours de repas publics. C'étaient des promenades bras dessus bras dessous, des jeux, des passe-temps, les mille amusements de vingt ans et de la vie familière. Puis, tous ces plaisirs épuisés, on courut sur la pointe du pied, et en prenant garde de faire crier les parquets, à un nouveau plaisir qui avait l'attrait du fruit défendu : la comédie. Princes et princesses choisissent un cabinet d'entresol, loin de l'œil de Louis XV, loin surtout de l'œil de Mesdames ; et là les trois couples abordent bravement le répertoire du Théâtre-Français. Il ne leur manque qu'un public : le Dauphin, qui ne joue pas, se charge de ce rôle, et le remplit à merveille dans l'unique avant-scène du cabinet, une avant-scène si petite qu'elle rentre dans une armoire (1). Mais ce n'était guère de public, d'applaudissements même qu'il s'agissait. Tous jouaient, comme on joue à l'âge de la Dauphine, pour avoir des costumes et répéter des rôles : tous jouaient à leur profit.

Laissons la Dauphine à ces jeux de son âge, et tentons de peindre la famille dans laquelle est en-

(1) Mémoires de madame Campan, vol. I.

trée la jeune archiduchesse autrichienne. Essayons de montrer le milieu nouveau de ses affections, les habitudes d'esprit, les caractères, le mode de vie et de mœurs des princes et des princesses avec lesquels elle doit vivre, les sympathies et les antipathies qu'elle doit nécessairement rencontrer. Ce tableau importe à la justice de l'Histoire, il importe au jugement de la Dauphine.

Louis XV s'était laissé charmer par la femme de son petit-fils. Cette jeune fille, cette enfant rajeunissait son âme. Ses yeux, las d'habits de cérémonie, se reposaient sur cette robe de gaze envolée et légère, qui faisait ressembler la Dauphine « à l'Atalante des jardins de Marly. » Les soucis de la vieillesse honteuse, l'incurable ennui de la débauche s'enfuyaient de son âme et de son regard aux côtés de la Dauphine. Auprès d'elle, il lui semblait respirer un air plus pur et comme la fraîcheur d'une belle matinée après une nuit d'orgie. Il voulait lui-même la promener dans les jardins de Versailles, et s'étonnait d'y trouver des ruines : son royaume l'eût bien plus étonné. L'aidant à sauter un amas de pierres : « Je vous demande bien pardon, ma fille, — lui disait Louis XV, — de mon temps il y avait ici un beau perron de marbre ; je ne sais ce qu'ils en ont fait... » A tous il faisait la question : *Comment trouvez-vous la Dauphine* (1)? La Dauphine, heureuse, reconnaissante, donnait au Roi mille caresses ; chaque jour elle avançait dans ses bonnes grâces. Mais la

---

(1) Mémoires secrets et universels des malheurs et de la mort de la Reine de France, par Lafont d'Aussonne. *Paris*, 1824.

favorite prenait peur de cette petite fille, qui, en réconciliant le Roi avec lui-même, menaçait le crédit de son amour, et toutes les méchancetés de la femme et de la cour étaient par elle mises en œuvre contre la *petite rousse :* c'est ainsi que madame du Barry appelait la Dauphine. Elle critiquait son visage, sa jeunesse, ses traits, ses mots, sa naïveté, toutes ses grâces. Elle faisait savoir au Roi que la Dauphine s'était plainte à Marie-Thérèse de la présence de la maîtresse du Roi à la Muette. Le Roi s'éloignait alors peu à peu de la Dauphine, et madame du Barry n'avait plus de craintes le jour où il échappait au Roi, dans une parole amère comme un remords : « Je sais bien que Madame la Dauphine ne m'aime pas ! »

Les filles de Louis XV, les tantes du Dauphin, que leur âge, leur position à la cour, leur affection pour le Dauphin appelaient à être les tutrices de l'inexpérience et de la jeunesse de la Dauphine, qui étaient-elles, et qu'allaient-elles être pour Marie-Antoinette ? Mesdames étaient de vieilles filles, au fond desquelles était resté quelque chose de leur éducation de couvent et de l'inepte direction de cette madame d'Andlau, sur laquelle une lettre du Dauphin renseigne si tristement (1). Elles n'avaient rien en elles de l'indulgence des grand'mères, mais toutes les sévérités de l'âge et toutes les aigreurs du célibat. Mesdames vivaient dans les froideurs de l'étiquette, dans le culte de leur rang, dans l'ennui et la roideur d'une petite cour calquée sur celle de la

(1) Revue rétrospective, vol. I, deuxième série.

feue Dauphine, la princesse de Saxe, leur belle-sœur, qui de sa cour sévère semblait être un reproche indirect à Louis XV. Dans cet intérieur dévotieux et sans sourire, il n'y avait d'humain que les benoîtes recherches de la vie des nonnes, les aises de la vie, les petites chatteries du boire et du manger, les tours de force d'un artiste en maigre, un cuisinier cité dans tout Paris pour faire de la viande avec du poisson. Les quatre princesses vivaient à l'ombre dans le palais, ne voyant le Roi que par éclairs, au débotté, enfermées et enfoncées dans les principes et les rancunes de leur frère, les professant ou plutôt les confessant avec la rigueur d'esprits étroits et l'entêtement d'imaginations sans distractions.

Les quatre princesses n'avaient qu'une volonté, la volonté de Madame Adélaïde, qui commandait à ses sœurs par la tournure mâle et le ton impérieux de son caractère. Madame Louise retirée aux Carmélites, Madame Adélaïde entrait en une possession plus entière encore de la bonne mais faible nature de Madame Victoire, de la faible et sauvage nature de Madame Sophie.

Du premier jour, les rapports futurs de Madame Adélaïde avec Marie-Antoinette ne se laissent que trop deviner. M. Campan, venant chercher ses ordres au moment de partir pour aller recevoir la Dauphine à la frontière, Madame Adélaïde répond à M. Campan « qu'elle n'a point d'ordre à donner pour envoyer chercher une princesse autrichienne (1). »

(1) Mémoires de madame Campan, vol. I.

Que pouvait Marie-Antoinette contre de telles préventions? Que pouvaient sa gaieté, sa sensibilité, tous ses dons auprès de cette âme dure, sèche et hautaine? Quel lien d'ailleurs entre la femme du Dauphin et sa tante? L'esprit naturel et peu nourri de la Dauphine se heurtait à cette encyclopédie de connaissances acquises, avec une volonté de fer, par Madame Adélaïde au sortir du couvent. Libertés, vivacités, bonheurs indiscrets de la parole, jolies audaces, gracieuses ignorances choquaient à toute heure cette science glacée, cette religion pédante, cette expérience gourmée et grondeuse. Et que si l'on voulait montrer l'opposition de ces deux princesses jusque dans le détail et le menu de leurs goûts, les Mémoires contemporains nous apprendraient que la table même ne les rapprochait point : la Dauphine satisfaisait son appétit d'un rien, et sa soif d'un verre d'eau (1).

Madame Victoire, douce et excellente personne si elle eût eu le courage de s'abandonner à ses instincts, peinée du triste accueil que sa sœur faisait à tant de grâces, s'essaya un moment à se faire la consolation et le conseil de la jeune épousée. Elle l'appela et l'autorisa près d'elle. Elle tenta, par l'attrait de quelques fêtes données chez madame de Durfort, de s'approcher de la confiance de la Dauphine et de l'attacher à sa compagnie; mais madame de Noailles d'un côté, Madame Adélaïde de l'autre, ne tardèrent pas à avoir raison de ces bonnes dispositions de Madame Victoire (2).

(1) Mémoires de madame Campan, vol. I. — (2) *Idem.*

La séduction de Louis XV par les naïvetés de la Dauphine, par la bonne humeur de ses vertus, accrut le mauvais vouloir de Madame Adélaïde. Avant la faveur de madame du Barry, Madame Adélaïde avait un moment gouverné Versailles Sa causerie soutenue de lectures, son esprit radouci et plié à l'amabilité, avaient plu à Louis XV. Faisant la cour aux goûts du Roi, Madame Adélaïde montait à cheval avec lui, et, au retour, elle faisait les honneurs de soupers de bonne compagnie, où Louis XV ne s'ennuyait point trop (1). Madame Adélaïde ne pardonna pas à la faveur de la Dauphine de faire renoncer ses espérances à ce rêve d'ambition, qu'elle se flattait de renouer, madame du Barry tombant en disgrâce.

Marie-Antoinette avait-elle mieux à attendre des autres femmes de la famille? Madame Élisabeth n'était encore qu'une enfant. Madame Clotilde était entraînée vers une amie de son âge. Elle était poussée vers la Dauphine par cette loi des contraires, qui est souvent la loi des sympathies : calme, lente, paresseuse, elle se rapprochait instinctivement de cette gaieté vive, dont elle aimait le coup de fouet et l'aiguillon. Malheureusement madame de Marsan était là qui la retenait (2).

Le triomphe de Marie-Antoinette avait été complet et de premier coup sur le plus jeune de ses beaux-frères, le comte d'Artois. Plus jeune encore que la Dauphine, sortant de l'enfance, le comte d'Artois annonçait déjà

---

(1) Mémoires historiques de a princesse de Lamballe, par madame Guénard, vol. I.
(2) Mémoires de madame Campan, vol. I.

le vrai modèle d'un prince français. Déjà il réalisait les traits d'un héros de chevalerie, et c'est demain que le monde le surnommera Galaor. Il avait les grâces de sa belle-sœur, ses goûts, ses aspirations. Il commençait la vie, il allait comme elle au plaisir; et dès l'arrivée de la femme de son frère, quel ménage d'amusements, d'illusions, de confidences et de badinages font ces deux enfants, qui semblent les princes de la jeunesse (1)!

Le comte de Provence, moins jeune que le comte d'Artois, moins jeune surtout de cœur et d'esprit, d'un sang plus froid, d'un caractère moins ouvert, de goûts moins vifs, le comte de Provence lui-même s'abandonna au charme de sa belle-sœur jusqu'à devenir son courtisan et son poëte. Le comte de Provence cependant revint, après les premiers moments, à son rôle et à son masque, à la politesse mielleuse, à l'ambition sournoise. Le mariage le refroidit encore. La comtesse de Provence, cette altière princesse de Savoie, cette Junon aux sourcils noirs et arqués, se prit à haïr cette femme qui plaisait à tous et qui lui avait pris la place de Dauphine de France (2). Puis se forma le salon du comte de Provence, bientôt le salon de Monsieur, ce salon de bouderie, de pédanterie et de doctrine, cette académie de lettres, de sciences, de droit politique, qui chaque jour alla se séparant davantage de la cour de Marie-Antoinette.

Tels sont les entours de la Dauphine, ses nouvelles

(1) Mémoires autographes de M. le prince de Montbarey. *Paris,* 1826, vol. II.
(2) Mémoires historiques et politiques, par Soulavie, vol. II.

tantes, ses nouvelles sœurs, ses nouveaux frères. Son mari remplacera-t-il toutes les affections qui lui manquent? Dédommagera-t-il la princesse des animosités qui l'entourent? Donnera-t-il l'amour à l'épouse? Non.

Il se rencontre parfois, à la fin des races royales, des cœurs pauvres, des tempéraments tardifs, en qui la nature semble faire montre de sa lassitude. Le Dauphin était de ces hommes auxquels les tourments de la passion et les sollicitations du tempérament sont longtemps refusés, et qui, portant comme une honte la conscience de ces lenteurs, se dérobent brusquement à l'amour en humiliant la femme. Peut-être aussi y avait-il dans ce malheur du Dauphin plus encore l'influence de l'éducation que l'injustice de la nature.

Cette froideur, ce silence des passions, de la jeunesse, du sexe, cette imagination réduite, ces malaises et ces défaillances d'un Bourbon de dix-huit ans, ce mari, cet homme, n'étaient-ils pas, en effet, l'œuvre, le crime d'un gouverneur choisi par l'imprévoyante piété du Dauphin, père de Louis XVI?

Ce gouverneur était Monseigneur Antoine-Paul-Jacques de Quélen, chef des noms et armes des anciens seigneurs de la chatellenie de Quélen, en haute Bretagne; juveigneur des comtes de Porhoët, pair de France, prince de Carency, comte de Quélen et du Broutay, marquis de Saint-Mégrin, de Callonges et d'Archiac, vicomte de Calvignac, baron des anciennes et hautes baronnies de Tonneins, Gratteloup, Villeton, la Gruère et Picornet, seigneur de Larnagol et Talcoimur, vidame, chevalier et avoué de Sarlac, haut baron de

Guienne, second baron de Quercy (1) ; en un mot,
et par là-dessus, le duc de la Vauguyon, sire un peu
neuf, malgré tous ses titres, auquel l'orgueil d'une
alliance avec les Saint-Mégrin avait tourné la tête.
Son pauvre esprit s'était abîmé dans l'étiquette ;
et ne saisissant de la grandeur que l'importance,
de la hauteur que la brusquerie, n'attrapant les
choses que par le grossier et le désagréable, il avait
élevé le jeune prince à son école, aux leçons de sa
dignité brutale et de sa maussaderie bourrue. Pour
le reste, pour l'enseignement large, qui commence
un roi et prépare un règne, pour l'étude des besoins
nouveaux, pour le niveau de la pensée du prince avec
cette pensée de la France, qui renouvelle la France
à toutes les cinquantaines d'années, qu'attendre d'un
homme dont le plus haut travail était de discuter son
menu avec son maître-d'hôtel (2) ? Rien, chez M. de
la Vauguyon, du sage préceptorat des hommes d'Église
du siècle de Louis XIV ; rien de leur sage conduite de
l'humanité des princes, rien de cet apprentissage so-
cial, de cette semence des vertus aimables, de cet
agrandissement et de cet encouragement des facultés
tendres, de cette éducation de la grâce et de l'esprit.
M. de la Vauguyon était bien pis qu'insuffisant
à une pareille tâche : c'était un dévot, mais de
la plus petite et de la plus étroite dévotion, de
cette dévotion fatale aux monarchies, qui, dis-

---

(1) Correspondance littéraire de Grimm. 1829, vo'. VII.
(2) Maximes et pensées de Louis XVI et d'Antoinette. *Hambourg*, 1801. —
Mémoires de madame de Lamballe, par madame Guénard, vol. I.

pensant le roi de ses devoirs et le mari de ses droits, fait les Louis XIII et les Louis XVI. Tapage, saillies, bouillonnements, rébellions, feu de l'humeur, premières et vives promesses du caractère et du tempérament, annonces de l'homme que grondent en souriant les pères, tout avait été dompté, réprimé, refoulé, comme des menaces, par l'impitoyable gouverneur. M. de la Vauguyon n'avait rien permis de l'enfance à cet enfant. Par la discipline, par les pratiques, par les livres ascétiques, il l'avait mené, presque sans effort, à ce renoncement, à cette passivité, à ces vertus d'anéantissement et de mort auxquelles les saints Jérômes convient le siècle; et de cette discipline, de ce châtiment de sa pensée et de sa chair, de cette éducation de pénitence, des mains de ce maître sans sagesse, le jeune homme était arrivé tout à coup au mariage, effarouché, troublé de répugnances et comme de vœux secrets, inhabile à l'amour, presque hostile à la femme.

M. de la Vauguyon ne voulait point abandonner son œuvre : il traversait le jeune ménage, et son ombre, en passant, rompait le tête-à-tête. Animé contre M. de Choiseul par le refus de la place de son beau-père, le duc de Béthune, chef du conseil des finances (1), il luttait contre la Dauphine, il luttait contre les yeux et le cœur du Dauphin, il retardait l'épanchement et la confiance des époux. Il se démenait dans ces intrigues, dans ces complots honteux, dans ces achats des

---

(1) Mémoires de M. le duc de Choiseul, écrits par lui-même. Première partie. Paris, 1790.

inspecteurs des bâtiments qui, à Fontainebleau, éloignaient l'appartement du Dauphin de l'appartement de la Dauphine. Il s'oubliait jusqu'aux espionnages, semant les rapports, dénonçant à Louis XV les lectures du Dauphin ; et il poussait si loin la basse surveillance que la Dauphine finissait par dire à l'ancien gouverneur de son mari : « Monsieur le duc, Monsieur le Dauphin est d'un âge à n'avoir plus besoin de gouverneur, et moi je n'ai pas besoin d'espion ; je vous prie de ne pas reparaître devant moi (1). »

A ce cœur du Dauphin, à ce cœur fermé, élevé à vivre en lui et sans se répandre, opposez un cœur qui ne se suffit pas et se donne aux autres, un cœur qui s'élance, se livre, se prodigue, une jeune fille allant, les bras ouverts à la vie, avide d'aimer et d'être aimée : c'est la Dauphine.

La Dauphine aimait toutes les choses qui bercent et conseillent la rêverie, toutes les joies qui parlent aux jeunes femmes et distraient les jeunes souveraines : les retraites familières où l'amitié s'épanche, les causeries intimes où l'esprit s'abandonne, et la nature, cette amie, et les bois, ces confidents, et la campagne et l'horizon où le regard et la pensée se perdent, et les fleurs, et leur fête éternelle.

---

(1) Notice d'événements remarquables et tels qu'ils parviennent à ma connaissance, par Hardy. Bibliothèque Impériale. Manuscrits, S F. 2850, 2ᵉ vol. 1 février 1772.

Par un contraste singulier, et cependant moins rare dans son sexe qu'on ne croirait, la gaieté couvrait ce fond ému, presque mélancolique de la Dauphine ; sa gaieté folle, légère, pétulante, remplissait tout Versailles de mouvement et de vie. Son rire ne faisait qu'aller et venir dans le vieux palais. La mobilité, la naïveté, l'étourderie, l'expansion, l'espiéglerie, la Dauphine promène et répand tout autour d'elle, en courant, le tapage de ses mille grâces. La jeunesse et l'enfance, tout se mêle en elle pour séduire, tout s'allie contre l'étiquette, tout plaît dans cette princesse, la plus adorable, la plus femme, si l'on peut dire, de toutes les femmes de la cour. Et toujours sautante et voltigeante, passant comme une chanson, comme un éclair, sans souci de sa queue ni de ses dames d'honneur, elle ne marche pas, elle court. Embrasse-t-elle les gens ? elle leur saute à la tête ; rit-elle en loge royale de la bonne figure de Préville ? elle éclate, au grand scandale des gaietés royales qui daignent sourire ; et parle-t-elle ? elle rit.

Quelle éducation différente de ces deux jeunes gens que la politique devait unir ! M. de la Vauguyon avait été l'instituteur du duc de Berry, l'abbé de Vermond avait fait l'éducation de Marie-Antoinette. Sans doute, l'abbé de Vermond avait fait une Française de l'archiduchesse d'Autriche ; il ne lui avait pas seulement appris notre langue et ses délicatesses : il lui avait révélé nos mœurs jusqu'en leurs nuances, nos usages jusqu'en leurs manies, nos façons de penser et de goût jusque dans les riens de la pensée et du goût, notre génie jusque dans le sous-entendu, toutes les choses de la France enfin dans le plus secret de leur pratique; mais aussi il lui avait enseigné ce rire.

L'Église avait été touchée du mal du siècle. Hors quelques grands et austères caractères fermes et debout dans la contagion et la corruption, toutes les capacités, toutes les lumières, toutes les intelligences du clergé avaient été gagnées à ce scepticisme, à ces affiches de dédain et de mépris pour le grand et le respecté, à cette irrévérence et à cette ironie qui est le cœur du dix-huitième siècle, de Dubois à Figaro. Au-dessus du malheur des mœurs particulières, il s'était fait comme une température morale de la nation plus malheureuse encore, une atmosphère de persiflage, de paradoxe, de légèreté, dont l'ordre du clergé n'avait pas été le dernier à subir l'influence. Railler la raison était devenu la raison de la France, railler l'État était devenu le signe des hommes d'État, railler la règle devint le ton des hommes d'Église. Poussé, par ses habitudes de salon, au premier feu et à la place d'honneur de la causerie, brillant et écouté, abandonnant la chaire et l'éloquence pour les prédications du coin du feu, le jeune clergé, les coudes arrondis sur les bras d'un fauteuil de bois doré, enseignait aux femmes, penchées vers le sermon, à ne point s'incliner devant les grands mots, à ne prendre au sérieux que le moins possible de choses, à faire un débarras des préjugés, à se venger de la vie en riant, à tout punir par le ridicule, à tout supporter par l'esprit. L'esprit! voilà ce que le jeune clergé entretenait et ravissait, chez les femmes, avec l'onction d'hommes d'Église et le sel d'hommes d'esprit. C'était à l'esprit des femmes que le clergé frappait, les engageant à se dérober à leurs charges et à fuir leurs ennuis, diminuant en un mot la théorie du devoir. Ce n'était point la séduction mignarde des abbés de Pouponville, mais une séduction plus dangereuse, la séduction du plus mortel de l'esprit français, mais si bien manié qu'à peine l'on sentait sous le coup la plaie et la ruine.

Parmi ces maîtres de la femme, et de la société par la femme, dans ce grand parti du clergé qui s'appelait lui-même le clergé *à grandes mœurs* (1), le parti des abbés de Balivière, des abbés d'Espagnac, des abbés Delille, de tous ces instituteurs de médisance et d'irrespect qui commençaient entre deux portes de salon l'œuvre des états généraux, l'abbé de Vermond avait le premier rang. Il était un parfait persifleur, avec un sourire qui ne croyait à rien, les lèvres minces, l'œil perçant (2) et comme mordant ; un des plus méchants, un des plus aimables parmi ces abbés badins, à l'écorce philosophe, qui, logés dans la monarchie, faisaient tout autour un feu de joie des religions de la monarchie, sans songer à l'incendie.

Un tel précepteur eût fait bien du ravage dans une jeune fille moins bien douée que la jeune archiduchesse. Il pouvait glacer ses illusions, instruire son cœur, le mûrir et le flétrir. Mais si le cœur de Marie-Antoinette lui échappa, M. de Vermond toucha à son es-

---

(1) Mémoires secrets de la République des lettres, vol. XXI.
(2) Mémoires de Weber, vol. I.

prit. Il développa en elle ce germe railleur qui dort au fond de tout enfant. Il encouragea l'archiduchesse, par l'exemple et l'applaudissement, à ces définitions, à ces épithètes, à ces petites guerres de la parole, à ce rire où elle mettait si peu d'amertume, mais qui, en France, et dans une cour où les sots ont des oreilles, devait lui faire tant d'ennemis. Ajoutez à cela l'horreur de l'ennui, le mépris de l'étiquette, la négligence de son rôle de princesse, vous aurez tout le mal fait chez Marie-Antoinette par une éducation qui la voulait plus près de son sexe que de son rang.

Que la jeune femme souffrit, tombée soudainement de la direction de M. de Vermond, ce railleur impitoyable des puérilités de la grandeur, sous la férule de madame de Noailles, la personne de France la plus entêtée du cérémonial français! Vainement la jeune princesse essaya de se renouveler, elle ne put y parvenir. Mais aussi madame de Noailles la soutint peu dans cette lutte contre les enseignements et le pli de toute sa jeunesse. C'était une femme pénétrée du respect d'elle-même, un personnage important qui ne descendait jamais à se dérider, ni à avertir sans gronder. Elle semblait véritablement une de ces mauvaises fées des contes de fées, hargneuse et chagrine, et toujours tourmentant une pauvre princesse. Aussi, du premier mot, la Dauphine la baptisa-t-elle *madame l'Étiquette* (1); et plus tard, un jour de son règne où, étant mon-

---

(1) *Portefeuille d'un talon rouge, contenant des anecdotes galantes et secrètes de la cour de France. A Paris, de l'imprimerie du comte de Paradès*, l'an 178.

tée à âne, elle s'était laissée tomber : « Allez chercher « madame de Noailles, dit en riant Marie-Antoinette, « elle nous dira ce qu'ordonne l'étiquette quand une « reine de France ne sait pas se tenir sur des « ânes (1). »

Le mauvais vouloir d'une autre femme contre la Dauphine servit les mécontentements de madame de Noailles. Madame de Marsan, à laquelle l'estime de la cour donnait une grande considération, était la personnification sévère et empesée des vertus du temps de Henri IV. N'ayant pu garder la fraise et le vertugadin, elle conservait le port et la roideur d'un portrait de Clouet. Il restait encore en elle un peu du sang et de l'humeur de cette Marsan fameuse qui, au temps des dragonnades, s'était fait distinguer par le zèle de la persécution. Et quels tourments de toutes les heures de Marie-Antoinette, les sermons éternels de l'amie et de l'alliée de madame de Noailles ! Aux yeux de madame de Marsan, cette démarche légère et balancée de la Dauphine, c'était une démarche de courtisane ; cette mode des linons aériens, elle l'appelait un costume de théâtre cherchant à produire un irritant effet. La Dauphine levait-elle les yeux ? madame de Marsan y voyait le regard exercé d'une coquette ; portait-elle les cheveux un peu libres et flottants ? les cheveux d'une bacchante ! murmurait-elle ; la Dauphine parlait-elle avec sa vivacité naturelle ? c'était une rage de parler sans rien dire ; dans une conver-

(1) Mémoires historiques, par Soulavie, vol. VI.

sation, son visage prenait-il un air de sympathie et d'intelligence? c'était un insupportable air de tout comprendre; riait-elle avec sa gaieté d'enfant? c'était une gaieté simulée, des éclats de rire forcés (1). Cette vieille femme soupçonnait et calomniait tout, comme si la grâce n'avait pas sa pudeur. Marie-Antoinette s'en vengeait, comme elle se vengeait de madame de Noailles, sans songer que madame de Marsan était la gouvernante des sœurs du Dauphin, la confidente et l'amie de ses tantes, sans imaginer quelle censure, et bientôt quelle calomnie du moindre de ses actes, de la plus indifférente de ses paroles, elle allait trouver de ce côté, à Versailles et à Marly.

(1) Supplément historique et essentiel à l'état nominatif des pensions, 1789.

IV

Liaisons de la Dauphine. — Madame de Picquigny. — Madame de Saint-Mégrin. — Madame de Cossé. — Madame de Lamballe. — Entrée du Dauphin et de la Dauphine dans leur bonne ville de Paris. — Popularité de la Dauphine. — Intrigues du *parti français* contre la Dauphine et l'alliance qu'elle représente. — M. d'Aiguillon. — La Dauphine appelée l'*Autrichienne*.

Poursuivie de ces ennuis, ainsi entourée de malveillances et de surveillances, sans appui, sans amis, sans épanchement, seule dans cette cour de scandale, étrangère dans sa famille, mariée et sans mari, cette jeune femme se laissa aller à des liaisons qu'elle devait croire sans danger : elle se lia avec des femmes pour s'étourdir, pour échapper aux larmes, à l'avenir, à elle-même. Elle se lia comme une jeune fille, ou mieux comme une pensionnaire punie, dont les grandes vengeances, de petites malices, veulent une confidente et une complice. La première amitié de la Dauphine fut une camaraderie, et la camarade, la plus jeune tête de la cour : la duchesse de Picquigny.

Madame de Picquigny était la digne belle-fille de madame la duchesse de Chaulnes. Elle avait de sa belle-mère l'abondance d'idées, le flux de saillies, les fusées, les éclairs et les feux de paille. Elle était tout esprit comme elle, et son esprit était cet esprit à la diable « le char du Soleil abandonné à Phaéton. » Elle prenait, en se jouant, son parti de toutes choses, et de son mariage, et de son mari, ce fou d'histoire naturelle qui, disait-elle, avait voulu la disséquer pour l'anatomiser (1). Quelles distractions pour la Dauphine dans cette compagnie, dans cette causerie, qui ne respectait rien, pas même l'insolence de la fortune, pas même la couronne de la du Barry ! Et le dangereux maître, cette madame de Picquigny, qui, derrière son éventail, enhardit, émancipe la langue de la Dauphine et continue l'ouvrage de M. de Vermond ! C'est d'elle que Marie-Antoinette apprend à rendre les railleries pour les injures, et le rire pour la calomnie. Madame de Picquigny la sollicite et la lance aux espiégleries contre les figures bizarres, les ajustements gothiques, les prétentions, les gaucheries, les ridicules et les hypocrisies ; et c'est dans sa familiarité que s'ébauchent ces traits, ces mots, ce partage des femmes de la cour en trois classes, les femmes sur l'âge, les prudes faisant métier de dévotion, et les colporteuses de nouvelles empoisonnées : les *siècles*, les *collets montés*, et les *paquets* (2),

---

(1) Portefeuille d'un talon rouge. — (2) *Idem.*

sobriquets innocents dont s'amusait la jeune Dauphine, et qui préparaient tant de haines à la reine de France.

Mais M. de la Vauguyon tenait encore alors le Dauphin sous la tutelle de ses avertissements et de ses représentations. Quelles suites, murmurait-il à son oreille, si jamais le roi était instruit de cette ligue de la Dauphine avec madame de Picquigny contre la *grande sauteuse!* Il faisait d'un autre côté insinuer à la Dauphine que les personnes faites et tournées comme madame de Picquigny, spirituelles de nature, font esprit de tout; qu'elles sont entraînées à n'épargner personne, pas même une bienfaitrice, et qu'il leur arrive de s'acquitter de la reconnaissance par des brocards. De la confiance et de l'abandon, la Dauphine passait à la réserve avec madame de Picquigny, et de la réserve à l'indifférence. C'était le moment attendu par M. de la Vauguyon. Il poussait aussitôt dans les bonnes grâces de la Dauphine une favorite nouvelle et à sa dévotion, sa bru, madame de Saint-Mégrin. Celle-ci était plaisante, à peu près autant que madame de Picquigny, mais sans étourderie, avec choix, avec discernement, avec prudence. Elle plaisantait aussi, mais bas, et de certaines personnes. Formée par M. de la Vauguyon, elle s'avançait sans éclats et par glissades dans la faveur de la Dauphine, essayant de lui plaire sans déplaire, gardant pied à la cour de Louis XV, habile à se ménager, à se prêter et à se reprendre, à se compromettre à demi, et à faire la révérence sans tourner le dos à personne. La Dauphine perça vite ce jeu, et quand madame de Saint-Mégrin vint à solliciter la place de dame d'atours auprès d'elle, s'appuyant de droite et de gauche, faisant jouer par-dessous main, avec le crédit de son mari auprès du Dauphin, la bienveillance de madame du Barry, la Dauphine alla prier le roi de la refuser. Le Dauphin appuyait madame de Saint-Mégrin, le roi l'avait déjà désignée, mais la répugnance de la Dauphine l'emporta. Madame de Cossé fut nommée, et elle entra en faveur en entrant en place. Madame de Cossé était une compagne plus sérieuse, plus sage, plus mûrie par la vie. Elle avait, non l'agrément des bons mots, mais l'agrément de la raison aimable et de l'expérience qui pardonne; elle y joignait la patience de ce qui est maussade et la tolérance de ce qui est ridicule; un esprit anglais logé avec une imagination française dans une tête de femme, tel un jugement du temps nous peint madame de Cossé (1).

Pour détacher la Dauphine de madame de Cossé, d'un pareil guide, d'une conseillère si sûre, il ne fallut rien moins qu'un sentiment jusqu'alors inconnu à la Dauphine, une liaison d'une espèce nouvelle, d'une confiance plus tendre, d'une sympathie plus émue. La Dauphine avait vu madame de Lamballe aux petits bals de madame de Noailles : elle connaissait l'amitié (2).

Madame de Lamballe avait l'intérêt de ses vingt

---

(1) Portefeuille d'un talon rouge.
(2) Correspondance entre le comte de Mirabeau et le comte de La Marck, par A. de Bacourt, 1851. *Introduction.*

ans et de ses malheurs. Marie-Thérèse-Louise de Carignan était restée veuve, à dix-huit ans, d'un mari mort de débauches, Louis-Alexandre-Joseph-Stanislas de Bourbon, prince de Lamballe, grand veneur de France. Le malheureux père de ce misérable jeune homme, M. le duc de Penthièvre, avait fait de sa belle-fille sa fille adoptive. Madame de Lamballe fut bientôt de tous les plaisirs de la Dauphine, de tous les bals qu'elle donnait dans son appartement ; elle y brilla singulièrement, et jusqu'à toucher Louis XV. Un moment, madame du Barry, les valets de sa faveur, la cour, l'imagination des nouvellistes, tout s'émut dans l'attente de grands changements et de grandes menaces : un mariage de Louis XV avec madame de Lamballe (1); et ce fut encore un lien entre la Dauphine et son amie que ces alarmes données par madame de Lamballe à madame du Barry : tout l'esprit de madame de Picquigny ne l'avait point si bien vengée.

Trois ans s'étaient écoulés depuis l'entrée en France de la Dauphine, quand le jour fut fixé pour la première entrée du Dauphin et de la Dauphine dans leur bonne ville de Paris. C'était un vieil usage de la monarchie et une vieille fête de la nation que ces entrées solennelles, marches jadis armées, changées par la paix des temps en processions pacifiques. Grands et

(1) Notice d'événements, par Hardy, 1ᵉʳ vol. 25 décembre 1771.

beaux jours, où les héritiers de la France venaient en triomphe sourire et se faire connaître à ce peuple, leur peuple! où un jeune couple, l'avenir du trône, rendait visite à l'opinion publique dans son royaume même, et entrait pour la première fois dans les applaudissements de la multitude, comme dans la flatterie de l'Histoire!

Le 8 juin 1773, le Dauphin et la Dauphine arrivaient de Versailles à onze heures du matin, et descendaient de voiture à la porte de la Conférence. La compagnie du guet à cheval les attendait. Le corps de ville, le prévôt des marchands en tête, le duc de Brissac, gouverneur de Paris, et M. de Sartine, lieutenant de police, les recevaient. La halle, qui était toujours un peu de la famille des rois en ces jours de liesse, présentait à la Dauphine les belles clefs d'une ville qui se donne : des fruits et des fleurs, des roses et des oranges. De là, dans les carrosses de cérémonie, par le quai des Tuileries, le Pont-Royal, le quai des Théatins, le quai de Conti, où s'étaient rangés en escadron les gardes de la Monnaie ; le Pont-Neuf, où était sous les armes, en face le cheval de bronze, la compagnie des gardes de robe courte; le quai des Orfévres, la rue Saint-Louis, le marché et la rue Notre-Dame, le Dauphin et la Dauphine allaient à Notre-Dame. Reçus aux portes par l'archevêque et le chapitre en chapes, leur prière faite au chœur, ils entendaient dans la chapelle de la Vierge une messe basse dite par un chapelain du roi, et un motet payé trois cents livres au maître de musique de Notre-Dame. Ils montaient au

Trésor, le visitaient, gagnaient Sainte-Geneviève, tournaient, suivant l'usage, autour de la châsse de la sainte, et revenaient aux Tuileries. Les femmes des halles dînaient dans la salle du concert; il n'y avait d'homme à la table que le Dauphin. Le palais était au peuple : la foule entrait, regardait, passait; le murmure de sa joie courait autour du festin. Au dehors le jardin n'était que peuple. La jeune Dauphine voulut y descendre au bras de son mari, et, s'aventurant dans l'amour de cette multitude, elle commandait aux gardes de ne pousser, de ne presser qui que ce fût. Elle avançait, charmant la foule, charmée elle-même, entourée de vivats et comme portée par les bénédictions de tous. Les mains battaient, les chapeaux volaient en l'air... Toutes les adulations du jour, la harangue du prévôt des marchands, la harangue de l'archevêque, la harangue de l'abbé Coger, et jusqu'aux trente-huit vers des écoliers du collége de Montaigu, quelles pauvres adulations elles semblaient à la Dauphine, auprès de ce grand peuple et de cette grande voix ! Elle allait, saluant et remerciant, étourdie de bruit, de joie et de gloire. Remontée au château, elle voulut encore se faire voir, encore ravir ce peuple, et, malgré le grand soleil, elle resta un quart d'heure sur la galerie à se montrer, à s'entendre applaudir, retenant à peine les larmes d'attendrissement qui lui montaient aux yeux (1).

Il est des jours où les peuples ont vingt ans. La

(1) Notice d'événements, par Hardy, 2ᵉ vol. 8 juin 1773.

France aimait ; et le vieux duc de Brissac, montrant de la main à Marie-Antoinette cette foule, cette mer, Paris, le maréchal de Brissac disait bien : « Madame, « vous avez là, sous vos yeux, deux cent mille amou-« reux de vous (1) ! »

Les délices de ce jour enivrèrent la Dauphine. Dès le lendemain, elle travailla à les ressaisir. Et quelle femme ne se fût donnée comme cette jeune femme à cette adoration de la France ? Aller au devant de tous ces cœurs qui venaient à elle, faire son bonheur de l'amour de ce peuple, en emplir le vide de sa pensée, en occuper sa vie sans œuvre, l'illusion était trop belle pour qu'une princesse de dix-huit ans y résistât. Et voilà la Dauphine à rechercher ces cris, ces vivats, cette joie, d'autres journées du 8 juin. Elle va à l'Opéra, elle va au Théâtre Français (2). Mais il ne lui suffit pas du théâtre où le respect enchaîne les transports du public ; elle aspire à descendre de son rang, à s'approcher plus près de ce peuple, à entrer dans le partage de ses plaisirs, à se compromettre jusqu'au coudoiement pour surprendre et goûter la popularité dans le plus vif et le plus vrai de sa familiarité. Ce sont alors, avec la famille royale qu'elle entraîne, des promenades à pied dans le parc de Saint-Cloud. La Dauphine se mêle à la foule ; elle parcourt les bas jardins, elle regarde les eaux, elle s'arrête à la cascade, perdue et se cachant parmi tous, dénoncée à tous par son enjouement et son plaisir. Avec son mari et les en-

(1) *Mémoires secrets de la République des lettres*, vol VII. — (2) *Idem.*

fants de la famille, elle va tout le long de la fête, et de la foire des boutiques, riant où l'on rit, jouant où l'on joue, achetant où l'on vend; bientôt reconnue, montrée, saluée de la foule, accablée de suppliques. L'écuyer qui la suit se fatigue de les recevoir, et refuse le placet d'une vieille femme. La Dauphine le gronde tout haut, et la foule d'applaudir ! La Dauphine, suivant les Parisiens et la foule, entre dans la salle de bal du portier Griel; elle se régale de regarder danser, et elle veut que les danseurs oublient qu'elle est là, et que la joie continue (1).... Quelle nouveauté! quelle révolution ! c'est le mot d'un spectateur du temps (2), ces princes mêlés au peuple, et s'amusant de ses jeux, côte à côte avec lui ! Et quelles louanges dans toutes les bouches, quels amours par tout le royaume de cette Dauphine chérie, qui faisait le miracle de rattacher ainsi Versailles à la France !

La France et l'avenir souriaient à la reine future; et cependant, contre sa popularité, dans l'ombre, sans bruit, mais sans repos, se poursuivait l'œuvre de haine et de destruction commencée le jour même où la Dauphine avait quitté Vienne. Au-dessus de ses ennemis, Marie-Antoinette avait contre elle cette chose abstraite, aveugle, impitoyable, un principe: la politique de l'ancienne France. Cette politique, dont le père du duc de Berry avait été l'apôtre, était la vieille

(1) Notice des événements, par Hardy, 2e vol. 8 et 16 septembre 1773.
(2) *Idem.*, 8 septembre.

religion de la diplomatie française ; elle était le prétexte et l'arme de la haine de M. d'Aiguillon contre M. de Choiseul, disgracié par M. d'Aiguillon et madame du Barry presque aussitôt l'installation de la jeune princesse à la cour de France.

Les hommes du parti français, c'est ainsi que ce parti s'appelait, ne voulaient point reconnaître que les lois d'équilibre de l'Europe obéissent au temps et se renouvellent. Ils n'étaient pas satisfaits de ce long effort de la France qui avait successivement rogné de l'Empire de Charles-Quint le Roussillon, la Bourgogne, l'Alsace, la Franche-Comté, l'Artois, le Hainaut, le Cambrésis, et l'Espagne, et Naples, et la Sicile, et la Lorraine, et le Barrois. Ils oubliaient le présent de l'Angleterre pour ne se rappeler que le passé de l'Autriche. Qu'était, aux yeux de ce parti, le mariage de Marie-Antoinette, sinon une défaite? qu'était Marie-Antoinette, sinon le gage et la garde des traités de la nouvelle politique inaugurée sous le règne de madame de Pompadour? Le chef de ce parti, le petit-neveu du cardinal de Richelieu, l'ennemi personnel du duc de Choiseul, M. d'Aiguillon, disposait du clergé et du parti des Jésuites, hostiles à Marie-Thérèse dont les possessions avaient abrité le jansénisme, hostiles d'avance à la protégée de M. de Choiseul, et groupés, en haine du ministre philosophe « cet autre Aman », autour de la du Barry « cette nouvelle Esther (1) ». Les ennemis de la Dauphine

(1) Notice des événements, par Hardy, vol. 1.

n'oubliaient pas d'exploiter contre elle le partage de la Pologne, « ce partage que Choiseul n'eût pas permis, » avouait Louis XV lui-même (1). M. d'Aiguillon venait dire au roi et répétait à la cour: « Voyez quelle foi la France peut ajouter à l'amitié de la maison d'Autriche, et ce que nous devons attendre d'une maison, l'alliée du roi par le double lien d'un traité et d'un mariage, qui, lorsqu'elle veut augmenter ses possessions aux dépens du roi de Prusse, soulève la France contre lui; lorsqu'elle veut augmenter ses domaines aux dépens de la Pologne, se rapproche de la Prusse, l'ennemie du roi (2) ! » C'était à la mère que le coup était adressé, mais c'était à la fille de Marie-Thérèse qu'il était porté. Et quand M. d'Aiguillon parlait encore du prince qui sera Joseph II, qu'il lui prêtait des vues lointaines sur la Bavière, la convoitise du Frioul vénitien et de la Bosnie, le projet de l'ouverture de l'Escaut, le regret de la Lorraine et de l'Alsace, il savait bien éveiller ainsi les alarmes et les doutes sur le cœur français de la sœur de Joseph, sur la bonne foi du dévouement de Marie-Antoinette à sa nouvelle patrie.

Les manœuvres étaient habiles, hardies, continues. Le parti ne répugnait à rien pour donner raison à sa politique. N'allait-il pas jusqu'à mettre aux mains de madame du Barry, à la fin d'un souper, la dépêche fameuse du cardinal de Rohan, livrée par M. d'Aiguillon, et à la lui faire lire en pleine table ? « ... J'ai ef-

---

(1) Les Fastes de Louis XV. A Villefranc , 1782. — (2) *Idem.*

fectivement vu pleurer Marie-Thérèse sur les malheurs de la Pologne opprimée ; mais cette princesse, exercée dans l'art de ne point se laisser pénétrer, me paraît avoir les larmes à commandement : d'une main elle a le mouchoir pour essuyer ses pleurs, et de l'autre elle saisit le glaive de la négociation pour être la troisième puissance co-partageante (1). » Un peu de l'odieux de cette fausseté prêtée à Marie-Thérèse ne pouvait manquer, le parti le savait bien, de rejaillir sur sa fille. Il fallait donner cette croyance au public que le mensonge et la comédie sont de race ; il fallait commencer à familiariser le génie de la nation avec l'idée d'une haine nationale contre sa souveraine.

A ce malheur, le partage de la Pologne, s'était joint contre Marie-Antoinette, dès les premiers jours de son mariage, une faute dont Marie-Thérèse devait porter le reproche ; une faute d'apparence légère, mais de terrible conséquence chez un peuple susceptible, dans une cour réglée et jalouse de ses rangs. Une parente de Marie-Thérèse, la sœur du prince de Lambesc, Mademoiselle de Lorraine, prétendit à prendre rang dans le menuet des fêtes du mariage immédiatement après les princes du sang ; là-dessus, mille réclamations, mille colères, les ducs et pairs soulevés, toute la noblesse menaçant très-sérieusement « de quitter la cadenette, de laisser là les violons, »

(1) Mémoires pour servir à l'histoire des événements de la fin du dix-huitième siècle, par l'abbé Georgel. *Paris*, 1817, vol. I.

toutes les dames jurant d'être indisposées pour la fête... (1).

M. de Choiseul en disgrâce, en exil, Marie-Antoinette était livrée sans défense à toutes ces petites rancunes, à toutes ces grandes haines contre l'Autriche que devaient raviver encore les malheureuses prétentions de l'archiduc Maximilien en 1775; et le jour où cette princesse si française montait sur le trône, son crédit, sa popularité étaient minés; déjà était trouvée, déjà courait dans le murmure de la cour cette épithète d'*Autrichienne* qui devait l'accompagner à l'échafaud!

(1) Mémoires historiques et politiques, par Soulavie, vol. II.

LIVRE DEUXIÈME

1774-1789

I

Mort de Louis XV. — Crédit de Madame Adélaïde sur Louis XVI. — Intrigues du château de Choisy. — M. de Maurepas au ministère. — Vaines tentatives de la Reine en faveur de M. de Choiseul. — Conduite de M. de Maurepas avec la Reine. — MM. de Vergennes et de Müy hostiles à la Reine. — Influence de Madame Adélaïde. — Madame Louise la Carmélite et les comités de Saint-Denis. — Rapport au Roi de Madame Adélaïde contre la Reine. — Le *Lever de l'Aurore*. — M. de Maurepas se séparant de Mesdames Tantes. — Bienfaisance de la Reine. — Les préventions du Roi contre M. de Choiseul entretenues par M. de Maurepas. — Défiance du Roi.

Le 10 mai 1774, vers les cinq heures du soir, Louis XV se mourait. Voitures, gardes, écuyers à cheval, attendaient, rangés dans la cour de Versailles. Tous avaient les yeux fixés sur une bougie allumée dont la flamme vacillait à une fenêtre. Le Dauphin était dans l'appartement de la Dauphine. Tous deux, muets, écoutaient dans le lointain les prières des quarante heures, coupées de rafales de vent et de pluie, et pesaient d'avance ce fardeau d'une couronne qui allait échoir à leur jeunesse. La bougie est éteinte, et les jeunes époux entendent s'avancer vers leur appartement le fracas énorme d'une cour qui se précipite pour adorer une royauté nouvelle. La première, madame la comtesse de Noailles entre, salue Marie-Antoinette du nom de reine, et demande à Leurs Majestés de venir recevoir les hommages des princes et des grands officiers. Alors, appuyée sur le bras de son mari, son mouchoir sur les yeux, lente, et comme pliant sous l'avenir, Marie-Antoinette traverse tous ces hommages, parée de sa tristesse, dans l'attitude abandonnée et charmante de ces jeunes princesses de la Fable antique promises à la Fatalité. Puis chevaux, voitures, gardes, écuyers, tout part ; et la jeune cour est emportée à Choisy (1).

Reine, Marie-Antoinette allait-elle triompher des influences qui avaient troublé son ménage et son bonheur de Dauphine? Allait-elle surmonter cette conspiration qui poursuivait dans l'épouse du Dauphin la politique de l'Autriche? Allait-elle obtenir auprès de son mari des conseillers, sinon partisans de l'alliance conclue, au moins sans parti pris contre l'union qui en avait été le gage, sans animosité contre la fille de Marie-Thérèse devenue l'épouse dont la France attendait des Dauphins? Sa jeunesse, et les plus belles vertus de sa jeunesse continueront-elles à trouver autour d'elle la censure impitoyable d'ennemis de sa

---

(1) Mémoires de madame de Campan. 1826, vol. 1ᵉʳ. — Mémoires de Weber 1822, vol. I.

maison? Ou bien plutôt n'est-il pas à croire que la Reine va prendre sa part de domination légitime sur cette volonté de Louis XVI qui se donne à tous, s'établir, elle aussi, dans sa confiance, et l'emporter à la fin sur les intrigues qui ont amené le Dauphin à se reculer d'elle, comme d'une ennemie des Bourbons?

Une femme déjoua ces espérances de la Reine, cette attente de l'opinion publique. Domptant le mal qu'elle porte en elle, ce germe de petite vérole qu'elle a pris au lit de mort de son père Louis XV, Madame Adélaïde entoure, elle enveloppe Louis XVI en ces premiers moments. Il y avait de Louis XVI à Madame Adélaïde, du neveu à la tante, de grandes attaches, la reconnaissance toujours vive de la surveillance amie et des tendres soins qui seuls avaient un peu caressé sa triste et solitaire enfance. Pauvre enfant, en effet! qui avait grandi, presque orphelin, sans mère, sans amis, et qui, pleurant au milieu d'un jeu d'enfants, s'échappait à dire : « Et qui aimerai-je ici, où personne ne m'aime (1)! » Madame Adélaïde avait eu auprès du Dauphin le rôle d'une mère ; elle en a auprès du Roi l'autorité. Elle réveille en lui les souvenirs de famille endormis et les ressentiments apaisés. Elle lui parle de son père, éloigné des affaires, humilié, annihilé tout le long du long règne de M. de Choiseul; elle lui parle de l'immoralité de M. de Choiseul ; de ses prodigalités, de son insolence; de l'indignation du Dauphin contre cet homme qui lui avait manqué de

---

(1) Maximes et pensées de Louis XVI et d'Antoinette. *Hambourg*, 1802.

respect, qui « avait osé se déclarer l'ennemi du fils de son souverain (1). » Puis, remuant les cendres, elle l'entretenait de ces morts subites et extraordinaires de son père et de sa mère, de ces bruits, de ces murmures d'empoisonnement qui montaient tout haut jusqu'à M. de Choiseul. Le roi ému, après avoir effacé les impressions que la Reine a pu donner et les avoir tournées contre elle comme la preuve d'une alliance avec l'ennemi du Dauphin, Madame Adélaïde parle au Roi, comme au nom de son père, des Mémoires que son père a laissés, de ce testament politique écrit pour l'instruction de son fils, et confié à M. de Nicolaï. Un comité est tenu les portes fermées. La Reine est au bois de Boulogne, avec madame de Cossé, ou sur le balcon de la Muette à jouir des applaudissements de la foule (2), et pendant que le Roi est dérobé à la Reine, et que M. d'Aiguillon et M. de la Vrillière sont dans l'antichambre, il est fait lecture de la liste des hommes que la volonté du Dauphin mourant destinait à entourer le trône de son fils devenant roi. Le choix de Louis XVI, il s'appelait lui-même Louis-le-Sévère alors, se porte sur M. de Machault, et la lettre qui l'appelle au ministère est signée. Mais ce choix ne suffit pas à Madame Adélaïde : elle veut un ministre plus compromis dans la politique anti-autrichienne. Cependant, M. d'Aiguillon, qui sait que la Reine ne lui pardonne pas d'avoir livré Marie-Thé-

---

(1) Portraits et Caractères, par Senac de Meilhan. 1813.
(2) Chronique secrète de Paris sous Louis XVI, par l'abbé Baudeau. Revue rétrospective, 1re série, vol. III.

rèse aux plaisanteries de la du Barry, se démène pour se maintenir, imagine et travaille. Il gagne madame de Narbonne (1), qui fait et défait les volontés de Madame Adélaïde, et, à couvert derrière elle, pousse en avant le nom de son cousin Maurepas, qui, une fois placé, le couvrira et le sauvera. Madame de Narbonne n'eut guère de mal à faire agréer à sa maîtresse une victime de cette Pompadour à qui Marie-Thérèse disait : « Ma cousine, » et Madame Adélaïde gagnée s'allia en faveur de M. de Maurepas avec une de ces influences latentes et redoutables, cachées et toutes-puissantes, qui gouvernent parfois, de l'antichambre, la conscience et la faveur des rois.

Plus avant que son vieux gouverneur la Vauguyon, que ce précepteur, Coetlosquet, à peine suffisant à une cure de campagne, que ce lecteur d'Argentré qui savait tout au plus lire (2), le sous-précepteur du Dauphin, M. de Radonvilliers, était entré dans sa confiance. La Vauguyon mort, M. de Radonvilliers disposait de la volonté politique du Roi. C'était un jésuite, un peu brouillé avec les Jésuites, mais y tenant au fond, et leur homme; monté en se baissant et par intrigue du préceptorat des fils du duc de Charost à la chaire de philosophie de Louis le Grand, de la chaire de philosophie au secrétariat de l'ambassade de Rome, du secrétariat de Rome au secrétariat de la

---

(1) Mémoires pour servir à l'histoire des événements de la fin du dix-huitième siècle, par l'abbé Georgel. *Paris*, 1817, vol. I.

(2) Chronique secrète de Paris sous le règne de Loui XVI, par l'abbé Baueau.

feuille des bénéfices, de ce secrétariat au sous-précéptorat du Dauphin; habile, discret, mystérieux même, exact, la plume facile, prête aux idées des autres, et rompue aux formules; aujourd'hui le secrétaire intime du Roi, et menant tout sans se montrer; d'ailleurs plein de sa robe, et trop animé des rancunes de son ordre pour pardonner au jansénisme rigide de M. de Machault l'interdiction de 1748 des donations de biens-fonds au clergé (1). M. de Radonvilliers approuva donc le choix de Madame Adélaïde, le choix d'un parent de M. d'Aiguillon, soutien des Jésuites. L'enveloppe de la lettre fut changée, et M. de Maurepas reçut la lettre destinée d'abord à M. de Machault (2).

La Reine, exilée aux promenades, apprit tout quand tout fut fait. Elle était battue : elle le comprit ; et, ne se faisant point illusion, comme quelqu'un lui disait : « Voici l'heure où le Roi doit entrer au conseil avec ses ministres... — Ceux du feu roi! » dit dans un soupir cette Reine à qui son avènement au trône ne donnait d'autre influence que le droit d'écrire à la sœur de M. de Choiseul, à madame de Grammont, exilée par la du Barry : « Au milieu du malheur qui nous accable, j'ai une sorte de satisfaction de pouvoir vous mander de la part du Roi qu'il vous permet de vous rendre près de moi. Tâchez donc de venir le

(1) Chronique secrète de Paris sous le règne de Louis XVI, par l'abbé Baudeau.
(2) Mémoires historiques et politiques du règne de Louis XVI, par Soulavie, 1801, vol. II.

plus tôt que votre santé vous le permettra, je suis bien aise de pouvoir vous assurer de vive voix de l'amitié que je vous ai vouée. » Et encore, Marie-Antoinette était-elle obligée d'ajouter en post-scriptum : « Attendez que M. de la Vrillière vous l'annonce (1). »

Revenant aux affaires après vingt-cinq ans de disgrâce où il avait partagé son temps entre l'Opéra, ses carpes et ses lilas (2), M. de Maurepas n'apportait pas une hostilité personnelle contre la Reine; mais il était l'homme que le Dauphin, père de Louis XVI, recommandait ainsi à celui de ses enfants appelé à succéder à Louis XV : « M. de Maurepas est un ancien ministre qui a conservé, suivant ce que j'apprends, son attachement aux vrais principes de la politique que madame de Pompadour a méconnus et trahis (3). » Puis, si M. de Maurepas se souciait peu du grand rôle que la providence lui donnait, de ce vaste métier d'instituteur d'un Roi, traçant à un jeune prince les routes de la véritable gloire, il était jaloux de gouverner Louis XVI. Il n'ignorait pas ce que la Reine devait à M. de Choiseul, et jusqu'à quel point la conduite des ministres de Louis XV et du parti du Barry vis-à-vis d'elle avait surexcité sa reconnaissance. Louis XVI s'échappant de l'influence de Mesdames et se rapprochant de Marie-Antoinette, c'était Choiseul, et le parti anti-Dauphin, les ennemis de M. de Maurepas, qui rentraient aux affaires. Ainsi donc les nécessités de sa situation

---

1) Correspondance secrète (par Metra). 1787, vol. 1.
2) L'Espion dévalisé. Londres, 1782.
3) Mémoires historiques, par Soulavie, vol. 1.

commandaient à M. de Maurepas de se mettre, avec les ennemis de la Reine, entre la Reine et le Roi ; et comme absous à ses yeux par la logique de cette manœuvre forcée, M. de Maurepas mit en œuvre pour cet éloignement tous les moyens, sans remords, presque sans conscience. Ce fut un travail lent, patient, souterrain, entouré de précautions et d'ombres, fort bien mené avec des détours, des arrêts, des concessions, et au besoin des sacrifices. M. d'Aiguillon devenait-il trop difficile à soutenir contre les répugnances tacites de Louis XVI, contre les mépris dont Marie-Antoinette donnait de publics témoignages à madame d'Aiguillon(1), M. de Maurepas immolait son cousin, et le forçait à se démettre. M. de Maurepas laissait encore à la Reine cette petite victoire de faire inoculer son mari, sans se mêler de cette grosse affaire, sans écouter les réclamations de l'archevêché contre cette nouveauté. La Reine désirait vivement une entrevue du Roi avec M. de Choiseul. Après avoir tâté les dispositions du Roi pour M. de Choiseul, sûr d'avance du résultat de l'entrevue, M. de Maurepas jugea que c'était là encore un plaisir qui menaçait trop peu son crédit pour le refuser à la Reine. Le 13 juin, tout Paris se racontait l'entrevue. La Reine avait accueilli M. de Choiseul du plus amical de ses sourires : « M. de Choiseul, je suis charmée de vous voir ici. Je serais fort aise d'y avoir contribué. Vous avez fait mon bonheur, il est bien juste que vous en soyez témoin. » Le Roi, embarrassé,

---

(1) Chronique secrète par l'abbé Baudeau.

n'avait trouvé que ces mots à lui dire : « M. de Choiseul, vous avez bien engraissé..... Vous avez perdu vos cheveux..... vous devenez chauve. » L'illusion trompée de la Reine, la colère de madame de Marsan allumée contre madame Clotilde qui, pour faire sa cour à sa belle-sœur, avait parlé de la meilleure grâce à M. de Choiseul, ce fut tout le résultat de cette entrevue. M. de Choiseul avait été moins confiant que la Reine : à son passage à Blois, il avait d'avance commandé les chevaux de poste qui devaient le ramener à Chanteloup (1).

M. de Maurepas n'avait point d'inquiétudes et se riait des embarras que lui suscitait *la belle dame* (2). Tout conspirait à le maintenir, et le Roi allait lui donner pour associés dans sa politique contre la Reine deux seconds entraînés à le servir par toutes leurs convictions, par leurs systèmes, par leurs griefs même.

L'un était M. de Müy, ministre de la guerre, l'ancien confident du Dauphin père de Louis XVI, celui-là que le Dauphin appelait l'héritier de Montausier; honnête homme, mais avec trop de zèle, droit, mais roide, dur aux autres comme à lui-même, et que ses vertus sévères jusqu'à l'intolérance avaient placé haut dans la considération de Mesdames, et au premier rang du parti Dauphin.

L'autre, le nouveau ministre des affaires étrangères, M. de Vergennes, devait être pour M. de Maurepas un aide plus actif, plus déclaré, plus souple en même

---

(1) Chronique secrète. — (2) L'Espion dévalisé. Londres, 1782.

temps, et moins embarrassé de scrupules. M. de Vergennes, ministre plénipotentiaire à Constantinople, avait été rappelé par M. de Choiseul, et presque exilé en Bourgogne. Remis en lumière par M. d'Aiguillon, il avait fait en Suède la révolution de Gustave et du parti français contre le parti russe. C'était le neveu et l'élève de Chavigny, un soutien furieux et systématique de la vieille politique française; lié de doctrines avec les Saint-Aignan, les Fénelon, les la Chétardie, les Saint-Séverin, tous les partisans de l'influence dominante, exclusive de la France en Europe, vif, osé, ne craignant point les aventures, et brûlant de tout brouiller pour le triomphe de ses idées, animé de grand dépit contre les traités de 1756 et de 1758, et profondément hostile à la maison d'Autriche (1). M. de Choiseul l'avait disgracié à propos de son mariage avec une Grecque d'une grande beauté, qui lui avait donné deux enfants. Quand il fut nommé ministre, la Reine fut dissuadée de se laisser présenter cette femme, madame la comtesse de Vergennes. Elle en écrivit à sa mère, et madame de Vergennes ne fut reçue à la cour que sur la réponse de Marie-Thérèse (2). Le mari le sut, et prêta aussitôt à la Reine une intention d'offense. De là, chez M. de Vergennes contre Marie-Antoinette, plus qu'une hostilité du ministre, mais une haine de l'homme; et pour les perfidies et les calomnies à mi-voix de M. de Maurepas, un complice passionné.

(1) Mémoires par Soulavie, vol. II.—(2) Mémoires par l'abbé Georgel, vol. I.

M. de Maurepas eut encore dans les premiers moments un auxiliaire qu'il ne brisa qu'après l'avoir usé : le chancelier Maupeou, et derrière le chancelier Maupeou, son parti, le parti du clergé gagné à la dévotion de Mesdames tantes, hostile à cette piété de la jeune Reine, naïve comme son cœur, plus dégagée de pratiques que la piété du Roi, plus près de Dieu peut-être, mais moins près de l'Église; et où l'Église n'espérait guère trouver l'appui de ses plans, de ses espérances, de cette restauration des Jésuites dont la cause n'était pas si perdue alors qu'il semblait aux ennemis des Jésuites.

Madame Adélaïde était guérie de la petite-vérole. Elle rentrait à la cour, et dans les conseils du roi, impatiente de ressaisir son influence, blessée de tout ce qui avait été fait en dehors d'elle, de tout ce que M. de Maurepas avait cru devoir concéder, de ces misérables victoires de la Reine : l'inoculation, et la réception de M. de Choiseul; blessée des regrets et des larmes que Marie-Antoinette ne cachait pas à ses familiers; et bientôt cette princesse, aveuglée, emportée par sa haine contre la maison d'Autriche, s'attaquait à la personne même de la Reine, à la femme, à l'épouse. Ce train de la Reine, libre et échappé, cette jeunesse que Louis XVI abandonnait à elle-même sans règle et sans avertissement, ces étourderies, ces innocentes folies, ces espiègleries écolières auxquelles Marie-Antoinette ne savait pas se refuser, et dont elle était poursuivie jusque dans les grandes représentations de la royauté et dans les révérences de deuil, c'étaient malheureusement bien des armes et de terribles armes aux mains de vieilles femmes sans pardon. Aussi du nouveau château de Choisy, que de murmures, que de plaintes, que de remontrances, que de mauvaises paroles s'envolent, qui, grandissant dans toutes les réunions dévotes de Versailles et de Paris, tentent de faire fredonner à l'opinion publique :

« Petite reine de vingt ans
« Vous repasserez la barrière... (1). »

Madame Adélaïde avait véritablement un portefeuille. Elle disposait des grâces. Elle enchaînait les reconnaissances à ses rancunes. Elle commandait à cette armée, à ce complot qui entourait la Reine, qui la pressait de toutes parts, la poursuivait en toutes choses, et parvenait à obtenir du rédacteur de *la Gazette de France* un compte rendu adultéré des réponses de la Reine au Parlement et à la cour des Comptes (2).

Madame Adélaïde lançait encore contre la Reine, sa sœur, madame Louise de France, la carmélite, qui s'était donnée à Dieu sans rompre avec les misères et les affaires humaines, et qui semblait s'être retirée du monde pour être plus à portée de la cour. Madame Louise était une sainte, mais une sainte à laquelle les ministres habiles ne négligeaient point de plaire, à laquelle le chancelier Maupeou faisait sa cour, en venant communier toutes les semaines avec elle. Dans

---

(1) Mémoires par madame Campan, vol. I.
(2) Chronique secrète, par l'abbé Baudeau.

ces comités secrets de Saint-Denis, dans la cellule de madame Louise, on nouait ces intrigues, on imaginait ces bruits qui, mêlés aux intrigues et aux bruits de Choisy, désapprenaient aux salons le respect de la Reine, avant de désapprendre au peuple la faveur de la Dauphine (1).

Si un moment un pareil acharnement, des menées si constantes, ouvraient les yeux du Roi et le tentaient de régner au moins dans sa famille, madame Adélaïde menaçait bien haut de se retirer à Fontevrault, de laisser seule la volonté du Roi; et, résolue de tenter les derniers coups, fatiguée de demi-mots et de détours, elle osait, le 12 juillet, une sorte d'accusation solennelle de la Reine auprès du Roi. Précédée du comte de la Marche, qui fit contre la Reine une sortie violente, madame Adélaïde incrimina et noircit avec passion, presque avec colère, la vie de la Reine, ses légèretés, ses imprudences, ses courses, ses promenades, tout, jusqu'à ses plus minces amusements et ses plus pauvres consolations. La Reine, en même temps, recevait de madame Louise une lettre où les conseils touchaient à l'injure, et les reproches à la condamnation. Au sortir du conseil de famille, le Roi, intimidé, se plaignit à la Reine de ce dont on venait de lui faire des plaintes si vives; la Reine se défendit sur l'usage de Vienne et de sa famille (2). Ce furent des larmes dans le ménage, plus que des bouderies et des chocs d'humeur, un éloignement, des

(1) Chronique secrète. — (2) Idem.

semences de désunion pour l'avenir, qui sait? peut-être le premier pas vers un renvoi de la Reine. Impunie, encouragée, la médisance jetait le masque et devenait la calomnie. Tout autour de lui, le Roi entendait le murmure des accusateurs; tout autour de lui, le Roi voyait des visages qui semblaient plaindre le mari. Qu'un matin la Reine, par enfantin plaisir, autorisé du Roi, allât voir lever le soleil sur le haut des jardins de Marly, voilà les courtisans à se passer sous le manteau le *Lever de l'Aurore,* cette calomnie née des calomnies de la cour (1). Un autre jour, la calomnie allait jusqu'à glisser des vers indignes sous la serviette du Roi (2).

C'en était trop : M. de Maurepas comprit que ses alliés dépassaient le but. Poussé par lui, le Roi parla ferme à ses tantes. Il courut même le bruit de leur retraite, de leur exil en Lorraine (3).

Débarrassé du zèle compromettant de Mesdames, s'appuyant contre la Reine sur M. de Vergennes, de retour de Suède, assuré de M. Turgot, le nouveau ministre, qui apportait contre elle les préventions de ses mœurs et les antipathies de ses habitudes d'esprit, M. de Maurepas jouait la soumission auprès de Marie-Antoinette. « Madame, — venait-il lui dire, — si je déplais à Votre Majesté, elle n'a qu'à engager le Roi à me donner mon congé : mes chevaux sont tout prêts à partir d'ici. » La Reine se laissait désarmer

---

(1) Mémoires par madame Campan. — (2) Chronique secrète.
(3) Chronique secrète.

par cette comédie de détachement; elle était trop heureuse d'oublier pour n'être pas la dupe de M. de Maurepas (1).

C'était là un habile coup de théâtre. Il ne convenait pas, en effet, au premier ministre de permettre que la Reine fût exaspérée. Il était dangereux pour lui de laisser les choses aller si vite, les haines s'emporter si haut contre une souveraine qui avait encore le cœur des Français. L'enivrement, l'amour national qui avait accueilli la Dauphine, avait accompagné Marie-Antoinette sur le trône. Ce n'était point seulement aujourd'hui les dons de sa jeunesse qui possédaient et enchantaient l'imagination populaire ; mais aussi cette bonté, ce besoin d'obliger, de secourir, de donner, cette charité naturelle qui eût été la plus belle des vertus de la Reine, s'il n'eût été le plus doux de ses plaisirs. Paris et les provinces se rappelaient encore l'envoi de l'argent de sa cassette aux blessés de la place Louis XV. Lyres, pinceaux, ciseaux, burins, tous les arts chantaient sa bienfaisance et répétaient ces aventures qui avaient mené à l'adoration la popularité de la jeune princesse, ce paysan blessé à Achères par le bois d'un cerf, sa femme et son fils recueillis dans le carrosse de Marie-Antoinette, leurs larmes essuyées, leurs misères soulagées par elle (2). La reconnaissance publique parlait de cet hospice fondé par elle en montant au trône, pour les femmes âgées de toute province et de toute

(1) Chronique secrète.
(2) Annales du règne de Marie-Thérèse, par Fromageot. 1775.

condition (1). Les familiers de Versailles montraient cette Reine, l'argent de son mois épuisé, faisant quêter parmi ses valets de pied et dans son antichambre pour donner quelques louis à quelque malheureux (2); et les bénédictions d'un peuple suivaient cette Reine qui, même aux jours de haine et de calomnie, continuera ses bontés et ses aumônes, et *boursillera* avec le Roi, en 1789, pour faire huit mille livres aux pauvres de Fontainebleau. « *Puisse cette ville,* — disait-elle tristement, — *ne pas rivaliser d'ingratitude avec quelques autres* (3)! »

M. de Maurepas avait encore à craindre de laisser à la Reine et à l'opinion publique le temps de se reconnaître et de se liguer. Car, dans le fond des choses, que demande alors la Reine, que ne demande pas l'opinion publique? Ses vœux ne sont-ils point le renvoi des ministres de dilapidation et de tyrannie de la du Barry, l'accueil des idées de liberté civile et de tolérance religieuse, la consécration des droits du peuple par les pouvoirs du parlement, un acheminement lent, mais sûr et pacifique, vers l'avenir et ses promesses, vers la concorde et le bien-être de la France? Et quand même cette politique n'eût pas été la politique de M. de Choiseul, elle eût été l'instinct de cette jeune Reine, enivrée de sa popularité de Dauphine, jalouse des applaudissements de la France, et prête, pour les

---

(1) Mémoires secrets et universels, par Lafont d'Aussonne. 1825.
(2) Mélanges militaires, littéraires et sentimentaires, par le prince de Ligne, 1795-1811, vol. XXVII.
(3) Dernières années du règne et de la vie de Louis XVI, par François Hue. 1814.

garder, à se faire auprès du Roi l'écho des passions et des aspirations de Paris.

Par le renvoi du chancelier Maupeou et de l'abbé Terray, par la nomination de Turgot, par le rappel des anciens parlements, M. de Maurepas conjurait le péril, et remportait ces deux victoires d'apaiser la Reine et de distraire l'opinion publique du parti de la Reine. Puis encore, le remplacement d'une capacité par une créature, du chancelier Maupeou par M. Hue de Miroménil, qui avait amusé madame de Maurepas dans un rôle de Crispin, rassurait absolument M. de Maurepas (1).

M. de Maurepas régnait donc. Il défendait les éclats et les imprudences aux ennemis de la Reine, et lui-même reprenait en sous-œuvre l'œuvre de Mesdames, sourdement, patiemment, avec le patelinage et le commérage. C'étaient à l'oreille du Roi, aux derniers mots d'une conversation sentimentale sur son père, des confidences, des réticences, des calomnies hésitantes et que semblait arrêter le respect. Un autre jour c'était le duc de Choiseul peint en dissipateur des deniers de l'État, qui, pour se former un parti, avait prodigué plus de douze millions de pensions ; et, comme par mégarde, portant la main à sa poche, M. de Maurepas en tirait le tableau des grâces accordées à toutes les maisons portant le nom de Choiseul, et la preuve qu'aucune famille de France ne coûtait à l'État le quart de cette famille. Tantôt M. de Maurepas, ne s'avançant

---

(1) Chronique secrète.

qu'à tâtons, allait jusqu'à oser un sourire sur la grossesse de Marie-Thérèse, la rapprochant de la date de l'ambassade de M. de Choiseul. Effrayé, lors du sacre, d'un instant de règne de la Reine, inquiet des grandes et petites entrées reprises par M. de Choiseul auprès du Roi (1), M. de Maurepas, aidé de M. de Vergennes, s'enhardissait à appuyer auprès de Louis XVI sur la nécessité d'écarter la Reine de la connaissance des affaires publiques, de l'éloigner de l'État, du trône. Il agitait devant lui les soupçons d'une correspondance de la Reine avec M. de Mercy, contraire aux intérêts de la France; il le replongeait dans les papiers politiques de ce Dauphin dont le spectre et les préjugés se dressèrent si longtemps entre le Roi et la Reine. De là tant de méfiances, de là ces papiers contre la maison d'Autriche, cette correspondance secrète de Vergennes contre la Reine, gardés par le Roi contre la curiosité de la Reine, et conservés par lui, comme des conseils, jusque dans les années de malheur et d'union. Soulavie les verra aux Tuileries le 10 août (2).

(1) Mémoires secrets pour de la république des Lettres; vol. VIII.
(2) Mémoires historiques et politiques, par Soulavie, vol. II.

II

La Reine et le Roi. — Le petit Trianon donné par le Roi à la Reine. — Travaux de la Reine au petit Trianon : M. de Caraman, l'architecte Mique, le peintre Hubert Robert. — Tyrannie de l'étiquette : une matinée de la Reine à Versailles. — Madame de Lamballe. — Rupture de la Reine avec madame de Cossé. — Madame de Lamballe surintendante de la maison de la Reine. — La Reine et la mode : coiffures, courses en traîneau, bals. — Inimitiés des femmes de l'ancienne cour contre la Reine.

Déplorable fatalité! Le premier ministre du jeune Roi était forcé, par les nécessités de son crédit, de continuer la tâche que le gouverneur du duc de Berry avait commencée pour la satisfaction de ses préjugés. Il entrait dans la politique de M. de Maurepas de tenir le Roi éloigné de l'amour de la Reine; et c'étaient, dans le jeune Roi, des cachotteries, des dissimulations, un manége de précaution et de réserve qui n'échappe guère aux femmes, et que la Reine perça du premier coup d'œil. Du Roi à la Reine, il y eut mille riens de la parole, de l'air, du silence même, qui renfoncèrent vers l'orgueil cette affection prête à se livrer et se penchant aux avances, mais demandant au moins l'encouragement et le remercîment d'un sourire, d'une caresse, d'un désir.

Il faut le dire aussi : cette fortune heureuse des sympathies qui, dans les mariages des particuliers, tient les époux sans amour unis et rapprochés dans une communauté de goûts, d'habitudes, de tempéraments ; ces liens, ces chaînes manquaient au ménage de Louis XVI et de Marie-Antoinette. Peu d'alliances politiques eurent à lier ensemble un jeune homme et une jeune femme moins destinés l'un à l'autre par la vocation de leur nature et la tournure de leur éducation ; peu eurent à combattre un antagonisme si instinctif des idées, de l'âme, du corps même, et à triompher, par le devoir, d'une semblable contrariété d'humeurs, d'un conflit pareillement journalier des défauts, des vertus même.

Une élégance royale et une simplicité rustique ; le caprice et le bon sens ; la passion et la raison ; ici, la jeunesse toute vive, débordante, cherchant issue ; là, une maturité sévère, morose, sans sourire ; que de chocs dans ce contact de toutes les extrémités morales de l'homme et de la femme ! Si la jeune Reine avait ses grâces contre elle, le jeune Roi avait contre lui des orages, des colères, une brusquerie qui s'oubliait jusqu'aux jurons, une brutalité de premier mouvement et où le cœur n'entrait pas, mais qui allait jusqu'à la diminution de la dignité royale. Le jeune Roi était empêché de plaire à la Reine par cette timidité de résolutions, cette humilité de volonté, cette défiance de lui-même et de son âge dans laquelle l'entretenait le vieux Maurepas. C'est le lot de la femme d'aimer l'audace, les cœurs hardis, les coups soudains : le caractère lui parle d'abord et la domine; et la Reine ne trouvait point un caractère dans le Roi. Le jeune Roi était empêché de plaire à la Reine par son esprit de détail, par son ordre poussé au plus loin, au plus bas, et jusqu'à la note de quelques sous; par cette économie, indigne d'un roi, qui abaissait la personne royale, considérée jusqu'alors comme l'aumônière des trésors de la France, à la misérable épargne d'un petit écu (1). Pour être reines, les femmes gardent de leur sexe les religions et les superstitions. Et qui oserait exiger d'elles qu'elles renoncent à la générosité, à l'éclat, à toutes ces qualités brillantes, le legs de l'ancienne chevalerie, et que, s'en tenant aux solidités de l'homme, elles soient dans leurs amours plus sages et moins entraînées par l'imagination que les peuples dans leurs popularités? Marie-Antoinette demandait à Louis XVI toutes les vertus royales, et Louis XVI manquait absolument de ces belles et naturelles ostentations, de ces mouvements nobles, grands, heureux, qui séduisent l'Histoire et conquièrent une femme.

Nulle séduction encore pour la Reine dans l'esprit de Louis XVI : esprit étendu, capace, nourri, de grand fond et de rare mémoire, singulièrement juste, même re-

---

(1) Comptes de Louis XVI. Arch. génér. du roy. *Revue rétrosp.*, vol. V.

marquable lorsqu'il s'écoutait seul dans le silence du cabinet (1), mais sans agrément, sans enjouement, réglé et dormant. Triste compagnie, qu'un tel esprit, pour une femme gâtée par toutes les vivacités, toutes les finesses et toutes les badineries de la parole française, entourée du pétillement de la fin de ce siècle, qui semble une fin de souper, les oreilles pleines d'échos et comme bourdonnantes du rire de Beaumarchais et du rire de Chamfort!

La bonté même de Louis XVI n'attirait point la Reine à lui. C'était une bonté toute brute et toute rude à laquelle manquait cet assaisonnement de sensibilité et ce quelque chose de romanesque dont les femmes d'alors, ramenées par Rousseau au roman de la nature, voulaient voir les bonnes actions parées. Il manquait à cette bonté une poésie dont la reine de France eût été touchée jusqu'au fond de son cœur d'Allemande.

C'est ainsi que tous les défauts du Roi entraient au plus intime des répugnances de la Reine, sans qu'une seule de ses qualités lui agréât. Si du moins Louis XVI avait eu les dehors, cette majesté gracieuse, apanage ordinaire des princes de la maison de Bourbon! Mais la Providence lui avait refusé ce signe et ce rayon, et, le découronnant de tout prestige, elle avait logé le dernier roi de la France dans un corps bourgeois. Les habitudes du travail manuel l'avaient fait peuple, et dans ce prince aux mains salies par la lime, dans ce Vulcain remonté de l'atelier de Gamain (2), la désillu-

---

(1) Louis XVI dans son cabinet. *Paris*, 1791.
(2) Mémoires historiques et politiques, par Soulavie, vol. II.

sion de la Reine cherchait vainement ses illusions de jeune fille, le mari rêvé, le Roi !

Il eût fallu plus de courage que Dieu n'en accorde à ses créatures, il eût fallu un héroïsme de patience surhumaine à cette jeune femme, presque une enfant, pour surmonter tant de choses, pour ne pas se lasser de presser ce cœur paresseux; pour retenir, devant des femmes qui la grondaient de monter à cheval, cette parole d'impatience : « Au nom de Dieu ! laissez-moi en paix, et sachez que je ne compromets aucun héritier (1) ! »

Un jour de l'année 1774, le Roi, galant ce jour-là, avait dit à la Reine, — était-ce pour la consoler de ne pas donner le ministère à M. de Choiseul ? — « Vous aimez les fleurs ? Eh bien, j'ai un bouquet à vous donner : c'est le petit Trianon (2). »

Le petit Trianon était, à l'extrémité du parc du grand Trianon, un pavillon à la romaine de forme carrée. Cette miniature de palais, qui n'avait guère que vingt-trois mètres sur chacune de ses faces, se composait d'un rez-de-chaussée et de deux étages montant entre des colonnes et des pilastres d'ordre corinthien, joliment fleuris, parfaitement cannelés, et couronnés des balustres d'une terrasse italienne. L'architecte Gabriel l'avait élevé sous la surveillance du marquis de

---

(1) Mémoires de madame Campan, vol. I.
(2) Chronique secrète de Paris, par l'abbé Baudeau.

Menars. Le sculpteur Guibert y avait fait merveille de son ciseau. Le Roi, le vieux Roi s'éprenait, en ses dernières années, de ce petit coin de son grand Versailles. Cette demeure était à sa taille, et il y avait ses aises. Il s'était plu à l'entourer d'un jardin botanique; et là, parmi les mille parfums et les mille couleurs de la flore étrangère, presque ignorée alors de la France, promenant à petits pas les lendemains de ses débauches, il essayait d'amuser ses fatigues en herborisant avec le duc d'Ayen (1).

Nul cadeau ne pouvait être plus agréable à Marie-Antoinette, à cette amie de la campagne et des fleurs, à cette Reine qui, des splendeurs et des majestés de Marly, ne goûtait que la salle de verdure établie par le comte d'Aranda (2). Et l'heureux à-propos que ce présent, arrivant à l'heure précise où Marie-Antoinette renonce à la lutte, cède la place aux intrigues, abandonne ses ambitions et ses espérances, et se confesse ainsi à l'un de ses familiers : « *M. de Maurepas est bien insouciant, M. de Vergennes bien médiocre; mais la crainte de me tromper sur des gens qui servent peut-être bien mieux le Roi que je ne pense m'empêchera toujours de lui parler contre ses ministres* (3)! » Le petit Trianon occupera cette Reine sans affaires, cette femme sans enfants, sans ménage. Il sera l'emploi et la dépense de sa vie, le plaisir et l'exercice de sa jeune activité, sa

(1) Description générale et particulière de la France (par de La Borde). *Paris*, 1781. — Le Cicérone de Versailles, ou l'Indicateur des curiosités et établissements de cette ville. 1806.
(2) Chronique secrète de Paris.
(3) Portraits et Caractères, par Senac de Meilhan. *Paris*, 1813.

distraction, son labeur. Créer à nouveau, ajouter, embellir, agrandir, tenir sous sa baguette de magicienne un peuple d'artistes et de jardiniers, l'aimable ministère, un royaume presque ! et, au bout du passe-temps et de l'effort, une petite patrie, son bien, son œuvre, son *petit Vienne !*

Le temps et le goût étaient alors à ces affranchissements de la nature, à ces reconstitutions de la campagne qui cherchaient à faire du parc français un pays d'illusions, à le remplir de tableaux, à y transporter tous les changements de scène des opéras (1). Les *Observations sur l'art de former les jardins modernes*, publiées en Angleterre par sir Thomas Wathely, développaient ce goût, et toute maison d'été voulait bientôt le cadre d'un jardin pittoresque appelé du nom de « jardin chinois ». La Reine avait une grande ambition, l'ambition de faire plus que la mode jusque-là n'avait fait contre le Nôtre, de dépasser en agrément et en vraisemblance de paysage le Tivoli de M. Boutin, Ermenonville et le Moulin-Joli, et Monceau même. Charmant projet d'une Reine, fuyant le trône, qui voulait autour d'elle une terre sans étiquette, et, rendant la royauté à l'humanité, voulait rendre les jardins à Dieu !

Le duc de Caraman, grand amateur en ce genre, et qui a déjà à peu près réalisé les idées de la Reine à sa terre de Roissy, est appelé par Reine à la direction des travaux (2). Bientôt M. de Caraman, l'archi-

---

(1) Jardin de Monceau, près de Paris, appartenant à Son Altesse Sérénissime Monseigneur le duc de Chartres. *Paris, Delafosse*, 1779.
(2) Correspondance secrète (par Métra), vol. 1

tecte Mique, le dessinateur mythologique des Élysées du nouveau règne, puis le charmant peintre de ruines spirituelles, Hubert Robert, appelé plus tard pour le décor rustique, improvisent sur le papier, sous les yeux de la Reine, la campagne qu'elle a commandée : les arbres, la rivière, le rocher, et aussi la salle de comédie. Ici, un pont rustique, qui fasse jaloux le pont hollandais et le pont volant de M. Watelet ; là, dominant l'eau et y mirant ses sculptures, un belvédère où déjeunera la Reine ; là-bas, un moulin, dont le tictac réveillera l'écho ; des arbustes plus loin ; partout des fleurs ; et une île, et un temple à l'Amour, entouré du murmure de l'eau, et une laiterie de Reine, une laiterie de marbre blanc..... Jamais Marie-Antoinette n'a donné tant d'ordres ; ce ne sont, envoyées de Versailles ou de la Muette, que recommandations et listes des jeunes arbres qui doivent donner l'ombrage à la promenade, « au travail (1) » de la jeune souveraine. Ce ne sont que billets à M. Campan et à M. Bonnefoy, convocations de tous les jardiniers « pour désigner les places de tous les arbres que M. de Jussieu a fait choisir. » Et sur M. de Jussieu, écoutez la fin d'un de ces billets aimables qui songent à tout : « *Une collation d'en-cas sera prête pour M. de Jussieu, qui arrosera devant moi le cèdre du Liban*(2). » Que de préoccupations, que de soins, que de joies ! Et que de fois les promeneurs de Paris voient passer

---

(1) Coup-d'œil sur Bel-Œil. *A Bel-Œil, de l'imprimerie du prince Charles de L. (Ligne)*, 1781.

(2) Lettre autographe de Marie-Antoinette, communiquée par M. Boutron.

dans un cabriolet léger, brûlant le chemin, la Reine de Trianon allant voir monter la pierre, pousser l'arbre, s'élever l'eau, grandir son rêve!

Le beau rêve en effet, ce palais et ce jardin enchantés, où Marie-Antoinette pourra ôter sa couronne, se reposer de la représentation, reprendre sa volonté et son caprice, échapper à la surveillance, à la fatigue, au supplice solennel et à la discipline invariable de sa vie royale, avoir la solitude et avoir l'amitié, s'épancher, se livrer, s'abandonner, vivre! Pour montrer tout le bonheur que la Reine se promet, pour faire entrer dans ses impatiences, je dirai une des matinées de la Reine à Versailles, telle qu'une de ses femmes de chambre nous l'a conservée. Aussi bien cette matinée suffira peut-être à faire pardonner Trianon à Marie-Antoinette.

La Reine se réveillait à huit heures. Une femme de garde-robe entrait et déposait une corbeille couverte, appelée le prêt du jour, et contenant des chemises, des mouchoirs, des frottoirs. Pendant qu'elle faisait le service, la première femme remettait à la Reine, qui s'éveillait, un livre contenant un échantillon des douze grands habits, des douze robes riches sur paniers, des douze petites robes de fantaisie pour l'hiver ou l'été. La Reine piquait avec une épingle le grand habit de la messe, la robe déshabillée de l'après-midi, la robe parée du jeu ou du souper des petits appartements; et bientôt arrivaient, dans de grands taffetas, les vêtements du jour.

La Reine prenait un bain presque tous les jours.

Un *sabot* était roulé dans sa chambre. La Reine, dépouillée du corset à crevées de rubans, des manches de dentelles, du grand fichu, avec lesquels elle couchait, était enveloppée d'une grande chemise de flanelle anglaise. Une tasse de chocolat ou de café faisait son déjeuner, qu'elle prenait dans son lit lorsqu'elle ne se baignait pas. A sa sortie du bain, ses femmes lui apportaient des pantoufles de basin garnies de dentelles et plaçaient sur ses épaules un manteau de lit en taffetas blanc. La Reine, recouchée, prenait un livre ou quelque ouvrage de femme. C'était l'heure où, la Reine couchée ou levée, les petites entrées avaient audience auprès d'elle ; et de droit entraient le premier médecin de la Reine, son premier chirurgien, son médecin ordinaire, son lecteur, son secrétaire de cabinet, les quatre premiers valets de chambre du Roi, leurs survivanciers, les premiers médecins et premiers chirurgiens du Roi.

A midi la toilette de présentation avait lieu. La toilette, ce meuble et ce triomphe de la femme du xviiie siècle, était tirée au milieu de la chambre. La dame d'honneur présentait le peignoir à la Reine ; deux femmes en grand habit remplaçaient les deux femmes qui avaient servi la nuit. Alors commençaient, avec la coiffure, les grandes entrées. Des pliants étaient avancés en cercle autour de la toilette de la Reine pour la surintendante, les dames d'honneur et d'atour, la gouvernante des enfants de France. Entraient les frères du Roi, les princes du sang, les capitaines des gardes, toutes les grandes charges de la couronne de

France. Ils faisaient leur cour à la Reine, qui saluait de la tête. Pour les princes du sang seuls, la Reine indiquait le mouvement de se lever, en s'appuyant des mains à la toilette. Puis venait l'habillement de corps. La dame d'honneur passait la chemise, versait l'eau pour le lavement des mains ; la dame d'atours passait le jupon de la robe, posait le fichu, nouait le collier.

Habillée, la Reine se plaçait au milieu de sa chambre, et environnée de ses dames d'honneur et d'atours, de ses dames du palais, du chevalier d'honneur, du premier écuyer, de son clergé, des princesses de la famille royale qui arrivaient suivies de toute leur maison, passait dans la galerie et se rendait à la messe, après avoir signé les contrats présentés par le secrétaire des commandements, et agréé les présentations des colonels pour prendre congé.

La Reine entendait la messe avec le Roi dans la tribune, en face du maître-autel et de la musique.

La Reine, rentrée de la messe, devait dîner tous les jours seule avec le roi et en public ; mais ce repas public n'avait lieu que le dimanche.

Le maître d'hôtel de la Reine, armé d'un grand bâton de six pieds orné de fleurs de lis d'or et surmonté de fleurs de lis en couronne, annonçait à la Reine qu'elle était servie, lui remettait le menu du dîner, et, tout le temps du dîner, se tenant derrière elle, ordonnait de servir ou de desservir.

Après le dîner, la Reine rentrait dans son appartement, et, son panier et son bas de robe ôtés, s'appartenait seulement alors, autant du moins que le lui permettait la présence en grand habit de ses femmes, dont le droit était d'être toujours présentes et d'accompagner partout la Reine.

La Reine espérait se sauver de tant d'ennuis à Trianon. Elle voulait fuir là cette toilette, la cour des matins, et le dîner public, et les jeux de représentation si ennuyeux du mercredi et du dimanche, et les mardis des ambassadeurs et des étrangers, et les présentations et les révérences, les grands couverts et les grandes loges, et le souper dans les cabinets le mardi et le jeudi avec les ennuyeux et les prudes, et le souper de tous les jours en famille chez Monsieur (1).

La Reine pensait qu'à Trianon elle pourrait manger avec d'autres personnes que la famille royale, unique société de table, à laquelle toute Reine de France avait été condamnée jusqu'alors ; qu'elle y aurait, comme une particulière, ses amis à dîner sans mettre tout Versailles en rumeur. Elle songeait à se faire habiller là dans sa chambre par mademoiselle Bertin, sans être condamnée à se réfugier dans un cabinet par le refus de ses femmes de laisser entrer mademoiselle Bertin dans leurs charges. Son mari au bras, sans autre suite qu'un laquais, elle parcourrait ses États ; et même, à table, s'il lui prenait fantaisie, elle jetterait au Roi des boulettes de mie de pain sans scandaliser le service. Voilà les espoirs et les ambitions de cette princesse, élevée et nourrie dans les traditions patriarcales du gouvernement de Lorraine, et

(1) Mélanges militaires, littéraires et sentimentaires, par le prince de Ligne, vol. XXIX.

qui contait avec un si doux attendrissement la naïve levée d'impôts de ses anciens ducs, agitant leur chapeau en l'air à la messe après le prône, et quêtant la somme dont ils avaient besoin. Ses désirs et ses idées confirmés par l'abbé de Vermond, la Reine était convaincue que la grande popularité des princes de la maison d'Autriche venait du peu d'exigence d'étiquette de la cour de Vienne. D'ailleurs, quel besoin de conseils, de raisonnements, de souvenirs d'enfance, pour faire détester à la jeune princesse une telle tyrannie ! Quelle patience eût résisté à des tourments quotidiens, pareils à celui-ci : la femme de chambre, un jour d'hiver, prête à passer la chemise à la Reine, est obligée de la remettre à la dame d'honneur qui entre et ôte ses gants; la dame d'honneur est obligée de la remettre à la duchesse d'Orléans qui a gratté à la porte; la duchesse d'Orléans est obligée de la remettre à la comtesse de Provence qui vient d'entrer, pendant que la Reine, transie, tenant ses bras croisés sur sa poitrine nue, laisse échapper : *C'est odieux ! quelle importunité* (1) !

Dans ses courses, dans ses promenades à Trianon, Marie-Antoinette a presque toujours à ses côtés la même compagne, une amie de ses goûts, qui préférait à Versailles les bois de son beau-père, le duc de Penthièvre, et que la Reine avait eu grand'peine à

---

(1) Mémoires sur la vie privée de Marie-Antoinette, par madame Campan. 1826. Éclaircissements historiques.

accoutumer à l'air de la cour : madame de Lamballe (1).

La Reine, comme toutes les femmes, se défendait mal contre ses yeux. La figure et la tournure n'étaient pas sans la toucher, et les portraits qui nous sont restés de madame de Lamballe disent la première raison de sa faveur. La plus grande beauté de madame de Lamballe était la sérénité de la physionomie. L'éclair même de ses yeux était tranquille. Malgré les secousses et la fièvre d'une maladie nerveuse, il n'y avait pas un pli, pas un nuage sur son beau front, battu de ces longs cheveux blonds qui boucleront encore autour de la pique de Septembre. Italienne, madame de Lamballe avait les grâces du Nord, et elle n'était jamais plus belle qu'en traîneau, sous la martre et l'hermine, le teint fouetté par un vent de neige, ou bien encore lorsque, dans l'ombre d'un grand chapeau de paille, dans un nuage de linon, elle passait comme un de ces rêves dont le peintre anglais Lawrence promène la robe blanche sur les verdures mouillées.

L'âme de madame de Lamballe avait la sérénité de son visage. Elle était tendre, pleine de caresses, toujours égale, toujours prête aux sacrifices, dévouée dans les moindres choses, désintéressée par-dessus tout. Ne demandant rien pour elle, madame de Lamballe se privait même du plaisir d'obtenir pour les autres, ne voulant point faire de son attachement le

(1) Chronique secrète de Paris, par l'abbé Baudeau.

motif ni l'excuse d'une seule importunité. Oubliant son titre de princesse, elle n'oubliait jamais le rang de la Reine. Bru d'un prince dévot, elle était pieuse. Son esprit avait les vertus de son caractère, la tolérance, la simplicité, l'amabilité, l'enjouement tranquille. Ne voyant pas le mal et n'y voulant pas croire, madame de Lamballe faisait à son image les choses et le monde, et chassant toute vilaine pensée avec la charité de ses illusions, sa causerie gardait et berçait la Reine comme dans la paix et la douceur d'un beau climat. Sa bienfaisance encore, cette bienfaisance infatigable des Penthièvre qui ne rebuta jamais les malheureux, et jusqu'à ce parler italien dans lequel avaient été élevées l'imagination et la voix de la Reine, tout était un lien entre madame de Lamballe et Marie-Antoinette. La souveraine et la princesse allaient l'une à l'autre par mille rencontres de sentiments au fond d'elles-mêmes, et elles étaient prédestinées à une de ces rares et grandes amitiés que la Providence unit dans la mort.

L'intimité de Marie-Antoinette avec madame de Lamballe, commencée sous le feu roi, se faisait plus étroite, alors que madame de Cossé brisait, par une brutalité malheureuse, les derniers liens de l'attachement de la Reine. L'archiduc Maximilien, frère de Marie-Antoinette, était venu à Paris. Il attendait la visite des princes du sang. La Reine avait demandé un bal à madame de Cossé. Le jour du bal arrivé, les princes n'avaient pas encore fait la visite. La Reine, engagée dans les prétentions de son frère, écrivait à madame de Cossé « Si les princes viennent à votre bal, ni moi ni mon frère ne nous y trouverons. Si vous voulez nous avoir, dépriez-les. » Madame de Cossé, embarrassée, hésitait, puis sacrifiait la Reine : elle envoyait la lettre aux princes (1).

La Reine se donnait alors entièrement à madame de Lamballe. Elle voulait non point payer son amitié, mais se l'attacher par une charge à la cour, qui la retînt auprès d'elle et la défendît contre la tentation de retourner auprès du duc de Penthièvre. Mesurant la charge au cœur de la princesse encore plus qu'à son rang, la Reine songea à rétablir en sa faveur la surintendance tombée en désuétude à la cour depuis la mort de mademoiselle de Clermont, la surintendance de la Maison de la Reine, cette grande autorité, la direction du conseil de la Reine, la nomination et le jugement des possesseurs de charges, la destitution et l'interdiction des serviteurs, une juridiction et un pouvoir si étendus sur tout l'intérieur de la Reine, que c'était sur la demande de Marie Leczinska que la surintendance avait été supprimée. Louis XVI résista longtemps au vœu de la Reine, appuyant sa mauvaise volonté sur l'opposition et les plans d'économie de Turgot. La Reine, emportée cette fois par son amitié, mit dans la poursuite du consentement du Roi une persistance à laquelle le Roi finit par se rendre. Il y eut presque un soulèvement à la cour. Madame de Cossé quittait sa charge de dame d'atours (2). La duchesse de

---

(1) Portefeuille d'un talon rouge. *Paris, l'an* 178 .
(2) Mémoires de la République des lettres, vol. VIII.

Noailles, devenue la maréchale de Mouchy, si mal disposée déjà contre la Reine, quittait sa charge de dame d'honneur, blessée d'une nomination qui lui enlevait la nomination aux emplois, la réception des prestations de serment, la liste des présentations, l'envoi des invitations au nom de la Reine pour les voyages de Marly, de Choisy, de Fontainebleau, pour les bals, les soupers et les chasses. Cette nomination lui enlevait encore les profits de sa charge, profits qui lui avaient donné le mobilier de la chambre de la Reine à la mort de Marie Leczinska (1). Les protestations éclataient de toutes parts. Un moment, la princesse de Chimay, nommée dame d'honneur, et la marquise de Mailly, se refusaient à prêter serment, ne voulant point dépendre de madame de Lamballe (2).

De Versailles, les colères allaient à Paris. Elles gagnaient l'opinion publique, qui, devant ce rétablissement par la Reine d'une charge de la monarchie, semblait avoir oublié déjà les dépenses de la du Barry, et commençait à parler des dilapidations de Marie-Antoinette.

Hélas! tout devait être tourné contre la Reine, ses goûts comme ses amitiés, ses plaisirs, son sexe même et son âge.

(1) Mémoires de madame Campan. Éclaircissements historiques.
(2) Correspondance secrète, par Métra, vol. II.

La femme française s'était livrée en ces années à une folie de coiffure sans exemple, et si générale qu'une déclaration, donnée le 18 août 1777, agrégeait six cents coiffeurs de femmes à la communauté des maîtres barbiers-perruquiers (1). La tête des élégantes était une mappemonde, une prairie, un combat naval. Elles allaient d'imaginations en imaginations et d'extravagances en extravagances, du *porc-épic* au *berceau d'amour*, du *pouf à la puce* au *casque anglais*, du *chien couchant* à la *Circassienne*, des *baigneuses à la frivolité* au *bonnet à la candeur*, de la *queue en flambeau d'amour* à la *corne d'abondance*. Et que de créations de couleurs pour les énormes choux de rubans, jusqu'à la nuance de *soupirs étouffés* et de *plaintes amères* (2)! La Reine se jette dans cette mode. Aussitôt les caricatures et les diatribes de passer par-dessus toutes les têtes, et de frapper sur la jolie coiffure aux mèches relevées et tortillées en queue de paon, dans laquelle elle s'est montrée aux Parisiens. La satire, qui permet tant de ridicules à la mode, est impitoyable pour le *quesaco* que la Reine montre aux courses de chevaux, pour les bonnets allégoriques que lui fait Beaulard, pour la coiffure de son lever, courant Paris sous le nom de *Lever de la Reine* (3). Les plaisanteries de Carlin, commandées par Louis XVI, contre les panaches de la Reine (4), le dur renvoi de son por-

---

(1) Mémoires de la République des lettres.
(2) Costumes françois pour les coeffeurs, 1776, 1777. *Chez Esnault et Rapilly.* — Coeffures de 1589 à 1776. — Correspondance secrète. vol. I.
(3) Manuel des toilettes. 1777 et 1778.
(4) Correspondance secrète, vol. I.

trait par Marie-Thérèse (1), les attaques un peu brutales de cet empereur du Danube, son frère Joseph, contre son rouge et ses plumes (2), n'étaient pas jugés une expiation suffisante de son désir et de son génie de plaire. Quand la mode prenait la livrée de cette reine blonde, et baptisait ses mille fanfioles couleur *cheveux de la Reine* (3), cette flatterie était imputée à crime à Marie-Antoinette. Et c'était encore un autre de ses crimes, l'importance de mademoiselle Bertin, de cette marchande de modes que la Reine n'avait fait que recevoir des mains de la duchesse d'Orléans, et former à l'école de son goût (4).

L'hiver, après des déjeuners intimes où elle rassemble à sa table les jeunes femmes de la cour, la Reine entraîne la jeunesse derrière son traîneau, et prend plaisir à voir voler sur la glace mille traîneaux qui la suivent. Les courses en traîneau font encore murmurer la censure.

La Reine danse; elle danse dans ces jolis bals où les danseuses, débarrassées des lourds paniers, semblent toutes légères sous le domino de taffetas blanc à petite queue et à larges manches Amadis (5), et voilà encore la Reine coupable de danser, et de préférer aux danseurs qui dansent mal les danseurs qui dansent bien (6).

(1) Mémoires de la République des lettres, vol. VIII.
(2) Correspondance secrète, vol. IV.
(3) Mémoires de la république des lettres, vol. VIII.
(4) Mémoires par madame Campan, vol. I.
(5) Dictionnaire critique et raisonné des étiquettes de la cour. Mémoires de madame de Genlis, vol. X, 1825
(6) Correspondance entre le comte de Mirabeau et le comte de Lamarck, vol. I. *Introduction.*

Mais je crois que la postérité commence à être lasse de reprocher à cette Reine de vingt ans sa demande à un ministre de la guerre de lui laisser pour ses fêtes de Versailles des cavaliers que leur régiment réclame (1).

Étrange sévérité! Dans ce siècle de la femme, rien de la femme n'était pardonné à la Reine. C'est qu'au-dessous des partis, au-dessous de M. d'Aiguillon, au-dessous de Mesdames, une société, un monde puissant, remuant, emplissant les salons, tenant à tout, apparenté au mieux, lié de loin ou de près, de nom ou de honte, blessé de toute vertu et animé contre la Reine d'inimitiés personnelles, semait les propos, les indiscrétions, les préventions, les accusations, attisait les pamphlets, préparait les outrages. C'étaient les femmes de l'ancienne cour de Louis XV, ces femmes compromises dans la faveur de madame du Barry, ses amies, ses émules. La Reine, en sa juste sévérité, avait voulu leur fermer la cour, lorsque, se refusant à la présentation de madame de Monaco, en dépit de son nom et du nom de son amant, le prince de Condé, elle déclarait hautement « *ne point vouloir recevoir les femmes sé-* « *parées de leurs maris* (2). » Quel ressentiment dans toutes ces scandaleuses, dont s'était amusé parfois le mépris de Marie-Antoinette! Cette madame de Châtillon, de Louis XV descendue à tous ; et cette très-méchante et très-galante comtesse de Valentinois ; et cette marquise de Roncé, la reine des nuits de Chantilly ; et cette joueuse de Roncherolles ; et cette comtesse de

---

(1) Portefeuille d'un talon rouge.
(2) Correspondance secrète, par Métra, vol. I.

Rosen, que l'évêque de Noyon ne peut plus compromettre ; et cette duchesse de Mazarin, qui ne sait plus rougir ; et cette marquise de Fleury aux étranges amours ; et cette Montmorency (1)!... Et ces femmes encore qui venaient grossir l'armée des mécontentes et la coterie des impudiques, ces dames, rayées des listes après l'affaire de M. d'Houdetot à un bal de la Reine : mesdames de Genlis, de Marigny, de Sparre, de Gouy, de Lambert, de Puget (2), et tant d'autres que la Reine devait retrouver ou dont elle devait rencontrer les familles au premier rang de la Révolution ! C'est la voix de toutes celles-là, c'est le bavardage de toutes ces femmes qui grossit et noircit la futilité de la Reine, qui donne à sa jeunesse, à son amour du plaisir, à ses étourdissements les apparences d'une enfance incurable, d'une folie sans pardon, d'une légèreté sans excuse, et qui fait désespérer Paris et les provinces de jamais voir plus dans la Reine qu'une jolie femme aimable et coquette. Et cependant l'amusement et le bruit de sa vie oisive, coiffures, danses, plaisirs, tout cessera demain chez la Reine : elle sera mère !

(1) Portefeuille d'un talon rouge.
(2) Correspondance secrète, vol. I.

III

Portrait physique de la Reine. — Amour du Roi. — La comtesse Jules de Polignac. — Commencement de la faveur des Polignac. — Première grossesse de la Reine. — Naissance de Marie-Thérèse-Charlotte de France. — Les Polignac comblés des grâces de la Reine. — Succession de ministres mal disposés pour la Reine : Necker, Turgot, le prince de Montbarrey, M. de Sartines. — Retranchements dans la maison de la Reine. — La Reine se refusant à l'ennui des affaires. — La Reine menacée par le parti français et forcée de se défendre. — Nomination de M. de Castries et de M. de Ségur. — Naissance du Dauphin. — Madame de Polignac gouvernante des enfants de France. — Son salon dans la grande salle de bois de Versailles.

La Reine de France n'est plus la jolie ingénue de l'île du Rhin : elle est la reine, une reine dans tout l'éclat, dans toute la fleur et toute la maturité, dans tout le triomphe et tout le rayonnement d'une beauté de reine. Elle possède tous les caractères et toutes les marques que l'imagination des hommes demande à la majesté de la femme : une bienveillance sereine, presque céleste, répandue sur tout son visage; une taille que madame de Polignac disait avoir été faite pour un trône ;

le diadème d'or pâle de ses cheveux blonds, ce teint le plus blanc et le plus éclatant de tous les teints, le cou le plus beau, les plus belles épaules, des bras et des mains admirables, une marche harmonieuse et balancée, ce pas qui annonce les déesses dans les poëmes antiques, une manière royale et qu'elle avait seule de porter la tête (1), une caresse et une noblesse du regard qui enveloppaient une cour dans le salut de sa bonté; par toute sa personne enfin ce superbe et doux air de protection et d'accueil; tant de dons, à leur point de perfection, donnaient à la Reine la dignité et la grâce, ce sourire et cette grandeur dont les étrangers emportaient le souvenir à travers l'Europe comme une vision et un éblouissement.

Les yeux du Roi s'ouvraient, sa froideur se laissait vaincre. Peu à peu et comme à son insu, il dépouillait les rudesses et les brusqueries de ses façons et de sa nature. Il se surprenait à vouloir plaire, à chercher les attentions, à se plier aux prévenances. Des tendresses d'une douceur inconnue tressaillaient en lui. Une admiration émue le menait à l'amour. Il se sentait jeune et renouvelé. Il aimait.

Toutes les révolutions de l'amour se faisaient dans Louis XVI. Ce mari si fermé, si armé jusqu'alors, si soucieux de maintenir sa femme hors de ses conseils, si jaloux de ne point laisser la fille de Marie-Thérèse s'intéresser à l'État, abandonnait tout à coup ses défiances (2). Économe, il faisait violence à ses goûts, com-

---

(1) Portraits et Caractères, par Senac de Meilhan. *Paris*, 1813.
(2) Correspondance secrète, par Métra, vol. III.

blait Marie-Antoinette de cadeaux, de surprises, de diamants, et l'entourait de fêtes (1). Les reproches de ses tantes ne grondaient plus dans sa bouche; et ce roi, sévère à la jeunesse comme un vieillard, ne savait plus blâmer la jeunesse de la Reine. Ne lui semblaient-elles pas, toutes ces vanités de la vie de Marie-Antoinette qu'il condamnait hier, l'occupation naturelle, fatale presque, mais transitoire et momentanée, d'une femme que les devoirs et l'emploi de la maternité enfermeront bien vite dans son intérieur, et que d'un seul coup le bonheur guérira du plaisir?

Sans doute, parmi ces jours du commencement de son règne qu'abreuvent déjà les dégoûts et les calomnies, ce fut un beau jour pour Marie-Antoinette quand elle sentit battre enfin le cœur du Roi avec le sien, quand elle put s'appuyer sur cet amour, sur cette confiance, sur ce mari reconquis contre tous, reconquis sur le roi. C'est alors qu'on la vit, enivrée, triomphante et radieuse, se montrer partout pour montrer sa victoire, aux bals de l'Opéra, aux courses de chevaux, aux bals du samedi de madame de Guéménée. Elle ne se lassait point de paraître dans les fêtes et dans les spectacles. Sa gaieté impatiente courait à tous les amusements, à ces jeux du salon de madame de Duras, où l'on jouait au roi comme les petites filles jouent à madame, où un roi de paille tenait sa cour, donnait audience, rendait la justice sur des plaintes de comédie, mariait ses sujets, et leur donnait la liberté avec le mot *Descampa-*

---

1) Correspondance secrète, par Métra, vol. IV.

tivos (1). La joie d'être aimée, cette joie immense, inespérée, qu'elle ne pouvait contenir, était chez Marie-Antoinette comme une joie d'enfant : elle en avait le bruit, l'activité prodigue, la folie et l'innocence.

L'amitié d'une femme allait s'emparer de la Reine. Une des dames de la comtesse d'Artois, la comtesse Diane de Polignac, amenait avec elle à Versailles, pendant le temps de son service, un jeune ménage, son frère et sa belle-sœur, le comte et la comtesse Jules de Polignac. La comtesse Jules ne tardait pas à être distinguée par la Reine (2).

Des yeux bleus, expressifs et parlants, un front peut-être trop haut (3), mais que masquait la mode des coiffures échafaudées, un nez un peu relevé, tout près d'être retroussé et ne l'étant pas, une bouche à ravir, des dents petites, blanches et bien rangées, de magnifiques cheveux bruns, des épaules abattues, un col bien détaché qui grandissait sa petite taille (4); des séductions contraires se mêlaient et s'alliaient chez la comtesse Jules de Polignac. Elle était belle, joliment, avec esprit, avec grâce. Une douceur piquante faisait le fond de sa physionomie et son agrément singulier. Tout chez elle, regard, traits, sourire, était an-

---

(1) Mémoires de madame Campan, vol. I. — Mémoires de la République des lettres. — Correspondance secrète par Métra. 1776, 1777.
(2) Mémoires sur la vie et le caractère de madame la duchesse de Polignac, par la comtesse Diane de Polignac. *Hambourg*, 1796.
(3) Mémoires de madame de Genlis, vol. II, 1825.
(4) Mémoires, par la comtesse de Polignac.

gélique (1); mais angélique à la façon de ces anges bruns de l'Italie, mal baptisés, et qui sont des amours. Le naturel, le laisser-aller, l'abandon, charmait chez madame de Polignac ; la négligence était sa coquetterie, le déshabillé sa grande toilette ; et rien ne la parait mieux qu'un rien : une rose dans les cheveux, un peignoir, une *chemise*, comme on disait, plus blanche que neige (2), la toilette libre, matinale, aérienne et flottante qu'ont essayé de saisir les crayons du comte de Paroy.

La Reine se sentit entraînée vers la comtesse Jules. Elle l'entendit chanter, et applaudit à la fraîcheur de sa voix. Elle l'appela à ses concerts, l'admit dans ses quadrilles, l'approchant d'elle en toute occasion (3), plus touchée à mesure qu'elle entrait plus avant dans cette humeur paisible, dans cette raison sérieuse et gaie, dans cet esprit de trente ans qui avait la jeunesse et l'expérience. Mais la fortune du ménage n'était guère suffisante au train de la cour. L'héritier de ce vieux nom, illustré par les vertus et les talents du cardinal de Polignac, n'avait pour le soutenir que 8,000 livres de rentes à peine. Le comte d'Andlau mort avant d'avoir reçu le bâton de maréchal promis à ses services, la comtesse d'Andlau, privée de la pension de veuve de maréchal, avait péniblement élevé sa nièce, Gabrielle-Yolande-Martine de Polastron, mariée presque sans dot au comte de Polignac (4). Chargés de deux enfants,

---

(1) Souvenirs et portraits, par M. de Lévis. 1813.
(2) Mémoires du comte de Tilly. Paris, 1830, vol. I.
(3) Mémoires, par la comtesse Diane de Polignac.
(4) Mém. histor. et polit du règne de Louis XVI, par Soulavie. 1801, vol. VI.

le comte et la comtesse de Polignac vivaient petitement, presque misérablement, et, fort loin alors de leur faveur et d'un appartement à Versailles au haut du grand escalier, logeaient dans un assez pauvre hôtel de la rue des Bons-Enfants (1). Madame de Polignac avoua simplement sa position à la Reine. Ce fut un intérêt ajouté aux sympathies de la Reine. Bientôt elle obtenait du Roi la survivance de la charge de son premier écuyer pour M. de Polignac, et presque aussitôt une pension de 6,000 livres pour la comtesse d'Andlau (2).

La faveur des Polignac commençait. Madame de Polignac était parfaitement douée pour la soutenir et la pousser; non qu'elle fût active, ardente, vive et infatigable en démarches, en poursuites, en sollicitations; mais elle avait pour faire monter sa famille au plus haut crédit mieux que le zèle de l'ambition : je veux dire l'indifférence, et cette paix des désirs qui irrite le bon vouloir de l'amitié et pousse à bout les bons offices du hasard. En effet, par une de ces bizarreries dont semble s'amuser une ironie providentielle, cette favorite étrange et comme forcée n'a ni l'ambition, ni la fièvre, ni l'occupation, ni le contentement de la faveur. Elle apportera, dans le rêve de prospérités inouïes, le bon sens, le sang-froid, les alarmes presque d'une sage personne qui aime son repos, et se laisse à regret condamner à la grandeur. Et c'est là précisément qu'est le secret de cette fortune énorme, de ces accroissements, de ces

(1) Mémoires du comte de Tilly, vol. I.
(2) Mémoires, par la comtesse Diane de Polignac.

honneurs qui lasseront sa reconnaissance sans l'enivrer. Ce prix que madame de Polignac met aux tendresses de la Reine, et ce détachement qu'elle a de toutes ses grâces ; cette calme et sincère déclaration, « que si la Reine cessait de l'aimer, elle pleurerait la perte de son amie, et n'emploierait aucun moyen pour conserver les bontés particulières de sa souveraine (1) ; » ce défi au pouvoir des bienfaits de la Reine : voilà la provocation à ces bontés sans cesse renaissantes de Marie-Antoinette, à ces largesses et à ces prévenances royales, que la Reine imaginera chaque jour, pour accabler son amie sous sa fortune, et lui faire tant d'envieux qu'elle la mesure enfin !

Mais l'amitié suffit-elle à occuper un cœur de femme ? Et même, est-ce assez de l'amour d'un mari, pour qu'il ne soit plus vide, ni inquiet, ni troublé ? N'est-ce pas l'amour maternel seul, qui, en accomplissant l'amour dans la femme, la fixe enfin et l'emplit tout entière ? Ne condamnons pas, sans les peser dans leur cause, ces contradictions, ces lassitudes, ces changements, ces passages d'une amitié à une amitié, cette vivacité et cette inconstance de Marie-Antoinette. Les mémoires, les histoires, n'ont rien dit de ce tourment de Marie-Antoinette qui explique tant de choses et tous ses caprices : la Reine appelait un Dauphin, la femme attendait la mère. Et que de larmes dévorées

---

(1) Mémoires, par la comtesse Diane de Polignac.

à chaque accouchement d'une princesse de la famille royale! Que de muettes souffrances! que de désespoirs sans confident, pendant ces longues années où la Reine se croit toujours poursuivie de ces reproches que les poissardes lui ont jetés dans leur langue grossière : de ne pas donner d'enfants à la France! Pauvre Reine! Elle essayait de se tromper elle-même, de donner à l'enfant d'une autre ses soins et ses tendresses, d'être mère comme elle pouvait. Elle tâchait d'adopter ce petit paysan de Saint-Michel qu'elle faisait déjeuner et dîner avec elle; elle s'efforçait de lui dire : *Mon enfant.....*

Dans les derniers mois de 1777, la Reine faisait appeler madame Campan et son beau-père, et leur disait « que, les regardant comme des gens occupés de son bonheur, elle voulait recevoir leurs compliments; qu'enfin elle était Reine de France, et qu'elle espérait bientôt avoir des enfants(1). »

La Reine était grosse. Elle annonçait sa grossesse au Roi en venant se plaindre à lui *d'un de ses sujets assez audacieux pour lui donner des coups de pied dans le ventre* (2). Le Roi était empressé comme un amant, heureux déjà comme un père, si heureux qu'il trouvait des paroles aimables pour tous, et même pour le vieux duc de Richelieu. La grossesse fut laborieuse. Les chaleurs de l'été de 1778 fatiguaient la Reine qui ne goûtait un peu de fraîcheur et ne retrouvait un peu de force que le soir. Vêtue d'une grande robe de per-

---

(1) Mémoires de madame Campan, vol. I.
(2) Mémoires de la République des lettres, vol. XII.

cale blanche, la tête sous un grand chapeau de paille, elle passait sur la terrasse de Versailles, dans la société de ses belles-sœurs et de ses amis, une partie de la nuit à écouter les symphonies des musiciens, au milieu de tout Versailles accouru, et coudoyant presque la famille royale (1) ; nuits délicieuses, où le bruit mystérieux des instruments cachés dans les verdures, le murmure des cascades, l'ombre blanche des statues, les bois lointains, l'argent des eaux, l'horizon flottant, l'écho errant, berçaient la lassitude de la Reine, et charmaient son malaise.

La Reine avançait dans sa grossesse. Le public s'entretenait en tremblant des balourdises et des grossièretés de l'accoucheur Vermond (2). Toutes les cathédrales, toutes les églises retentissaient des prières de quarante heures. Par toute la France, chapitres d'archevêché, abbayes, universités, officiers municipaux, prieurés royaux, chapitres nobles, compagnies de milice bourgeoise, pensions militaires de la jeune noblesse, particuliers même, faisaient célébrer des messes solennelles, aumônaient les hôpitaux et les pauvres pour l'heureux accouchement de la Reine (3). Enfin, le 19 décembre 1778, vers minuit et demi, la Reine, qui s'était couchée la veille à onze heures sans rien souffrir, ressentait les premières douleurs. A une heure et demie, elle sonnait. On allait chercher madame de

---

(1) Mémoires de madame Campan, vol. I. — Mes Récapitulations, par Bouilly. *Paris, Janet,* vol. I.
(2) Mémoires de la République des lettres, vol. XII.
(3) Gazette de France, 11 et 15 décembre 1778.

Lamballe et les honneurs. A trois heures, madame de Chimay avertissait le Roi. Le Roi trouvait la Reine encore dans son grand lit ; une demi-heure après elle passait sur un lit de travail. Madame de Lamballe envoyait chercher la famille royale, les princes et princesses qui se trouvaient à Versailles, et dépêchait des pages à Saint-Cloud au duc d'Orléans, à la duchesse de Bourbon et à la princesse de Conti. Monsieur, Madame, le comte d'Artois, la comtesse d'Artois, Mesdames Adélaïde, Victoire et Sophie entraient chez la Reine, dont les douleurs se ralentissaient, et qui se promenait dans la chambre jusqu'à près de huit heures. Le garde des sceaux, tous les ministres et secrétaires d'État, attendaient dans le grand cabinet avec la maison du Roi, la maison de la Reine, et les grandes entrées ; le reste de la cour emplissait le salon de jeu et la galerie. Tout à coup, une voix domine le chuchotement immense : *La Reine va accoucher !* dit l'accoucheur Vermond. La cour se précipite pêle-mêle avec la foule, car l'étiquette de France veut que tous entrent à ce moment, que nul ne soit refusé, et que le spectacle soit public, d'une reine qui va donner un héritier à la couronne, ou seulement un enfant au Roi. Un peuple entre, et si tumultueusement que les paravents de tapisserie entourant le lit de la Reine auraient été renversés sur la Reine, s'ils n'avaient été attachés avec des cordes. La place publique est dans la chambre. Des Savoyards grimpent sur les meubles pour mieux voir. On ne peut remuer. La Reine étouffe. Il est onze heures trente-cinq minutes ; l'enfant arrive.

La chaleur, le bruit, la foule, ce geste convenu avec madame de Lamballe, qui dit à la reine : Ce n'est qu'une fille ! tout amène une révolution chez la Reine. Le sang se porte à sa tête, sa bouche se tourne. « De l'air ! « — crie l'accoucheur, — de l'eau chaude ! Il faut une « saignée au pied ! » La princesse de Lamballe perd connaissance, on l'emporte. Le Roi s'est jeté sur les fenêtres calfeutrées, et les ouvre avec la force d'un furieux. Les huissiers, les valets de chambre, repoussent vivement les curieux. L'eau chaude n'arrivant pas, le premier chirurgien pique à sec le pied de la Reine; le sang jaillit. Au bout de trois quarts d'heure, dit le récit du Roi, la Reine ouvre les yeux : elle est sauvée (1) !

Deux heures après, la fille de Louis XVI et de Marie-Antoinette était baptisée dans la chapelle de Versailles par Louis de Rohan, cardinal de Guémenée, grand aumônier de France, en présence du sieur Broquevielle, curé de la paroisse Notre-Dame. Elle était tenue sur les fonts par Monsieur, au nom du Roi d'Espagne, par Madame, au nom de l'Impératrice-Reine, appelée Marie-Thérèse-Charlotte, titrée Madame, fille du Roi (2).

Les présents avaient lieu pour ce que l'on appelait *l'ouverture du ventre*, comme pour un Dauphin : deux cents filles étaient dotées et mariées à Notre-

---

(1) Journal de Louis XVI et autres manuscrits du Roi trouvés dans l'armoire de fer. Couches de la Reine, le 19 décembre 1778 (Archives générales du royaume), *Revue rétrospective*, vol. V. — Mémoires de madame Campan, vol. I.

(2) Gazette de France, mardi 22 décembre 1778.

Dame (1), et la mère n'en voulait pas longtemps à son premier enfant de n'être pas un garçon. « *Pauvre petite*, lui disait-elle en l'embrassant, *vous n'étiez pas désirée ; mais vous ne m'en serez pas moins chère* (2) ! »

Les soins dont madame de Polignac avait entouré les couches de la Reine rendaient plus vive encore l'amitié de la Reine ; et lorsque la rougeole, prise par la Reine auprès de madame de Polignac, eut quelque temps privé la Reine de la société et de la vue de son amie ; lorsque madame de Polignac, convalescente à Claye, lui mandait qu'elle aurait l'honneur d'aller lui faire sa cour le lendemain de son arrivée à Paris, que lui répondait, non la Reine, mais l'amie ? « *Sans doute la plus empressée de nous embrasser, c'est moi, puisque j'irai dès dimanche dîner avec vous à Paris* (3). » Et le dimanche, les portes fermées, et sa dame d'honneur la princesse de Chinay renvoyée, la Reine faisait à son amie la plus belle des surprises.

Dès que la fille de la comtesse Jules avait eu onze ans, la Reine avait dit à la mère : « *Dans peu vous penserez à marier votre fille ; lorsque votre choix sera fait, songez que, le roi et moi, nous nous chargeons du présent de noces* (4). » La vieille comtesse de Maurepas,

---

(1) Mémoires de la République des lettres, vol. XII.
(2) Mémoires de madame Campan, vol. I.
(3) Mémoires de la République des lettres, vol. XIV.
(4) Mémoires par la comtesse Diane de Polignac. *Hambourg*, 1796.

elle aussi, avait pensé à marier la fille de la favorite ;
et avec qui ? avec le comte d'Agenois, le fils du duc
d'Aiguillon (1) ! Singulière idée, combinaison habile,
qui eût assuré aux Maurepas l'appui de la Reine et
la reconnaissance du duc. Mais une alliance plus naturelle souriait mieux à madame de Polignac et à la
Reine, une alliance avec les Choiseul ; et voici la bonne
nouvelle que la Reine apportait à la comtesse Jules. Tout heureuse, tout émue, la Reine, avec des paroles qui se pressaient, lui apprenait que le mariage
de sa fille et du jeune duc de Grammont était arrangé.
Elle lui apprenait que le jeune duc avait la survivance
du duc de Villeroy, qu'il serait fait par le Roi duc de
Guiche, en attendant la jouissance du duché de Grammont. Le jeune duc n'ayant que vingt-trois ans, et ne
possédant pas encore les biens qui devaient lui revenir, le Roi lui donnait dix mille écus de rentes sur ses
domaines, et la Reine en faisait autant pour la jeune
épouse (2) ; et, pour combler la reconnaissance et l'orgueil des Polignac, la Reine annonçait au comte Jules
que le Roi, voulant prouver au public en quelle estime
il tenait sa famille, allait le créer duc héréditaire (3).

C'étaient là les bonheurs de Marie-Antoinette. Elle
n'avait d'autres craintes que de ne pas témoigner sa reconnaissance par des marques assez extraordinaires,
par des récompenses assez éclatantes, par des faveurs
assez magnifiques. Tout son souci était de faire mon-

(1) Correspondance secrète, par Métra, vol. VII.
(2) Mémoires de la République des lettres, vol. XIV.
(3) Mémoires, par la comtesse Diane de Polignac.

ter madame de Polignac jusqu'à la Reine, et de descendre la Reine jusqu'à madame de Polignac. Elle ne songeait qu'à rapprocher sa vie de la vie de son amie, menant sa cour chez madame de Polignac avant de se rendre à l'Opéra, s'ingéniant à la quitter le moins possible, sollicitant et obtenant du Roi, lors des couches de madame de Polignac, l'avancement des petits voyages bien avant leur époque habituelle, de façon à voir l'accouchée tous les jours, à être à portée de ses nouvelles, ne voulant entre elle et cette chère personne que la distance de la Muette à Passy, et rêvant déjà pour le nouveau-né de madame de Polignac le duché de la Meilleraie (1). Ainsi, à tous les moments, par tous les moyens de sa puissance, par tous les oublis de son rang, cette Reine, parmi ces amertumes qui emplissent bien souvent les souverains, livrait son cœur à ce cœur qui l'entendait, à cette amie vraie et sensible, dévouée à sa personne, et que rien, croyait-elle, ne pouvait attacher à sa couronne.

Terray, Maupeou, la Vrillière hors du ministère, l'esprit du ministère avait continué d'être hostile à la Reine. Maurepas, voulant régner seul, demeurait en garde contre elle et répétait au roi « qu'il n'y avait point de mal à laisser prendre à la Reine, dans l'opinion publique, un caractère de légèreté (2). » Necker, Turgot, conspiraient avec lui contre l'influence de la Reine.

(1) Mémoires de la République des lettres, vol. XV.
(2) Mémoires de madame de Campan, vol. I.

Leurs plans économiques, leur foi au salut de l'État et au rétablissement des finances par de misérables retranchements dans la maison du Roi, rencontraient dans Marie-Antoinette la seule opposition redoutable de la cour, une opposition spirituelle et frondeuse qui raillait leurs illusions, et se vengeait de grâces refusées en riant de leurs personnes, baptisant M. Turgot le *ministre négatif,* et M. Necker le *petit commis marchand* (1). Avouons-le : la Reine ne fut jamais vivement touchée par ce grand système qui espérait ramener l'âge d'or par la suppression des menus plaisirs, par la suppression de quelques emplois du grand commun, par la suppression des charges de trésorier de la Reine, par la suppression des officiers de bouche de la Reine. Elle n'imaginait pas que la France serait beaucoup plus heureuse quand le Roi et la Reine n'auraient plus qu'un cuisinier ; elle ne jugeait pas que le nouveau règlement de brûler les bougies jusqu'aux petits bouts fût bien efficace contre la banqueroute (2). Si son orgueil de souveraine souffrait de ces retranchements et de ces bruits publics qui, en appelant et en annonçant d'autres, tantôt la réduisaient à quatre femmes de chambre, tantôt voulaient en faire une bourgeoise de la rue Saint-Denis avec les clefs de sa cave à sa ceinture, sa bienfaisance n'en était pas moins blessée. Toutes ces grandes et belles vertus d'intérieur laissées dans l'ombre et méconnues en elle, cette sollicitude infatigable, cette humeur pardonnante,

(1) Maximes et Pensées de Louis XVI et d'Antoinette. *Hambourg*, 1802.
(2) Correspondance secrète, par Métra, vol. VII, VIII, IX et X.

cette charité exercée à tout moment autour d'elle, avaient attaché la Reine à sa maison comme à une famille. Faut-il rappeler ces domestiques blessés, et dont la Reine étanchait elle-même le sang (1), ces femmes si vite rappelées après une brusquerie, et si vite rentrées en grâce (2), ces majors des gardes grondés avec un mot, amnistiés avec un sourire (3)? Puis, au-dessus de ces oublis de la grandeur et de la sévérité, ces jeunes filles élevées dans l'amitié maternelle de la Reine (4), et dont la Reine s'informera, même prisonnière au Temple (5); ces jeunes filles dont la Reine gardait l'innocence avec de tels soucis, qu'elle lisait le matin les pièces du soir, pour savoir si elle devait leur permettre le spectacle (6); ces pages, élevés sous sa tutelle, comme sous le regard d'une douce châtelaine (7); toute cette vie de tendresse domestique, toute cette occupation de sa bonté, soins, attentions, bonnes paroles, bons offices, secours d'argent, avancements, nominations, si longtemps le seul souci et la seule dépense de son crédit : les projets de réforme venaient tout rompre, renvoyer les dévouements, frapper les plus vieux comme les plus jeunes de ses serviteurs, de ses amis, dans leur fortune, dans leur existence, et peut-être laisser supposer à quelques-uns que leur maîtresse n'avait point pris la peine de les dé-

(1) Mémoires de madame Campan, vol. I.
(2) Portraits et Caractères, par Senac de Meilhan, 1813.
(3) Mémoires de Weber, 1822, vol. I.
(4) Mémoires de Madame Campan, vol. I.
(5) Quelques Souvenirs, par Lepitre. 1817.
(6) Mémoires de madame Campan, vol. I.
(7) Mémoires du comte de Tilly. 1828, vol. I.

fendre. De pareilles économies coûtaient trop cher à la Reine pour qu'elle s'y soumît sans résistance.

Puis elle était reine ; et si la simplicité de ses inclinations voyait sans amertume des retranchements qui la rapprochaient de ses sujets et tendaient à la délivrer de l'étiquette, le sens droit de sa conscience monarchique ne pouvait voir sans dépit, sans alarmes, les malencontreuses réformes de M. de Saint-Germain ne donner au Roi, pour les lits de justice de l'avenir, que l'escorte de quarante-quatre gendarmes et de quarante-quatre chevau-légers (1).

Les ministres se succédaient, et ce n'était pour la Reine qu'un changement d'ennemis. Le portefeuille de M. de Saint-Germain passé aux mains du prince de Montbarrey, le prince de Montbarrey débutait auprès de la Reine par une désobligeance. La Reine demandait pour un Choiseul, marié à la fille aînée du maréchal de Stainville, la survivance au grand bailliage de Haguenau possédé par le duc de Choiseul, frère du maréchal de Stainville. La princesse de Montbarrey l'emporte sur la Reine par l'influence de madame de Maurepas, et la survivance est accordée au prince de Montbarrey. La Reine obtient la révocation de la nomination ; mais le baron Spon, pour faire sa cour à madame de Maurepas, a fait hâter l'enregistrement des lettres de provision (2), et la Reine ne peut rien que bouder le ministre (3). M. de Montbarrey était

(1) Mémoires de la République des lettres.
(2) Mémoires par l'abbé Georgel. 1817, vol. I.
(3) Mémoires autographes de M. le prince de Montbarrey. 1826, vol. I.

trop fin courtisan pour rompre en face ; il fit à la Reine une guerre sournoise, à la façon et au goût de son patron et de sa patronne, M. et madame de Maurepas. Aussi quand le désordre de ses amours, quand la vente des grades militaires eurent fait de M. de Montbarrey un ministre impossible à garder, la Reine prit sa revanche. On jouait, à Marly, à un jeu à la mode appelé *la Peur*. C'était une comédie que la figure et les transes du malheureux ministre dans toutes ces allusions à son ministère menacé, dans toutes ces stations de la *peur*, de la *mort* et de la *résurrection*; et la Reine encourageait de son sourire les malices des dames de la cour autour du ministre tremblant (1).

C'était là le train ordinaire des ministres avec la Reine, de la Reine avec les ministres. Ainsi de l'un, ainsi de l'autre. Ainsi de M. de Sartine, l'ami de M. de Montbarrey, qui avait donné à la Reine le droit de ne plus l'appeler que l'*Avocat Pathelin* ou le *doucereux menteur* (2). Ainsi de tous, ceux-ci ligués contre la Reine avec les défiances et les perfidies de Maurepas, ceux-là avec les utopies économiques des Turgot et des Necker. La Reine ne répondait à tous qu'en riant et en laissant rire autour d'elle, permettant à la princesse de Talmont de prendre le ministre Laverdy pour l'apothicaire de la cour, et de le tourmenter longuement sur les opérations de finances dont elle faisait

---

(1) Mémoires de la République des lettres, volume XVI.
(2) Correspondance secrète (par Métra), vol. X.

mille drogues mauvaises, altérées, falsifiées (1). Petites et bien petites vengeances d'hostilités soutenues, persistantes, répandant à la cour et au dehors le mensonge et la désaffection! Contre des hommes qui se servaient d'autres armes, la Reine ne voulait user que de la gaieté de son esprit. Pousser à un changement, prendre une initiative, toucher au ministère, elle n'y pensait pas, elle ne voulait pas y penser. Elle détestait trop les affaires et leur ennui. Elle était trop attachée à sa paresse de femme (2) pour faire ce rôle que lui prêtait déjà l'opinion publique, pour diriger le Roi et remuer tant d'intrigues. Qu'avait été jusqu'alors l'influence de cette Reine, disgraciant ses amis lorsqu'ils voulaient la pousser aux choses de la politique (3)? à peine une part aux grâces. Elle avait fait reconnaître quelques droits, obtenir quelques priviléges de théâtre, accorder quelques pensions de gens de lettres. Elle avait cherché, en un mot, bien plus à faire des heureux qu'à faire des ministres. Quand s'était-elle approchée des affaires ministérielles? Seulement alors qu'il s'était agi d'acquitter une dette de reconnaissance envers M. de Choiseul. Elle était intervenue dans le procès de M. de Bellegarde, dont elle demanda la révision, ne permettant pas qu'un brave officier, pour avoir obéi au duc de Choiseul, fût sacrifié au parti d'Aiguillon (4). Elle était

---

(1) Mémoires de la République des lettres, vol. XVIII.
(2) Corresp. du comte de Mirabeau et du comte de la Marck. Introduction.
(3) Mémoires de M. le duc de Lauzun. 1822.
(4) Correspondance secrète (par Métra), vol. IV.

intervenue dans l'affaire du duc de Guines, poursuivi par MM. Turgot et de Vergennes comme ami du duc de Choiseul, et impliqué dans la cause d'un secrétaire qui avait joué sur les fonds publics de Londres (1). La Reine n'était entrée dans les affaires d'État que pour arracher deux victimes aux ressentiments d'un parti cherchant à déshonorer un autre parti.

Quand la société Polignac se fut constituée autour de la Reine, ce ne fut pas uniquement la soif de l'intrigue et l'avidité de la domination qui fit un parti des amis de la Reine ; ce fut aussi la fatalité et la nécessité. En dehors des ambitions et des intérêts de chacun, en opposition aux goûts et au caractère de la Reine, il y avait une situation impérieuse qui ordonnait la lutte. La Reine n'était plus seulement attaquée, elle était menacée, elle était mise en demeure de se défendre. Le parti français, tout-puissant, organisé partout, recrutant en haut et en bas, exaspéré de l'amour du Roi pour la Reine, inquiet de l'avenir de cet amour, trompé et déçu par la fidélité nouvelle de ce Bourbon qui repousse l'adultère, le parti français ose avouer, à demi mot, le but de ses démarches, le terme de son œuvre implacable, l'audace de ses espérances : *une retraite de la Reine au Val-de-Grâce* (2).

Il fallait donc que la Reine se résolût à lutter. Et pourtant que de combats en elle, que de trouble, que de terreurs de sa responsabilité, quels regrets de sa

(1) Mémoires de madame Campan, vol. I.
(2) Mémoires historiques et politiques du règne de Louis XVI, par Soulavie, 1801, vol. II.

tranquillité et de son bonheur, le jour où elle commence à parler à la volonté du Roi et à faire entrer ses amis dans le conseil, le jour où un ministre de sa façon, M. de Castries, prend le portefeuille de la marine (1) !

La Reine avait donc dans le ministère un ministre disposé à apporter quelque déférence à ses désirs. Un choix plus significatif, une victoire plus décisive de la Reine et de son parti était le choix de M. de Ségur, vieux héros qui apportait au ministère de la guerre sa probité, ses talents, un corps presque sans bras et tout glorieux de blessures (2). L'introduction au conseil de M. de Castries et de M. de Ségur, l'importance nouvelle de la Reine, semblaient ramener le ministère tout entier à des dispositions meilleures et à des expressions plus soumises envers elle. Un rapprochement, une alliance contre M. de Maurepas s'était faite entre la Reine et M. Necker, à l'occasion de la nomination de M. de Castries, surprise et précipitée par M. Necker en l'absence de M. de Maurepas (3). M. Necker persuadait bientôt à la Reine ce que sa popularité persuadait alors à la France : qu'il était une sorte de providence et un homme à peu près indispensable au bien de l'État ; et la Reine se laissait aller à croire à M. Necker, comme y croyaient, à l'exception de madame de Polignac, toutes les femmes de la cour dont Carraccioli donne la liste à d'Alembert, « l'im-

(1) Mémoires de madame Campan, vol. I.
(2) Mémoires historiques, par Soulavie, vol. IV.
(3) Mémoires par l'abbé Georgel, vol. I.

périeuse et dominante duchesse de Grammont, la superbe comtesse de Brionne, la princesse de Beauvau à l'esprit séduisant, l'idolâtrée comtesse de Châlons, la merveilleuse princesse d'Hénin, la svelte comtesse de Simiane, la piquante marquise de Coigny, la douce princesse de Poix (1). » Conquise comme toutes celles-là, la Reine en venait à oublier les réformes de M. Necker. Elle le maintenait et le retenait en place, l'engageant à ne pas donner sa démission, et voulant qu'il patientât jusqu'à la mort de M. de Maurepas (2). M. de Vergennes lui-même faisait taire, à ce moment, ses rancunes personnelles. Un commerce de bons rapports, au moins apparents, s'établissait entre la Reine et lui, à propos des dispositions amies de l'Autriche (3). Et M. de Maurepas mourait.

Une grande douleur frappait Marie-Antoinette : l'Europe perdait Marie-Thérèse; la Reine de France, sa meilleure amie.

Mais il est des consolations même pour les larmes d'une fille. La Reine était grosse une seconde fois. Sa grossesse avait été déclarée dès le mois d'avril 1781. Sept mois après, le 22 octobre, après une bonne nuit, la Reine sent en s'éveillant de petites douleurs qui ne l'empêchent pas de se baigner comme à son ordinaire. Elle sort du bain à dix heures et demie. Les douleurs sont encore médiocres. Entre

(1) Mémoires de la République des lettres, vol. XVII.
(2) Mémoires de madame Campan, vol. I.
(3) Correspondance secrète, par Métra, vol. XI.

midi et midi et demi, elles augmentent. Dans sa chambre, ou allant de sa chambre dans le salon de la Paix laissé vide, sont madame de Lamballe, M. le comte d'Artois, Mesdames Tantes, madame de Chimay, madame de Mailly, madame d'Ossun, madame de Tavannes, madame de Guéménée. Des princes avertis à midi par madame de Lamballe, Monsieur le duc d'Orléans, en partie de chasse à Fausse-Repose, est le seul qui arrive avant les dernières douleurs. Le Roi a décommandé le tiré qu'il devait faire à Saclé, à midi. Il est auprès de la Reine, anxieux, palpitant, mais selon son humeur : il a tiré sa montre et compte les minutes avec l'apparente froideur d'un médecin. Comme sa montre marque juste une heure un quart, la Reine est délivrée. Il se fait, à ce moment d'émotion solennelle, dans toute la chambre un tel silence, que la Reine croit que c'est une fille encore. Mais le garde des sceaux a constaté le sexe du nouveau né ; le Roi rentre éperdu de bonheur, pleurant de joie, donnant la main à tous : la France a un Dauphin, la Reine a un fils (1)! Le Roi donne l'ordre au prince de Tingry, capitaine des gardes du corps en quartier, de quitter son service auprès de sa personne pour accompagner le Dauphin jusque dans son appartement, où se trouvent pour servir auprès de lui un lieutenant et un sous-lieutenant des gardes du corps (2) ; puis on

---

(1) Journal de Louis XVI. Accouchement de la Reine, le 22 octobre 1781 (Archives générales du royaume). *Revue rétrospective*, vol. V. — Mémoires de madame Campan, vol. I.

(2) Supplément à la Gazette de France du vendredi 26 octobre 1781.

apporte l'enfant à la Reine : et quel baiser où l'accouchée met tout son cœur, toutes ses forces, toute sa joie !

La joie de la mère est la joie de la nation. A Paris, la bonne nouvelle court de bouche en bouche : *Un Dauphin ! un Dauphin* (1) ! L'enthousiasme éclate dans la rue, au théâtre, au feu d'artifice, aux *Te Deum*. A Versailles, la foule pressée dans les cours n'a qu'un cri : « Vive le Roi, la Reine, et monseigneur le Dauphin ! » C'est une procession et une ambassade continuelle des six corps des arts et métiers, des juges-consuls, des compagnies d'arquebuse, et des halles (2). Tout est rire, amour d'un peuple, chansons, violons !

La Reine relevait vite de couches si heureuses. Elle voyait ses dames le 29, les princes et princesses le 30, les grandes entrées le 2 novembre ; et le même jour elle se levait sur sa chaise longue (3).

Le petit Dauphin avait été mis entre les mains de la princesse de Guéménée, gouvernante des Enfants de France ; mais, au bout d'une année, la banqueroute du prince de Guéménée amenait la retraite de sa femme. La Reine songea aussitôt à donner la place de la princesse de Guéménée à madame de Polignac. Elle redoutait pour la direction de son fils l'austérité de madame de Chimay, le trop de savoir et le trop

---

(1) Gazette de France, mardi 30 octobre 1781.
(2) Mémoires de madame Campan, vol. I.
(3) Journal de Louis XVI. *Revue rétrospective*, vol. V.

d'esprit de madame de Duras. Le choix de madame de Polignac accordait tout, et la satisfaction de son amitié, et la sécurité de sa sollicitude maternelle. Cependant, tout en se flattant de l'idée de confier ce qu'elle avait de plus cher à celle qu'elle aimait le mieux, d'avoir auprès de son fils une amie partageant ses tendresses et ses idées de mère, la Reine n'osait espérer l'acceptation de madame de Polignac. Elle n'osait pas même la solliciter. Quand M. de Besenval, poussé par la cousine de madame de Polignac, madame de Châlons, venait parler de cette nomination à la Reine, quel était le premier mot de la Reine? « *Madame de Polignac?... Je croyais que vous la connaissiez mieux: elle ne voudrait pas de cette place.* »

La Reine jugeait bien son amie. Madame de Polignac était sincère, en effet, dans la violence qu'elle demandait à ses bontés. Nous l'avons déjà dit, insoucieuse, nonchalante, sans passion, ennemie des affaires, du tracas et du fracas des grandes positions, madame de Polignac semblait gagnée par cette philosophie du coin du feu et cette sérénité égoïste des vieilles femmes du dix-huitième siècle. Aussi n'est-ce pas chez elle une comédie de peur, comme le pensent quelques-uns de ses amis, mais vraiment une peur, quand elle est menacée de la place de gouvernante des Enfants de France. Le lendemain de l'entrevue de M. de Besenval avec la Reine, comment madame de Polignac accueille-t-elle M. de Besenval : « Je vous hais tous à la mort; vous voulez me sacrifier!...... J'ai obtenu de mes parents et de mes amis que d'ici à deux jours on ne me parlerait de rien et qu'on me laisserait à moi-même. C'est bien assez, baron ; ne me traitez pas plus mal que les autres. » Il fallait plusieurs jours d'insistance de la Reine, plusieurs jours d'obsession de sa société, lui répétant qu'une telle place n'est pas de ces choses qu'on refuse, pour décider madame de Polignac à accepter la succession de madame de Guéménée (1).

La Reine, en nommant la duchesse de Polignac gouvernante des Enfants de France, voulut qu'elle tînt un état digne de cette grande charge. Elle voulut que toute la noblesse, tous les étrangers de distinction fussent admis chez elle, et que des jours fussent réservés à une société intime. Elle-même venait dîner presque tous les jours chez le duc, tantôt avec un petit nombre de personnes désignées, tantôt avec la cour. Les appointements de gouvernante n'eussent point couvert les frais de ce salon qui devenait le salon de la Reine de France. Une pension de 80,000 livres était placée sur les têtes du duc et de la duchesse. Peu après, le duc de Polignac était nommé directeur des postes et des haras (2), réserve faite de la poste aux lettres, que Louis XVI laissait à M. d'Ogny, ne voulant point confier à un homme du monde cette place de discrétion (3).

Bientôt la Reine passait sa vie chez madame de Polignac. Les belles heures, données à l'intimité, à la

---

(1) Mémoires du baron de Besenval. 1821.
(2) Mémoires, par la comtesse Diane de Polignac.
(3) Mémoires secrets de la République des lettres, vol. I.

liberté, à la gaieté, dans la grande salle de bois, à l'extrémité de l'aile du palais regardant l'orangerie ! Un billard était au fond, un piano à droite, une table de quinze à gauche (1). Le jeu, la musique, la causerie de dix à douze amis, charmaient le temps. Là, Marie-Antoinette était heureuse : « *Ici, je suis moi,* » disait-elle d'une façon charmante ; et tous les jours elle venait oublier la Reine dans la compagnie de madame de Polignac, dans son monde, à moins qu'elle n'emmenât à Trianon madame de Polignac et son salon.

(1) Souvenirs et Portraits, par M. de Lévis. 1813.

IV

Ennui de Marly. — Le petit Trianon. — La vie au petit Trianon. — Le palais, les appartements, le mobilier. — Le jardin français, la *salle des fraîcheurs*. — Le jardin anglais, le pavillon du Belvédère, le hameau, etc. — La société de la Reine au petit Trianon. — Le baron de Besenval, le comte de Vaudreuil, M. d'Adhémar. — Les femmes. — Diane de Polignac. — Caractère de l'esprit de la Reine. — Sa protection des lettres et des arts. — Son goût de la musique et du théâtre. — Le théâtre du petit Trianon.

Marly avait été jusqu'alors le palais d'été de la cour de France. Mais Marly c'était Versailles encore. La royauté y demeurait en représentation. Jusqu'à la moitié du règne de Louis XV, les dames y avaient porté « l'habit de cour de Marly ». Les diamants, les plumes, le rouge, les étoffes brodées et lamées d'or y étaient d'uniforme. L'ombre de Louis XIV, sa grandeur et son ennui, emplissaient encore les pavillons et les jardins. Les bâtiments y avaient l'ordre et la hiérarchie d'un Olympe; la nature même y paraissait solennelle; la promenade y était royale, et s'abritait d'un dais d'or (1). Rien de cette étiquette des journées, du costume, de l'architecture, du paysage, ne plaisait à Marie-Antoinette. Le jeu qu'elle n'aimait pas, le gros jeu de Marly dont le Roi grondait les excès, la dégoûtait encore de ces voyages. Trianon devenait la maison de campagne de Marie-Antoinette, sa retraite et ses amours.

Là, quelle autre vie ! quels amusements sans faste et sans contrainte ! Quelle succession de jours, quels mois trop courts, dérobés à la royauté, donnés à la familiarité et aux joies particulières ! Quels plaisirs à cent lieues de Versailles ! Plus de cour, qu'une petite cour d'amis, que sa vue basse n'avait point besoin de reconnaître avec le lorgnon caché au milieu de son éventail (2); plus d'ennuis, plus de couronne, ni de grands habits : la Reine n'était plus la Reine à Trianon ; à peine y faisait-elle la maîtresse de maison. C'était la vie de château avec son train facile, et toute l'aisance de ses usages. L'entrée de Marie-Antoinette dans un salon ne faisait quitter aux dames ni le piano-forte, ni le métier à tapisserie, aux hommes ni la partie de billard, ni la partie de tric-trac (3). Le Roi venait à Trianon seul, à pied, sans capitaine des gardes. Les invités de la Reine arrivaient à deux heures pour dîner, et s'en retournaient coucher à Versailles à minuit (4). C'était, tout ce temps, des occupations et des divertissements champêtres. La

---

(1) Mémoires de madame Campan, vol. I.
(2) Mémoires de la République des lettres, vol. XX.
(3) Mémoires de madame Campan, vol. I.
(4) Mémoires du baron de Besenval, vol. II. *Paris,* 1821.

Reine, en robe de percale blanche, en fichu de gaze, en chapeau de paille, courait les jardins, allait de sa ferme à sa laiterie, menait son monde boire son lait et manger ses œufs frais, entraînait le Roi, du bosquet où il lisait, à un goûter sur l'herbe, tantôt regardait traire les vaches, tantôt pêchait dans le lac, ou bien, assise sur le gazon, se reposait de la broderie et du filet en épuisant une quenouille de villageoise (1). Ces jeux faisaient le bonheur de Marie-Antoinette. Que d'enchantement pour elle, que d'illusion dans ce rôle de bergère et dans ce badinage de la vie des champs! Le joli royaume de cette Reine qui pleurait à *Nina*, et ne voulait autour d'elle « que des fleurs, des paysages et des Watteau (2)! » Quelle aimable patrie de son âme et de ses goûts, Trianon! ce Trianon où son ombre erre encore aujourd'hui; où, malgré l'ingratitude des choses, le silence de l'écho, l'oubli de la nature, tout parle comme une scène vide, et rappelle les beaux jours de Marie-Antoinette; où le pas du curieux hésite et tremble, marchant peut-être dans le pas de la Reine!

Le rêve de la Reine est accompli. Le Trianon de Marie-Antoinette est fini. Il a eu son inauguration et son apothéose, lors de l'illumination et de l'incendie féeriques de ses bosquets, en l'honneur de l'empereur Joseph. Dans la verdure, voilà le petit palais blanc. Poussez un bouton de porte ciselé; c'est devant vous un esca-

---

(1) Mémoires de madame Campan. — Mémoires secrets et universels des malheurs et de la mort de la Reine de France, par Lafont d'Aussone. 1825.
(2) Mémoires secrets et universels.

lier de pierre à grands repos. Dans les entrelacs de la rampe magnifique et dorée, dans les cartouches à têtes de coq, s'enlacent les initiales M. A., et les caducées se marient aux lyres, à ces lyres, les armes parlantes du palais, qui se retrouvent jusque sur les feux de cheminées. Aux murs nus de l'escalier il n'est rien que des guirlandes de chêne en festons fouillées dans la pierre. En face de l'escalier menace une tête de Méduse, qui n'empêchera pas la calomnie de monter. Après une antichambre, vient la salle à manger, où le parquet rejoint montre encore la coupure par où montait, pour les orgies de Louis XV, la merveilleuse table de Loriot et ses quatre servantes (1); et là commencent les ornements sur les boiseries exécutées par ordre de Marie-Antoinette : ce ne sont aux panneaux de bois sculpté que carquois en croix au-dessous des couronnes de roses et des guirlandes de fleurs. Le petit salon, auprès de la salle à manger, montre en relief sur tous ses côtés tous les accessoires et tous les instruments des joies des Vendanges et de la Comédie : des guirlandes de raisin laissent descendre les corbeilles et les paniers de fruit, les masques et les tambours de basque, les castagnettes, et les pipeaux, et les guitares; et sous les barbes de marbre des boucs de la cheminée, les grappes de raisin se nouent encore. Dans le grand salon, le lustre pend d'une rose de fleurs. Aux quatre coins de la corniche volent des jeux d'Amours. Chaque

---

(1) Mémoires de la République des lettres, vol. IV.

panneau, surmonté des attributs des Arts et des Lettres, prend sa naissance dans une tige de lis trois fois fleuri, enguirlandée de lauriers, et portant en cimier une couronne de roses en pleine fleur. Dans le petit cabinet qui précède la chambre de la Reine, les plus fines arabesques courent sur la boiserie ; ce sont, en ces pyramides impossibles et charmantes de l'art antique, des Amours portant des cornes d'abondance de fleurs, des trépieds fumants, des colombes, des arcs et des flèches croisés qui pendent à des rubans. Les bouquets de pavots mêlés à mille fleurettes se jouent tout autour de la chambre à coucher. Le lit disparaît sous les dentelles de soie blanche. Le meuble est de poult de soie bleu, uniquement rembourré de duvet d'eider. Des écharpes frangées de perles et de soie de Grenade nouent les rideaux (1). Et n'était-ce pas la pendule qui sonnait les heures dans la chambre de Marie-Antoinette, cette pendule oubliée aujourd'hui dans la pièce à côté, dont le cadran est porté par les deux aigles d'Autriche, et sur le socle treillagé de laquelle se détachent en médaillon la houlette d'Estelle et le chapeau de Némorin (2) ?

(1) Petites affiches, nivôse an V.
(2) A cette description de la chambre de la Reine à Trianon nous croyons devoir joindre la description de la chambre de la Reine à Versailles. Le lecteur aura ainsi, comme sous les yeux, le petit et le grand théâtre de la vie royale de Marie-Antoinette. Et quoi de mieux pour faire entrer dans la familiarité de sa mémoire ? — Voici cette chambre d'après les inventaires, inédits jusqu'ici, des 28 et 30 brumaire, et 3 frimaire de l'an deuxième de la République française, une et indivisible, faits en présence des représentants du peuple Auguis et Treilhard (*Bibliothèque impériale, dépt. des manuscrits*, n° 1889).

« Une paire de bras de cheminée à deux branches, de 22 pouces de haut, à ornements arabesques, surmontés d'un vase d'or moulu.
Un feu de fer à quatre branches, à recouvrements à jour, surmonté d'un

Du palais, des escaliers en terrasse descendent aux jardins. Au bas de la plus riche façade, décorée de quatre colonnes corinthiennes, commence le jardin

vase à cassolette sur quatre pieds de lion et chaînes, et quatre têtes de satyre terminées d'une flamme dorée d'or moulu, avec pelles, pincettes et tenailles.

Deux commodes de 4 pieds 2 pouces de large sur 3 pieds 2 pouces de haut, de marqueterie, à panneaux de mosaïque et plates-bandes de bois d'amaranthe et à filets de bois noir et blanc, et à rosettes ombrées, frises fond verd d'eau satiné orné de branches de fleurs entrelacées, moulures, chutes en paquets de fleurs, sabots en feuillages de bronze d'or mat, et marbre blanc veiné.

Une table à écrire de marqueterie à placage de mosaïque, bois gris satiné, un médaillon au centre composé de divers attributs de musique et couronnes de fleurs en plaquage, les pieds de la table à gaines ornées de moulures, sabots, chutes de fleurs en bronze doré d'or mat, la frise en bois satiné verd, ornements et moulures en balustrade à jour, dorés d'or moulu.

Une autre table à écrire, marqueterie semblable, avec bas-reliefs d'enfants dans la frise.

Une chiffonnière en mosaïque pareille aux commodes, bronze doré d'or mat, deux bustes et deux trophées de pastorales sur les quatre côtés.

Un canapé de gros de Tours broché à médaillons et guirlandes sur fond cannelé bleu et blanc encadré et orné de bordures, avec son matelas, ses deux rondins et ses deux carreaux ornés de glands.

Deux bergères, six fauteuils, douze pliants, un écran, un paravent de six feuilles, de la même étoffe que le canapé.

Trois pièces de tapisserie de bazin peint, bordées d'une crête; deux portières même étoffe et même bordure; quatre rideaux de croisées de gros de Tours bleu.

Un marchepied pour monter au lit, à deux marches, couvert de perse, orné de crêtes de soie nuée; une colonne pour le pied du lit couverte de gros de Tours bleu, avec les verrous et fourchette de fer doré.

Un lit à la duchesse et impériale en voussure avec son couronnement sculpté et peint en blanc, composé de trois grandes et quatre petites pentes, tours d'impériale à petit fond, grand dossier chantourné avec son couronnement de cartisanes, trois soubassements, quatre bonnes grâces, et deux grands rideaux, le tout orné de bordures et crêtes avec franges de soie nuée et doublé de gros de Tours bleu; une garniture de plumes, l'entour du lit de 14 lés en gros de Tours bleu, bordés de larges crêtes de soie nuée, avec tringles tournantes, supports et agrafes dorés; la couchette de 5 pieds 1/2 de large sur 6 pieds 1/2 de long et 11 pieds 3 pouces de hauteur, le bois peint en blanc verni, avec vis et plaques dorées. »

Le meuble du cabinet de la Reine était encore de gros de Tours, mais à fond blanc encadré et orné de bouquets et de rubans bleu; trois lits de repos garnissaient les embrasures des fenêtres.

français, planté dès 1750 pour accompagner le jardin à l'italienne, et que deux grilles garnies de grands rideaux de toile séparent du grand Trianon (1). De ce côté partout des fleurs s'alignent dans leurs pots blancs et bleus aux anses figurant des têtes. Sur l'une des façades du salon s'ouvre un décor printanier et galant, le décor des personnages et des comédies de Lancret. Ce sont de ces architectures à jour que le dix-huitième siècle mariait si joliment à la verdure, de ces barrières à travers lesquelles passent le ciel et les fleurs, les zéphyrs et les regards : c'est la *Salle des fraîcheurs*, et ses deux portiques de treillages, et ses trente-six arcades abritant chacune un oranger, et leurs pilastres dont chacun est surmonté de la tête en boule d'un tilleul (2).

Mais de l'autre côté, à la droite du palais, vous entrez au premier pas dans la création de la Reine, dans le jardin anglais. « Le jet d'eau joue pour les étrangers, le ruisseau coule ici pour nous, » pourrait dire la Reine comme la Julie de Rousseau. Ici se retrouve le caprice, et presque le naturel de la nature. Les eaux bouillonnent, serpentent, courent ; les arbustes semblent semés au gré du vent. Huit cents espèces d'arbres, et les arbres les plus rares, le mélèze pleureur, le pin d'encens, l'yeuse de Virginie, le chêne rouge d'Amérique, l'acacia rose, le février et le sophora de la Chine, marient leur ombre et mêlent toutes les nuances de la feuille, du vert au pourpre noir et au rouge cerise (3). Les fleurs sont au

(1) Le Cicérone de Versailles. *Versailles, Jacob*, 1806. — (2) *Id.*
(3) Lettr. d'E...ée de B...on (Mlle Boudon). *Troyes*, 1791. — Le Cicér. de Vers.

hasard. Le terrain monte et descend à sa volonté. Des cavernes, des fondrières, des ravins, cachent à tout moment l'art et l'homme. Les allées tournent et se brisent, et prennent le plus long pour n'avoir pas l'air trop *ruban*. Des pierres ont fait des rochers, des buttes simulent des montagnes, et le gazon joue la prairie (1).

Sur la colline, au milieu d'un buisson de roses, de jasmins et de myrthes, s'élève un belvédère d'où la Reine embrasse tout son domaine. Ce pavillon octogone, qui a quatre portes et quatre fenêtres, répète huit fois, en figures sur ses pans, en attributs au-dessus de ses portes, l'allégorie des quatre saisons, sculptée du plus fin et du plus habile ciseau du siècle. Huit sphinx à têtes de femmes s'accroupissent sur les marches. Au dedans, c'est un pavage de marbre blanc sur lequel se brouillent et se traversent les ellipses des marbres roses et bleus. Aux murs de stuc, et même sur les panneaux du bas des portes, des arabesques courent. Un pinceau léger, volant, enchanté semble avoir éclaboussé de caprices et de lumière ces murs de porcelaine. Le peintre a repris le poëme des boiseries du palais, il l'a animé de soleil et peuplé d'animaux : et ce sont encore carquois, flèches, guirlandes de roses blanches, bouquets dénoués et pluies de fleurs, chalumeaux et trompettes, et camées bleus, et cages ouvertes pendues à des rubans, traversés de petits singes et d'écureuils qui grattent un vase de cristal où jouent

---

(1) Coup d'œil sur Bel-OEil. *A Bel-Œil, de l'imprimerie du P. Charles de L.* (le prince Charles de Ligne), 1781.

des poissons. Au milieu du pavillon, une table d'où pendent trois anneaux pose sur trois pieds de bronze doré : c'est la table où la Reine déjeune ; le belvédère est sa salle à manger du matin (1).

De là, Marie-Antoinette domine le rocher, et sa grotte « parfaite et bien placée », et la chute d'eau, et le pont tremblant, jeté sur le petit torrent, et l'eau, et le lac, et sous l'ombre des arbustes les deux ports d'embarquement, et la galère fleurdelisée, et la rivière. Voici l'île et le Temple de l'Amour, rotonde exposée à tous les vents où le Cupidon de Bouchardon essaye de se tailler un arc dans la massue d'Hercule (2). Voici le ruisseau, et ses passerelles dont chacune a une vanne et forme écluse (3). Derrière ce demi-cercle de treillage, sous ce palanquin chinois, tourne le jeu de bagues, avec huit siéges formés de chimères et d'autruches (4). Voici, au bord de la rivière, les *Bocages* partagés en petits champs et cultivés comme des pièces de terre ; et voici enfin le fond du jardin, le fond du tableau, le fond du théâtre : c'est le paradis de Berquin, c'est l'Arcadie de Marie-Antoinette, le *Hameau!* le hameau où elle faisait déguiser le Roi en meunier, et Monsieur en maître d'école (5). Voici les maisonnettes, serrées comme une famille, dont chacune a un

---

(1) Fragments sur Paris, par Meyer, traduits par le général Dumouriez. *Hambourg*, 1798, vol. II.
(2) Voyez dans la Description générale et particulière de la France (par de Laborde), 1781-1796, les vues du petit Trianon gravées d'après les dessins du chevalier de Lespinasse.
(3) Le Cicérone de Versailles.
(4) Catalogue des meubles et effets précieux de la ci-devant liste civile.
(5) Fragments sur Paris, vol. II.

jardinet pour prêter à la plaisanterie de faire de chacune des dames de Trianon une paysanne, ayant des occupations de paysanne (1). La laiterie de marbre blanc est au bord de l'eau. A côté, se reflète dans l'étang la Tour de Marlborough, qu'une chanson a baptisée, la chanson chantée par la nourrice du Dauphin, madame Poitrine (2). La maison de la Reine est la plus belle chaumière du lieu : elle a des vases garnis de fleurs, des treilles et des berceaux. Rien ne manque au joli village d'opéra comique : ni la maison du bailli, ni le moulin avec sa roue, et même elle tourne! ni le petit lavoir, ni les toits de chaume, ni les balcons rustiques, ni les petits carreaux de plomb, ni les petites échelles qui montent au flanc des maisonnettes, ni les petits hangars à serrer la récolte... La Reine et Hubert Robert ont pensé à tout, et même à peindre des fissures dans les pierres, des déchirures de plâtre, des saillies de poutres et de briques dans les murs, comme si le Temps ne ruinait pas assez vite les jeux d'une Reine!

Les habitués de Trianon, les invités de la Reine, *sa société*, comme on disait, étaient les trois Coigny: le duc de Coigny, qui était resté l'ami de la Reine, et n'avait point partagé la disgrâce du duc de Lauzun et du chevalier de Luxembourg (3), le comte de Coigny, gros garçon, bien portant et l'esprit en belle hu-

(1) Le Cicérone de Versailles. — (2) Mém. de la Rép. des lettres, vol. XXI.
(3) Mémoires de Besenval. 1821, vol. II.

meur (1), le chevalier de Coigny, joli homme, fêté à Versailles, fêté à Paris, recherché des princesses et des financières, flatteur câlin que les femmes appelaient : *Mimi* (2); le prince d'Hénin, un fou charmant, un philanthrope à la cour (3); le duc de Guines, le journal de Versailles, qui savait toutes les médisances (4), de plus excellent musicien et parfait flûtiste (5); le bailli de Crussol, qui plaisantait avec une mine si sérieuse; puis la famille des Polignac : le comte de Polastron, qui jouait du violon à ravir, le comte d'Andlau, qui était le mari de madame d'Andlau, le duc de Polignac, que sa fortune n'avait point changé, et qui était resté un homme parfaitement aimable. A ce monde se joignaient quelques étrangers distingués par la Reine, comme le prince Esterhazy, M. de Fersen, le prince de Ligne, le baron de Stedingk (6). Mais trois hommes faisaient le fond de la société de Trianon et la dominaient : M. de Besenval, M. de Vaudreuil, M. d'Adhémar.

Il naissait alors des Français dans toute l'Europe. Pierre-Victor, baron de Besenval, était un Français né en Suisse. Il avait servi sous nos drapeaux. Il avait fait notre guerre, la guerre de Sept ans, à notre façon. Il y avait eu le feu et la gaieté de notre valeur. A l'affaire d'Aménebourg, renvoyé au camp, sa divi-

---

(1) Mémoires inédits de madame la comtesse de Genlis. *Paris*, 1825, vol. II.
(2) *Id.*, vol. I. — (3) Mémoires du comte de Tilly. *Paris*, 1830, vol. I.
(4) Mémoires de M. de Genlis, 1827, vol. I.
(5) Mémoires de madame de Ségur, vol. I.
(6) Mémoires de Besenval, vol. II. — Correspondance entre le comte de Mirabeau et le comte de la Marck. Introduction.

sion hachée, il retournait se battre. « Que faites-vous encore ici, baron ? lui crie-t-on, vous avez fini. — C'est comme au bal de l'Opéra, répond-il ; on s'y ennuie, et l'on reste tant qu'on entend les violons.(1). »

M. de Besenval revenait à la cour avec ce mot et sa bonne mine. Voyez le bel air qu'il a dans l'eau-forte de Carmontelle : grand, le jarret tendu, la taille bien portée et bien cambrée, sous l'habit à brandebourgs, le profil fin et accentué, au grand nez bien dessiné, l'œil spirituel, la bouche petite, troussée en une moue moqueuse et dédaigneuse, les mains dans les poches, tout plein de grâces insolentes et délibérées, content de lui, et prêt à rire des autres. Le plaisir occupait M. de Besenval jusqu'à la mort de Louis XV. Puis, rapproché, par son grade, du comte d'Artois, colonel général des Suisses, M. de Besenval en faisait son ami, entrait par le comte d'Artois chez la Reine, abordait sa confiance, la dirigeait, devenait lieutenant général des armées du Roi, grand croix, commandeur de Saint-Louis, inspecteur général des gardes suisses, sans être étonné de sa fortune, sans la remercier. « Ne me sachez aucun gré de mon bonheur, — écrivait-il, — le hasard seul en fait les frais ; moi, je ne m'en suis pas mêlé.,. (2). »

L'homme, chez M. de Besenval, était un beau viveur et un délicat vivant. Il avait tous ces nobles goûts et toutes ces jolies passions, les adieux d'un monde qui va finir. Riche, comblé de traitements, garçon,

---

(1) Mélanges militaires, littéraires et sentimentaires (par le prince de Ligne), vol. XXIX.
(2) Mémoires du baron de Besenval, 1821, Introduction.

sans train de ménage ni de représentation, maniant habilement ses revenus (1), il jetait l'argent aux belles choses, aux tableaux, aux statues, aux bronzes, aux porcelaines, aux bacchanales de marbre blanc de Clodion (2). Il raffolait de jardins, comme le prince de Ligne, conseillait les embellissements de Trianon, et y amenait les serres de Schœnbrunn (3). Ayant vu de près l'histoire et la gloire, il ne s'en souciait plus. Il aimait son siècle, l'amour, la cour, la vie, ses amis, plus peut-être qu'il ne les estimait. Il avait le cœur et l'humeur d'un enfant gâté; morose au fond, maussade et grognon dans son intérieur, dur à ses gens, sorti de son chez lui, il sortait de lui-même, et il était, en société, le plus gai et le plus aimable des hommes de salon. Il était jeune comme un homme heureux, et il fallait qu'il montrât ses rides et ses cheveux blancs pour les faire voir. A soixante ans, il veut être de la société du roi, des chasseurs, la seule société de Louis XVI ; il se fait présenter comme un jeune homme; il met l'habit gris de débutant, prend des quartiers de noblesse, monte dans les carrosses, et le voilà à la chasse. Il s'est trouvé à la mort de Berwick, il se trouve quarante ans après à la mort du cerf (4).

M. de Besenval calomniait sa faveur, lorsqu'il disait à un duc revenant à Versailles après six mois

(1) Correspondance entre le comte de Mirabeau et le comte de la Marck, publiée par A. de Bacourt. Introduction.
(2) Paris tel qu'il étoit avant la Révolution, par M. Thiéry. An IV, vol II.
(3) Mémoires de Besenval. Introduction.
(4) Mélanges militaires, etc., vol. XXIX.

d'absence : « Je vais vous mettre au courant : ayez un habit puce, une veste puce, une culotte puce; et présentez-vous avec confiance : voilà tout ce qu'il faut aujourd'hui pour réussir (1). » M. de Besenval avait réussi par d'autres agréments : il était un courtisan, mais un courtisan habile, audacieux, nouveau, sans valetage, sans fadeur. Il avait su garder de l'officier de fortune et du Suisse dans le personnage. Il s'échappait en éclats, en vivacités, en imprudences, qu'il menait jusqu'où il voulait. Il s'oubliait avec sang-froid ; il s'insinuait brusquement ; il flattait avec un ton rude. Il semblait un de ces adroits manieurs de choses fragiles, dont les grosses mains, ménageant les objets qu'ils paraissent brutaliser, font trembler et ne cassent rien. Se piquant de tout savoir, parce que sa tête était la table d'une encyclopédie, il parlait de tout à la cour, après avoir fait une savante étude de tout ce qu'il faut taire aux souverains. Ses témérités étaient excusées par cette belle mine qui lui allait à merveille. Les libertés ne fâchaient pas dans sa bouche. Ses familiarités étaient jugées une bonhomie, ses colères une naïveté, ses drôleries un germanisme, et même il n'était pas boudé longtemps pour cet air soldat aux gardes suisses qu'il ne négligeait pas. « Baron ! quel mauvais ton ! criaient les dames. Vous êtes affreux ! » et il était pardonné ; car il avait ce grand charme et cette grande science : l'excellent ton dans le mauvais ton (2).

(1) Souvenirs de Félicie, par madame de Genlis. *Paris*, 1806.
(2) Mélanges militaires, vol. XXIX.

Il était dans la nature comme dans le rôle d'un courtisan pareil d'encourager les goûts de Marie-Antoinette, de l'enhardir dans ses plaisirs, d'affranchir sa conscience de reine, de la convaincre en un mot de son droit au bonheur des particuliers. M. de Besenval n'y manquait pas : que d'exhortations, quelle guerre contre les préjugés de l'étiquette ! N'était-ce pas duperie de se contraindre, de se condamner aux impatiences, à l'ennui, de se refuser les délices de la société, les délices des premiers de ses sujets ? Dans ce siècle d'affranchissement, pourquoi ne pas s'affranchir des sottises de la coutume ? N'était-il pas ridicule enfin de penser que l'obéissance des peuples tînt au plus ou moins d'heures qu'une famille royale passait dans un cercle de courtisans ennuyeux et ennuyés (1) ? Leçons plaisantes d'un philosophe indulgent et facile, auxquelles applaudissaient tous les hôtes de Trianon, et que la reine de France se laissait aller à écouter comme la voix de la raison enjouée et de la sage amitié !

M. le comte de Vaudreuil était le fils d'un gouverneur de Saint-Domingue enrichi dans son gouvernement. Son oncle, major des gardes-françaises, était mort lieutenant général et grand'croix de Saint-Louis. Riche, bien apparenté, en belle passe, M. de Vaudreuil avait eu l'ambition de rester un paresseux et de donner sa vie à ses goûts.

C'était encore un amateur, un curieux, pour parler la

---

(1) Souvenirs et Portraits, par M. de Levis. 1813.

langue du temps, mais rempli de savoir et de connaissances, achetant lui-même et goûtant ce qu'il achetait. Il avait fait de son magnifique hôtel de la rue de la Chaise, débarrassé de l'école flamande et de l'école italienne (1), la galerie de l'école française du dix-huitième siècle, le panthéon des petits dieux, des mythologies de Lagrenée, de Subleyras, de Natoire, aux mythologies de Boucher, des saintetés de Lemoine aux allégories de Menageot, des fabriques de Fragonard aux familles de Greuze, des fantaisies de Watteau au Serment des Horaces de David (2).

M. de Vaudreuil adorait les arts, les lettres et leur monde. Il réunissait toutes les semaines à sa table les artistes et les hommes de lettres; et le soir, au salon, sur les tables, les instruments, les pinceaux, les crayons, les couleurs et les plumes invitaient tous les talents et tentaient tous les génies.

Entré de bonne heure au plus avant de la meilleure et de la plus secrète société de Versailles, il avait eu des yeux, des oreilles, de la mémoire; en sorte que l'humanité ne lui semblait ni bien belle ni bien grande. L'intelligence le charmait, l'intelligence française surtout, l'esprit. Il était l'ami de tous les hommes d'esprit et l'ami de l'esprit de Champfort, l'ami de cette gaieté vengeresse, de cette gaieté, la comédie et la consolation d'un galant homme sans illusions, qui montre en riant

---

(1) Catalogue raisonné d'une très-belle collection de tableaux des écoles d'Italie, de Flandre et de Hollande, qui composoient le cabinet de M. le comte de Vaudreuil, grand fauconnier de France, par J. B. P. le Brun, peintre. 1784.

(2) Paris tel qu'il étoit avant la Révolution, par M. Thiéry. An IV.

le rien que nous sommes. M. de Vaudreuil était lui-même un rare causeur, parlant peu, embusqué derrière le bruit des mots et des sots, imprévu, soudain, jetant son trait, sans ferrailler, droit au fait ou à l'homme. Il excellait encore aux sous-entendus, à ces jeux de la physionomie et de l'air, qui parlent souvent mieux que la parole et vont plus loin. Malin avec le sourire, impitoyable avec l'ironie, il médisait avec le silence.

Jeune, M. de Vaudreuil avait eu une figure charmante. La petite vérole l'avait emportée. La physionomie et les yeux de sa figure lui étaient seuls restés. Les nerfs ébranlés à tout moment, travaillé de langueurs et de vapeurs, tourmenté de perpétuels crachements de sang, il tirait de ses souffrances la grâce, l'intérêt, les bénéfices aussi et les droits d'un malade. La charité de madame de Polignac, l'indulgence de ses amis, avaient habitué M. de Vaudreuil à une certaine tyrannie de caprices et de boutades, non sans des retours et des excuses qui faisaient tout oublier. Véhément à louer ou à blâmer, mobile, inégal, parfois boudeur, son caractère était journalier et au gré de son corps (1); mais il y avait chez M. de Vaudreuil ces vertus vigoureuses qui se rencontrent parfois au fond des sceptiques, et qui rachètent avec la foi du cœur le doute de l'esprit : il était dévoué, constant en amitié, noble, généreux, bienfaisant, franc et loyal. Puis M. de Vaudreuil était l'homme de France qui savait mieux le monde et l'usage du monde. Il y avait débuté par une maladresse : il y

(1) Mémoires de Besenval.

commandait par la perfection des façons. Nul à la cour ne savait comme lui employer tour à tour et à point l'expression précisément convenable de la politesse, être sérieux ou enjoué, familier ou respectueux, se tenir dans le savoir-vivre ou se donner à l'empressement, user enfin, sans les mêler, de tous les témoignages de devoirs et d'égards qui sont le commerce de la société et l'art de plaire. Nul homme pour s'approcher d'une femme comme il s'en approchait et avec une manière si respectueuse. « Je ne connais que deux hommes, disait la princesse d'Hénin, qui sachent parler aux femmes : Lekain et M. de Vaudreuil (1). »

M. d'Adhémar avait eu le bonheur de M. de Besenval. Le hasard avait fait sa carrière, sa fortune et son nom. Sous-lieutenant, puis capitaine dans le régiment de Rouergue, obscur et enfoui, pauvre, et le nom de Montfalcon pour tout bien, il trouvait à Nîmes des parchemins qui le faisaient Adhémar, venait à Paris, plaisait à M. de Ségur, qui l'avait vu au feu et auquel il se faisait reconnaître, plaisait au sévère généalogiste Cherin, qui lui délivrait un certificat, plaisait à madame de Ségur, profitait d'une erreur de M. de Choiseul, qui lui donnait le régiment de Chartres, plaisait à madame de Valbelle, épousait sa richesse, et s'avançait dans la faveur de madame de Polignac (2).

---

(1) Souvenirs de Félicie, par madame de Genlis.
(2) Mémoires de Besenval. — Correspondance entre le comte de Mirabeau et le comte de la Marck. Introduction.

M. d'Adhémar faisait un peu, dans cette société royale, le personnage de l'abbé dans les sociétés bourgeoises; il était chargé des passe-temps de la soirée, des intermèdes de la promenade, des entr'actes de la causerie. C'était un homme à talents, un peu plus qu'un amateur, un peu moins qu'un artiste. Il avait poussé assez loin la musique et sa jolie voix, jusqu'à se faire entendre et se faire applaudir de M. Lagarde, le maître de la musique du Roi (1). Il avait en outre de la douceur, de la facilité, du petit esprit, et beaucoup de complaisance. Il faisait des vers, des couplets, des romances, jouait très-bien la comédie, accompagnait au clavecin, folâtrait, badinait, mais à petit bruit, laissant le haut-bout à M. de Vaudreuil et à M. de Besenval, courtisant tout le monde, n'offusquant personne, courant dans Trianon après la muse de Boufflers (2), qui se moquait de ses rhumatismes, cachant sous la modestie et l'humilité une ambition immense, roulant des projets d'ambassade en arrangeant un rondeau sur un mot donné (3), ne boudant rien, très-heureux, très-reconnaissant, et très-commode : les femmes lui parlaient quand elles n'avaient rien à dire, les hommes quand ils n'avaient rien à faire.

Les femmes de Trianon, étaient la jeune belle-sœur de la Reine, sa compagne habituelle, madame Élisabeth (4); puis la comtesse de Châlons, d'Andlau par son père, Polastron par sa mère, dont M. de Vau-

---

(1) Mémoires d'un voyageur qui se repose, par Dutens. *Paris*, 1806, vol. II.
(2) Correspondance de Grimm, vol. XIV. — (3) *Id.*, vol. VIII.
(4) Mémoires de Besenval, vol. II.

dreuil et M. de Coigny se disputaient les sourires (1) ; puis cette aimable statue de la Mélancolie, cette pâle et languissante personne, la tête penchée sur une épaule, la comtesse de Polastron. A côté de la duchesse Jules de Polignac, se tient sa fille, la duchesse de Guiche, belle comme sa mère, mais avec plus d'effort et moins de simplicité (2) ; à côté de la duchesse de Guiche, parle et s'agite la comtesse Diane de Polignac.

La femme n'était rien, l'esprit était toute la femme chez Diane de Polignac. Elle n'avait qu'à parler pour faire oublier sa taille, sa figure, sa toilette, le peu qu'elle avait reçu, et le peu qu'elle faisait pour être jolie. Cette malice, cette manière de saisir les objets, qui la vengeait de ses ennemis vingt fois en un jour (3), ce tour piquant de la pensée, ce sel délicat de l'épigramme, la faisaient aimable, séduisante presque, en dépit de la nature. Diane de Polignac plaisait encore par cette lutte de sa tête et de son cœur, par ces passages soudains de la gaieté à l'émotion, par ce perpétuel changement de ton de l'âme, par ce mélange et cette succession de tendresse et de comédie, d'ironie et de sensibilité. C'était un amusant caractère, audacieux et toujours en avant, que rien n'intimidait, une humeur folle et sans arrêt, une insouciance insolente et contagieuse ; une femme précieuse dans une cour pour en être le boute-en-train, l'étourdissement et la confiance, pour mettre le feu aux causeries, moquer

---

(1) Mémoires de la République des lettres, vol. XXII.
(2) Mémoires du comte de Tilly. 1830, vol. I.
(3) Supplément historique et essentiel à l'état nominatif des pensions. 1789.

les alarmes, dissiper les pensées noires, promettre le beau temps, et railler l'avenir (1).

Il y avait enfin la Reine, qui effaçait toutes les femmes qui l'entouraient par sa personne, et par ce je ne sais quoi de la personne, le charme, car il faut toujours revenir à ce mot pour essayer de peindre cette Reine qui régnait sans couronne, et même à Trianon, par toutes les séductions de la femme, par tout ce qui porte l'âme au dehors et par tout ce qui en vient, par la voix, par l'esprit, cet esprit qui lui a fait tant de jaloux, même parmi ses amis, que nul ne lui a rendu justice, et que tous l'ont diminué.

L'esprit de la Reine avait reçu de la nature, il avait acquis de l'exercice journalier de la bienveillance, ce don rare et précieux : la caresse. Quelles ressources, quelle convenance et quelle délicatesse de flatterie avaient ajoutées à ses heureux instincts, cette habitude et cette ambition de Marie-Antoinette, de ne laisser nul l'approcher sans le renvoyer avec une de ces phrases, un de ces mots qui n'ont point d'ingrats ! Dès les premiers jours de son règne, la Reine s'était refusée à ce *marmottage* des princesses de France, qui les dispensait de parler, pour accueillir les présentations. La Reine parlait à tous (2), s'appliquant à trouver le chemin du cœur ou de la vanité de chacun, et le trou-

---

(1) La Galerie des Dames françaises, pour servir de suite à la Galerie des états généraux. *Londres*, 1790.
(2) Mémoires de madame Campan, vol. I.

vant toujours avec ce bonheur et cet à-propos, cette soudaineté et cette inspiration presque providentielles, et qui semblaient, chez cette souveraine bien-aimée, comme une grâce d'état de son amabilité.

Quel esprit mieux fait et mieux formé qu'un tel esprit pour la vie particulière? Il apportait à la société privée, à la causerie intime toutes les grâces de son rôle royal, plus libres et plus aisées, la facilité de se prêter aux autres, l'habitude de leur appartenir, l'art de les encourager, la science de les faire contents d'eux. Au contact de l'esprit de ses amis, dans la familiarité des paroles délicates et du génie léger du dix-huitième siècle, l'esprit de Marie-Antoinette, né français, avait appris tous les esprits de la France sans perdre son ingénuité, sa jeunesse, j'allais dire son enfance. Temps heureux! L'esprit de la Reine avait son âge alors : les livres sérieux, les affaires, tout le domaine de la pensée et de l'activité de l'homme, lui répugnaient et l'ennuyaient mortellement, sans que le visage de la Reine prît la peine de le cacher (1). Entouré des plus piquants causeurs, des plus agréables grands hommes de l'ironie, l'esprit de la Reine cédait à l'exemple; mais cette ironie de Marie-Antoinette, qui ne blessait point, ressemblait à la malice d'une jeune fille : on eût dit une espièglerie de sa gaieté et de son bon sens. C'était ce sourire montrant les dents, avec lequel elle appelait les Français *mes charmants vilains sujets* (2). C'étaient ces jolis jugements,

---

(1) Corresp. entre le comte de Mirabeau et le comte de la Marck. Introduct.
(2) Mélanges militaires, etc., par le prince de Ligne, vol. XXIX.

ces jugements d'un mot que la postérité n'a point refaits. Lisant Florian, Marie-Antoinette disait : *Je crois manger de la soupe au lait* (1). Et qu'ajouter qui donne mieux la mesure de l'ironie de Marie-Antoinette, et le ton de ce rare esprit, l'esprit d'un homme d'esprit dans la bouche et avec l'accent d'une femme ?

La Reine aimait les lettres. Elle pensionnait l'ami de M. de Vaudreuil, et lui annonçait elle-même la nouvelle de sa pension avec des paroles si flatteuses, que Chamfort disait ne pouvoir ni les répéter, ni les oublier (2). L'auteur de *Mustapha et Zéangir* n'était point seul à recevoir les bienfaits de Marie-Antoinette. La Reine avait des applaudissements et des récompenses pour toutes les choses de la pensée, qui étaient à la portée de ses idées et de son sexe. Elle servait le talent, elle intercédait pour le génie. C'était elle qui commençait la fortune de l'abbé Delille (3); c'était elle qui aidait au retour de Voltaire, saluait sa vieillesse et sa muse, et rappelant la présentation faite par la maréchale de Mouchy de l'hôtesse de l'Encyclopédie, madame Geoffrin, tentait de faire recevoir à la cour de Louis XVI l'auteur de la *Henriade* (4). L'historiette du jour, la médisance des cours, l'anecdote, ne faisaient point la seule occupation de la Reine : elles ne remplissaient, elles ne satisfaisaient ni sa tête, ni ses loisirs. Le meilleur temps de la Reine, ses plus belles heures, étaient donnés aux travaux charmants, aux plaisirs

---

(1) Mémoires de Weber, vol. I. — (2) *Id. ib.*
(3) Correspondance secrète, par Métra, vol. XI.
(4) Mémoires de madame Campan, vol. I.

aimables de l'art, à cet art surtout, l'art de la femme, la musique. La Reine protégeait les grands musiciens, ou plutôt elle recherchait leur amitié, et faisait la cour à leur orgueil. Elle allait familièrement à eux, et c'était un patronage nouveau, tendre, dévoué, le patronage de cette Reine, qui donnait à Grétry ces éloges et ces compliments, à la fille de Grétry le titre de filleule de la Reine de France (1); qui soutenait Glück de tant de bravos, lui amenait les applaudissements de la cour, le défendait avec un si beau feu d'enthousiasme contre le franc-parler de M. de Noailles (2), lui donnait comme répondant M. le duc de Nivernois dans une affaire d'honneur (3), l'encourageait par tant de promesses de succès aux premières auditions, entourait sa vanité de tant de soins, faisait elle-même la police du silence dans son salon lorsqu'il se mettait au clavecin, luttait enfin de sa personne et de toutes ses forces pour la fortune de ses opéras contre le goût musical de la nation. Garat et la Saint-Huberti trouvaient les mêmes attentions et le même zèle de protection (4) chez cette Reine qui donnait à toutes les gloires sa main à baiser, comme Louis XIV faisait asseoir Molière.

L'amour de la musique avait mené la Reine à l'amour du théâtre. Le théâtre est le grand plaisir de Marie-Antoinette, et la plus chère distraction de son esprit. Ne

---

(1) Mes Récapitulations, par Bouilly, vol. I.
(2) Mémoires de la République des lettres, vol. XXI.
(3) Correspondance secrète, par Métra, vol. I.
(4) Id., vol. XV. — Mém. de madame Campan. — Mém. de Weber, vol. I.

va-t-elle pas, dans sa passion, jusqu'à écouter la première lecture des pièces que les auteurs destinent au théâtre? Une semaine elle en entend trois (1). Mais quoi ! n'est-ce pas la folie du temps ? La France joue la comédie du Palais-Royal au château de la Chevrette, et il faut un arrêté du ministre de la guerre pour arrêter dans les régiments la fureur comique et tragique (2). Quelle Reine n'aime la mode? quelle femme n'aime la comédie? et quel maussade empire c'eût été que le Trianon de Marie-Antoinette sans un théâtre!

Le théâtre était à Trianon comme le temple du lieu. Sur un des côtés du jardin français, ces deux colonnes ioniennes, ce fronton d'où s'envole un Amour brandissant une lyre et une couronne de lauriers, c'est la porte du théâtre. La salle est blanc et or ; le velours bleu recouvre les sièges de l'orchestre et les appuis des loges (3); des pilastres portent la première galerie ; des mufles de lion, qui se terminent en dépouilles et en manteaux d'Hercule branchagés de chêne, soutiennent la seconde galerie ; au-dessus, sur le front des loges en œil-de-bœuf, des Amours laissent pendre la guirlande qu'ils promènent. Lagrenée a fait danser les nuages et l'Olympe au plafond (4). De chaque côté de la scène, deux nymphes dorées s'enroulent en tor-

---

(1) Corresp. secrète, vol. VII.—(2) Mém. de la Républ. des lettres, vol. VI.
(3) Fragments sur Paris, par Meyer, traduits par Dumouriez. *Hambourg*, 1798, vol. II.
(4) Explication des peintures dont l'exposition a été ordonnée par M. le comte de la Billarderie d'Angeviller. *Paris*, 1779.

chères ; deux nymphes au-dessus du rideau portent l'écusson de Marie-Antoinette.

Ce joli petit théâtre, qui a vu jouer de vrais acteurs, et sur lequel a été représentée la parodie de l'*Alceste*, de Gluck, a donné à la Reine la tentation de reprendre ses amusements de Dauphine. Après mille empêchements et de longs arrangements, il était convenu qu'à l'exception du comte d'Artois, aucun jeune homme ne serait admis dans la troupe, et qu'on n'aurait pour spectateurs que le Roi, Monsieur, et les princesses qui ne joueraient pas. Madame, à l'invitation de son mari, avait refusé de jouer, en laissant voir à sa belle-sœur qu'elle jugeait ce divertissement au-dessous de son rang. A ce premier public on adjoignait, pour l'émulation des acteurs, les femmes de la Reine, leurs sœurs et leurs filles. Plus tard, le succès et la curiosité grandissant, l'entrée s'étendait aux officiers des gardes du corps, aux écuyers du Roi et de ses frères, et même à quelques gens de la cour qui assistaient au spectacle en loges grillées (1). Le chanteur Caillot était choisi pour former et diriger les voix dans le genre facile de l'opéra comique. Dazincourt était chargé de développer les dispositions comiques de la troupe, instruite et guidée encore par M. de Vaudreuil, qui passait pour le meilleur acteur de société de Paris (2).

Ainsi préparées et montées, commençaient les représentations royales. Le début fut le *Roi et le Fermier*, suivi de la *Gageure imprévue*. La Reine, « à laquelle

(1) Mémoires de madame Campan, vol. I.
(2) Correspondance littéraire de Grimm. *Paris*, 1830, vol. X.

aucune grâce n'est étrangère, » dit Grimm, jouait les rôles de Jenny et de la soubrette ; le comte d'Artois le rôle du valet et du garde-chasse. Ils étaient soutenus par M. de Vaudreuil dans le rôle de Richard, et par la duchesse de Guiche dans la petite Betzi. Diane de Polignac faisait la mère, et le personnage du roi était rendu par M. d'Adhémar, avec cette voix chevrotante qui amusait tant la Reine. *On ne s'avise jamais de tout* et les *Fausses infidélités* suivaient la *Gageure imprévue* et le *Roi et le Fermier* (1). Puis vinrent l'ambition, l'imprudence ; le *Barbier de Séville* n'effraya pas la troupe. Le 19 août 1785, la Reine jouait Rosine, le comte d'Artois Figaro, M. de Vaudreuil Almaviva, le duc de Guiche Bartholo, et M. de Crussol Basile (2).

Le théâtre de Trianon était la joie de la Reine ; il était sa grande affaire. La Reine voulait tout y faire, tout y mener, tout y ordonner, correspondant directement avec les fournisseurs, chargeant de recommandations et d'observations les mémoires du tapissier de la salle. C'était un coin de son petit royaume qu'elle entendait administrer elle-même, et où il lui plaisait de régner seule. Vain dépit du duc de Fronsac! vaines démarches pour faire rentrer le théâtre de Trianon sous son autorité, sous cette main qui tenait tous les théâtres de Paris! Marie-Antoinette faisait à toutes ses représentations, à toute sa correspondance la même réponse : *Vous ne pouvez être premier gentilhomme quand nous sommes les acteurs ; d'ailleurs je vous ai*

---

(1) Correspondance littéraire de Grimm, vol. X.
(2) *Id., ib.,* vol. XII.

déjà fait connaître mes volontés sur Trianon : je n'y tiens point de cour, j'y vis en particulier (1). Et la Reine veillait à toute usurpation, empêchait toute immixtion, et gardait sur ses plaisirs et sur son théâtre cette maîtrise absolue dont cette lettre de la collection du comte Esterhazy nous montre la jalousie et la clémence : « *Mes petits spectacles de Trianon me paraissent* « *devoir être exceptés des règles du service ordinaire. Quant* « *à l'homme que vous tenez en prison pour le dégât com-* « *mis, je vous demande de le faire relâcher..., et puisque* « *le Roi a dit que c'est mon coupable, je lui fais grâce* (2). »

(1) Mémoires de madame Campan, vol. I.
(2) Catalogue de lettres autographes du comte Georges Esterhazy. *Paris,* 1857.

V

Exigences de la société Polignac. — Nomination de M. de Calonne imposée à la Reine. — La Reine compromise par ses amis. — Plaintes et refroidissement des amis de la Reine. — Mort du duc de Choiseul. — Retour de la Reine vers madame de Lamballe. — Mouvement de l'opinion contre la Reine. — Achat de Saint-Cloud. — Tristes pressentiments de la Reine.

La vie particulière, ses agréments, ses attachements, sont défendus aux souverains. Prisonniers d'état dans leur palais, ils ne peuvent en sortir sans diminuer la religion des peuples et le respect de l'opinion. Leur plaisir doit être grand et royal, leur amitié haute et sans confidences, leur sourire public et répandu sur tous. Leur cœur même ne leur appartient pas, et il ne leur est pas loisible de le suivre et de s'y abandonner.

Les reines sont soumises comme les rois à cette peine et à cette expiation de la royauté. Descendues à des goûts privés, leur sexe, leur âge, la simplicité de leur âme, la naïveté de leurs inclinations, la pureté et le dévouement de leurs tendresses, ne leur acquièrent ni l'indulgence des courtisans, ni le silence des méchants, ni la charité de l'histoire.

Cette expérience fut longue et douloureuse chez Marie-Antoinette ; car elle ne fut pas seulement la reconnaissance d'une erreur, elle fut encore la perte d'une illusion : Marie-Antoinette vit, et ce fut sa plus grande douleur, que les reines n'ont pas d'amis. Tant d'amitiés qu'elle avait cru sincères n'étaient que calcul et qu'intérêt. Ce monde charmant dont elle s'était entourée, ces hommes agréables, ces esprits enjoués, déchiraient leurs masques, lâchaient leurs ambitions, révélaient leurs exigences. Tous voulaient que Trianon les menât à la fortune, aux places, aux honneurs, au maniement des grandes choses de Versailles. Les plus étourdis avaient leurs soifs, leurs appétits, leurs buts, leurs impatiences ; et dans cette cour, qui semblait une partie de campagne de la royauté en vacances, l'intrigue ne tardait pas à se montrer, le courtisan à se révéler, la Reine à se défendre.

L'aimable bourru de la société, M. de Besenval, dédaigneux de places, voulait seulement faire les ministres(1) ; le joli chanteur, M. d'Adhémar, exigeait doucement l'ambassade de Londres ; M. de Vaudreuil lui-même caressait à la dérobée la position de gouverneur

---

(1) Correspondance entre le comte de Mirabeau et le comte de la Marck, publiée par A. de Bacourt, vol. I. — Mémoires de M. le baron de Besenval. *Paris*, 1805.

du Dauphin (1). La belle-sœur de madame de Polignac, Diane de Polignac, était l'aiguillon et la volonté de ces trois hommes. Elle fouettait leurs désirs, leur paresse, leurs distractions, les armant, les gouvernant, leur traçant les plans de la journée, les munissant d'ordres, d'agendas même ; si osée, si assurée en son crédit et en sa charge de dame d'honneur de madame Élisabeth, qu'elle laissait la jeune princesse s'enfuir un jour dans la retraite de Saint-Cyr et Louis XVI la lui ramener (2). Les importunités vaines, les retards amenaient dans ce monde les bouderies et les aigreurs. Au milieu de ses amis préoccupés, mécontents, la duchesse Jules gardait le même front, la même humeur, la même douceur ; elle restait la même amie. Mais la Reine voyait bien qu'elle n'était qu'un instrument facile et sans conscience aux mains et à la discrétion de sa belle-sœur, de M. de Vaudreuil, de tous ceux qui l'approchaient et qu'elle servait sans se lasser.

Marie-Antoinette avait cru un moment trouver autour d'elle des caractères assez grands, des affections assez nobles, pour l'aimer et ne rien demander à la Reine ; elle se réveillait de ce songe. Mais elle était liée et engagée avec le monde des Polignac ; une rupture eût fait éclat. Il fallait attendre. Cependant autour d'elle, Versailles, où les grâces ne s'obtenaient plus que de seconde main, devenait plus désert ; les grandes

---

(1) Mémoires de madame Campan, vol I.
(2) Mémoires historiques et politiques du règne de Louis XVI, par Soulavie. 1801, vol. VI.

familles de France abandonnaient à elle-même la Reine de Trianon (1).

Aussi longtemps qu'elle avait pu, Marie-Antoinette avait essayé de désarmer avec des concessions les exigences de ses amis. Mal disposée pour M. de Calonne, et ne s'en cachant pas, elle avait cédé à l'obsession dans les jours de faiblesse physique qui avaient suivi une fausse couche (2). M. de Calonne, qui avait vendu ses complaisances à la société Polignac, devenait contrôleur général des finances, et, dans son impatience d'une telle domination, Marie-Antoinette laissait échapper la crainte que les finances de l'État ne fussent passées *des mains d'un honnête homme sans talent aux mains d'un habile intrigant* (3). Les efforts des Polignac, l'adulation basse du nouveau ministre ne pouvaient ramener la Reine à M. de Calonne; et pendant que le public faisait M. de Calonne et Marie-Antoinette alliés et complices, Marie-Antoinette se tenait écartée de lui comme du remords vivant de sa faiblesse. Elle s'en défiait, elle le soupçonnait, elle se garait de ses bons offices, et s'applaudissait du refus de ce million que M. de Calonne voulait distribuer, au nom de la Reine de France, dans les trois millions donnés par Louis XVI aux pauvres de l'hiver de 1784.

La comédie de *Figaro* révélait encore à la Reine le danger d'une société qui ne craignait point d'abuser

---

(1) Souvenirs et Portraits, par M. de Lévis. *Paris*, 1813.
(2) Correspondance secrète, par Métra, vol. XV.
(3) Mémoires de madame Campan, vol. I.

de son patronage. La société de madame de Polignac avait allumé la curiosité de la Reine sur cette merveilleuse satire de la cour et du siècle, écrite sans doute d'après nature et peut-être sur les indications du prince de Conti. La Reine donnait *la Folle journée* à lire au Roi ; et, après la parole donnée par le Roi que la comédie ne serait pas jouée, après la lettre de cachet arrêtant la représentation aux Menus, qui osait braver les volontés du Roi, et faire jouer la comédie de Beaumarchais à sa maison de campagne ? M. de Vaudreuil. Qui semait le bruit de suppressions, de retranchements, et se portait garant de la moralité de l'œuvre ? M. de Vaudreuil. Qui enfin, le Roi battu par Beaumarchais, la pièce jouée en public, plaidait la cause et la gloire de Beaumarchais ? M. de Vaudreuil encore, trompant la cour et aveuglant la Reine. La Reine, désabusée, n'avait pu faire les reproches à M. de Vaudreuil ; elle s'était plainte de l'indiscrétion et de la témérité d'une amitié qui l'avait compromise dans le scandale de trop d'esprit. Alors cet homme, voyant l'avenir lui échapper, ne se contint plus ; hors de lui aux contrariétés les moindres, il éclata, il s'oublia, et il arriva que la Reine montra un jour à madame Campan sa jolie queue de billard — une dent de rhinocéros à la crosse d'or — en deux morceaux. M. de Vaudreuil l'avait brisée de colère pour une bille bloquée.(1)

Il y avait eu des sujets de refroidissement plus graves

---

(1) Mémoires de madame Campan, vol. I.

encore entre la Reine et la société de madame de Polignac : je veux parler des suppressions ministérielles auxquelles la Reine s'était à la fin soumise. Tous les hommes de ce monde se mirent alors à trembler pour toutes les grâces qu'ils avaient arrachées. Besenval, portant la parole pour tous, répétait d'un air fâché à la Reine : « Il est pourtant affreux de vivre dans un pays où l'on n'est pas sûr de posséder le lendemain ce qu'on avait la veille ; cela ne se voyait qu'en Turquie ! » A la réunion de la grande écurie à la petite, M. de Coigny, dînant et se promenant avec la Reine à Trianon, n'avait pu obtenir d'elle un entretien pour la détourner d'y consentir. Il se répandait en propos contre sa bienfaitrice, après s'être fâché avec le Roi presque jusqu'à l'injure. M. de Polignac avait été profondément blessé de la prière que la Reine lui avait adressée de se démettre des postes, et, en présence de l'archevêque de Toulouse, devant lequel il avait voulu débattre la nécessité et la convenance de sa démission, il disait à la Reine : « Madame, sans demander à Votre Majesté une décision qui ne peut être douteuse, il me suffit qu'elle me montre quelque désir que je remette une place que je tiens de ses bontés pour que je la lui rende ; et voilà ma démission (1) ! »

La Reine acceptait la démission de M. de Polignac. Elle ne consentait pas à parler au Roi pour les dettes de M. de Vaudreuil. La liaison allait se dénouant. M. de Mercy ne paraissait plus dans le salon de

---

(1) Mémoires du baron de Besenval. *Baudoin*, 1821.

madame de Polignac que pour les devoirs de la politesse. M. de Fersen s'en écartait. La Reine faisait de quelques étrangers sa société intime ; et comme un ami lui représentait un jour les dangers de cette préférence trop marquée : *Vous avez raison*, répondait-elle avec tristesse, *mais c'est que ceux-là ne me demandent rien* (1) !

C'est en ce temps qu'un grand coup frappait Marie-Antoinette dans des espérances qu'elle n'avait jamais complétement abandonnées, et auxquelles dans ces derniers temps elle s'était plus vivement rattachée. Elle perdait un ami dont l'amitié n'avait pas ces dangers, dont la faveur n'aurait pas eu ces exigences : M. de Choiseul mourait. Ainsi la Reine devait renoncer à la seule illusion, à la seule œuvre politique à laquelle elle eût mis quelque suite : la rentrée aux affaires du négociateur de son mariage. C'était en vain qu'elle avait rapproché peu à peu M. de Choiseul du Roi, de ce Roi qui avait dit si longtemps : « Qu'on ne me parle jamais de cet homme » (2) ; en vain qu'elle était parvenue à le faire consulter par le Roi, lors du renouvellement du traité de 1755, alors que la politique de M. de Vergennes menaçait la France d'un traité d'alliance entre les cours d'Autriche et d'Angleterre ; en vain qu'elle avait comme annoncé et essayé le retour de l'ancien ministre par la nomination de M. de

(1) Correspondance entre le comte de Mirabeau et le comte de la Marck. Introduction.
(2) Mémoires historiques et politiques du règne de Louis XVI, par Soulavie. 1801, vol. II.

Castries, regardé par le public comme le continuateur des plans de M. de Choiseul ; tant de victoires achetées par tant de patience, ces entretiens que le Roi, à la prière de la Reine, finissait par accorder à M. de Choiseul, et d'où le Roi sortait moins prévenu contre M. de Choiseul et de mauvaise humeur contre M. de Vergennes ; les résistances heureuses que la Reine avait faites à cette politique de M. de Maurepas si bien soutenue par madame de Maurepas et l'abbé de Veri ; tout le terrain qu'elle avait fait gagner à M. de Choiseul, après la mort de M. de Maurepas (1), tant d'efforts étaient perdus ; et c'était à l'heure où tout était prêt, où tout paraissait facile et assuré, à l'heure où les fautes de M. de Calonne, servant si bien son successeur, semblaient appeler M. de Choiseul au ministère, que M. de Choiseul disparaissait brusquement, et qu'il ne restait plus d'amis à la Reine, que des mécontents et des ingrats !

La Reine alors se retourna vers une amitié qui ne lui avait jamais demandé de se compromettre, et qui, pour avoir moins de coquetterie, un manège moins gracieux, un agrément moins vif que l'amitié de madame de Polignac, ne le lui cédait ni en sincérité ni en dévouement. Il est des erreurs et des distractions du cœur qui ne touchent ni à sa mémoire ni à sa reconnaissance. La Reine n'avait point oublié

(1) Correspondance secrète, par Métra, années 1781, 1782.

madame de Lamballe. Son souvenir lui était resté présent, sans que la glace de son appartement où était peinte la princesse eût besoin de la lui rappeler (1). Entre elle et madame de Lamballe, il semblait à la Reine qu'il n'y eût eu qu'une absence ; et c'était sans embarras qu'elle venait souper chez elle à l'hôtel de Toulouse, et lui apporter ses compliments de condoléance à l'occasion de la mort de son frère, le prince de Carignan ; c'était sans effort, et avec la joie d'un retour, que Marie-Antoinette revenait à cette amie qui s'était éloignée sans un murmure et qui se redonnait sans une plainte : « *Ne croyez jamais*, lui disait la Reine, *qu'il soit possible de ne pas vous aimer ; c'est une habitude dont mon cœur a besoin* (2). »

D'autres déceptions attendaient Marie-Antoinette, contre lesquelles les consolations de madame de Lamballe devaient être insuffisantes. La satire, la chanson, le poison des noëls, le rire et la calomnie, sous Louis XIV enfermés dans Versailles, cachés dans les recueils à la Maurepas, maintenant publics, insolents, répandus par les presses clandestines, courant parmi le peuple, avaient désappris à la nation l'amour, à la populace le respect. Un voyage à Paris révélait à la Reine ce changement et ce renouvellement de l'opinion. Plus de bravos, plus d'acclamations... Recommenceront-ils jamais ces jours de 1777, ces cris, ces chants, ces chœurs d'opéra répétés par une salle en délire? Le silence avait reçu la

---

(1) Mémoires de la République des lettres, vol. XXIX.
(2) Catalogue de lettres autographes, du 23 mars 1818.

Reine, l'indifférence l'avait accompagnée. Elle était revenue à Versailles toute en larmes, et se demandant : *Mais que leur ai-je donc fait* (1)? Malheureuse! elle commençait l'apprentissage de l'impopularité.

Alors, ignorant et cherchant vainement ses crimes, désespérée et se rattachant à tout, au souvenir, à la superstition du passé, elle achetait le château de Saint-Cloud. Ce n'était pas seulement, pour la mère, le séjour conseillé à son fils par la Faculté de médecine (2); ce n'était pas seulement pour l'épouse, la réunion de la famille royale pendant les réparations de Versailles : Saint-Cloud était aux yeux de la Reine un rapprochement entre elle et son peuple. Versailles, Trianon l'en avaient éloignée ; elle revenait au-devant de lui, auprès de lui. Saint-Cloud n'avait-il pas été le premier rendez-vous de sa popularité? N'était-ce pas là que la France avait commencé à l'aimer? L'écho des jardins ne gardait-il pas encore les applaudissements de la foule, le bruit de son bonheur et de sa gloire? Comment ne pas croire au bon génie du lieu? Et quand elle se promènerait comme jadis, coudoyée, coudoyant, à travers les Parisiens du dimanche, quand elle se mêlerait aux plaisirs et aux spectacles de tous, regardant les joûtes à côté des bateliers, ses enfants à la main; quand elle montrerait le Dauphin à tout Paris, le Dauphin élevé de ses deux bras au-dessus des vivats, quoi donc l'empêcherait de retrouver la

---

(1) Correspondance secrète, par Métra, vol. XVIII.
(2) Mémoires de la République des lettres, vol. XXVI.

France et le peuple de 1772 et de 1773? Quoi donc? Le temps et les hommes.

La veille de l'achat de Saint-Cloud au duc d'Orléans, les accusations commencent contre la Reine; le lendemain elles éclatent. Dépense énorme, murmure-t-on, au moment où les finances sont obérées. Un écriteau de police intérieure, portant : *De par la Reine*, fait dire insolemment à d'Éprémesnil : « qu'il est impolitique et immoral de voir des palais appartenir à une Reine de France (1). » Les habitants de Saint-Cloud, marqués à la craie pour loger les gens de la cour qui ne peuvent tenir dans le château, s'élèvent contre la Reine (2); et ce peuple, ce peuple, que la Reine espérait ramener à elle en revenant à lui... il a ramassé l'épithète tombée des salons du parti français. Que crie-t-il tout le long de la route? « Nous allons à Saint-Cloud pour voir les eaux et l'*Autrichienne* (3)! »

C'est Marie-Antoinette elle-même qui va dire ses tristesses, ses alarmes, ses pressentiments, dans ces jours déjà menaçants, et où commence à se remuer dans les cœurs ce quelque chose de violent qui annonce à Bossuet les révolutions des empires. La Reine écrit en Angleterre, le 9 avril 1787 :

« Où vous êtes, vous pouvez jouir au moins de la
« douceur de ne point entendre parler d'affaires. Quoi-

---

(1) Mémoires de madame Campan, vol. I.
(2) Correspondance secrète, par Metra, vol. XVIII.
(3) Mémoires historiques et politiques du règne de Louis XVI, par Soulavie, vol. VI.

« que dans le pays des chambres haute et basse des
« oppositions et des motions, vous pouvez vous fermer
« les oreilles et laisser dire; mais icy c'est un bruit
« assourdissant malegré que j'en ay. Ces mots d'oppo-
« sition et de motion sont établis comme au parle-
« ment d'Angleterre, avec cette différence que lors-
« qu'on passe à Londres dans le parti de l'opposition
« on commence par se dépouiller des grâces du Roy,
« au lieu qu'icy beaucoup s'opposent à toutes vues
« sages et bienfaisantes du plus vertueux des maîtres
« et gardent ses bienfaits ; cela est peut-être plus ha-
« bile, mais ce n'est pas si noble. Le temps des illu-
« sions est passé, et nous faisons des expériences bien
« cruelles ; nous payons cher aujourd'hui notre engoue-
« ment et notre enthousiasme pour la guerre de l'Amé-
« rique. La voix des honnêtes gens est étouffée par le
« nombre et la cabale. On abandonne le fond des
« choses pour s'attacher à des mots et multiplier la
« guerre des personnes. Les séditieux entraîneront
« l'État dans sa perte plutôt que de renoncer à leurs
« intrigues (1). »

(1) Lettre de Marie-Antoinette à madame de Polignac. *Bulletin de l'Alliance des Arts.* 10 octobre 1843.

VI

La calomnie et la Reine. — Pamphlets, libelles, satires, chansons contre la Reine. — Les témoins contre l'honneur de la Reine : M. de Besenval, M. de Lauzun, M. de Talleyrand. — Jugement du prince de Ligne. — Exposé de l'affaire du collier. — Arrestation du cardinal de Rohan. — Défense du cardinal. — Dénégations de madame Lamotte. — Dépositions de la d'Oliva et de Réteaux de Villette. — Examen des preuves et des témoignages de l'accusation. — Arrêt du parlement. — Applaudissements des halles à l'acquittement du cardinal.

Le 15 août 1785, à onze heures du matin, le prince Louis de Rohan, grand-aumônier de France, était arrêté à Versailles, par ordre du Roi. Un grand procès allait s'instruire devant le parlement, devant la France, devant l'Europe, contre l'honneur de la Reine de France.

Mais, avant d'aborder cette fatale et honteuse comédie, l'affaire du collier, il est nécessaire d'en indiquer le commencement et la préparation. Il faut montrer l'empoisonnement de l'opinion publique jusqu'à cet éclat de la prévention nationale, et dire, ne fût-ce qu'en les indiquant, toutes ces accusations anonymes et flottantes, qui ont été l'annonce, l'essai de l'accusation au grand jour et à haute voix.

C'est là un des pénibles devoirs de l'historien de Marie-Antoinette. Quoi qu'il lui coûte, quoi qu'il lui répugne, il lui est ordonné de descendre un moment au scandale, et de confronter avec l'outrage la mémoire de la Reine. Il voudrait mépriser de si misérables injures, les abandonner à leur honte, les couvrir de son silence; mais dans une telle question, la vertu de la Reine, il est des résignations que l'histoire exige de lui, des pudeurs dont la vérité lui demande le sacrifice. Dure loi, qu'il soit besoin de redire la calomnie pour lui répondre !

La calomnie ! Et quel est le jour depuis 1774 où la calomnie s'est reposée autour de Marie-Antoinette ? Depuis le *Lever de l'aurore* jusqu'à ces pamphlets qui demain vont parvenir gratuitement et affranchis à toute la France, que n'a-t-elle répandu ? que n'a-t-elle osé ? où n'a-t-elle pénétré ? Elle a forgé des libelles dans les bureaux de la police (1) ! Hier elle jetait des chansons dans l'Œil-de-Bœuf, aux pieds du Roi ! Aujourd'hui où n'est-elle pas ? Écoutez les on dit, les propos, les suppositions, les imaginations, les paroles à l'oreille, les éclats de rire ; écoutez les mécontentements, les rancunes, la jalousie, la fatuité, les

(1 Mémoires de madame Campan, vol. I.

passions des individus et les passions des partis ;
écoutez ce chuchotement et ce murmure d'un peuple,
qui remonte et redescend, redescend et remonte des
halles à Versailles et de Versailles aux halles ! Écoutez la populace, écoutez les porteurs de chaises ; écoutez les courtisans, ramenant la calomnie de Marly, la
ramenant des bals de la Reine, la ramenant en poste
à Paris ! Écoutez les marquis au foyer des comédies,
chez les Sophie Arnould et les Demare, chez les
courtisanes et les chanteuses ! Interrogez la rue, l'antichambre, les salons, la cour, la famille royale elle-
même : la calomnie est partout et jusqu'aux côtés de la
Reine (1) !

Quel plaisir de Marie-Antoinette dont la calomnie
n'ait fait une arme, un soupçon, un outrage ? Quelle
proie, ses moindres jeux ! Quelle proie, cette dissipa-
tion innocente où la Reine portait l'assurance de sa
conscience sans reproches, les étourderies de ses
promenades à cheval, ses amusements aux bals de
la Saint-Martin à la salle de comédie de Versailles (2),
ses courses aux bals de l'Opéra où elle venait avec
une seule dame du palais et ses gens en redingote
grise ! Quelle victoire de la calomnie, sa voiture cas-
sée une nuit à l'entrée de Paris, et son entrée dans la
salle avec ce mot naïf : *C'est moi, en fiacre ! N'est-ce
pas bien plaisant ?* Quels bruits semés sur ses prome-

---

(1) Portefeuille d'un talon rouge. *De l'imprimerie du comte de Paradis*, 178...

(2) Fragments inédits des Mémoires du maréchal prince de Ligne, 2ᵉ partie, *Revue nouvelle*, 1ᵉʳ février 1846.

nades de 1778, les *nocturnales* de la terrasse du château! Quels bruits sur ses retraites à Trianon (1)!

Une seule amitié de la Reine a-t-elle été respectée? Un seul attachement, même parmi ceux-là qui semblaient défier la calomnie, a-t-il été sacré pour les calomniateurs? Un seul homme, quels que fussent entre la Reine et lui les liens du sang, les différences d'âge où les antipathies d'humeur, un seul homme a-t-il pu s'approcher d'elle sans que la calomnie ne le félicitât et ne plaignît Louis XVI? La Reine distingue-t-elle M. de Coigny? Par ses vertus solides, par l'expérience de la vie et la science de la cour que lui donnent ses quarante-cinq ans et sa gentilhommerie parfaite, par cette gravité et ces gronderies de vieux seigneur espagnol veillant une jeune Reine, M. de Coigny devient-il cher et précieux à Marie-Antoinette, comme un mentor, comme un ami, comme le chevalier d'honneur de sa réputation? L'épouse est condamnée.

Quel déchaînement à chacune des grossesses de la Reine! Que de noms prononcés, même à ne compter que les noms qui ne sont pas un blasphème! Édouard Dillon, M. de Coigny, le duc de Dorset, et le prince George de Hesse-Darmstadt, et l'officier des gardes du corps Lambertye, et un certain du Roure, et un M. de Saint-Paër, et le comte de Romanzof, et lord Seymour, et le duc de Guines (2), et le jeune lord Strathavon (3).....

---

(1) Mémoires historiques et politiques sur le règne de Louis XVI, par Soulavie, vol. VI. — Mémoires de madame Campan, vol. I. — Portefeuille d'un talon rouge.
(2) Mémoires du comte de Tilly. 1830, vol. II.
(3) Corresp. entre le comte de Mirabeau et le comte de la Marck. Introduct.

Arrêtons-nous.. Plus bas ce n'est plus même la calomnie, c'est l'ordure ; c'est la *Liste civile*, la liste « de toutes les personnes avec lesquelles la Reine a eu des relations de débauches !... » (1).

De tous ces noms, de tous ces bruits, des anecdotes, des chroniques, des propos, des chansons, des libelles, de cette conjuration de la calomnie contre Marie-Antoinette, qu'est-il resté ? Hélas ! un préjugé.

Fortune épouvantable de cette Reine, dont le procès sera fait sans pièces, dont la mémoire sera déshonorée sans preuves ! Cependant où sont les faits ? Un pamphlet vous dira que le visage de la Reine « se reprintanisait » quand Édouard Dillon entrait au bal (2). Un anecdotier vous citera, d'après d'autres, un mot que la Reine n'a pu dire, et un mot que Louis XVI n'a pas dit. Voilà les faits sur Dillon (3). A peine en est-il autant sur les autres !

Mais au delà de l'on dit, qu'y a-t-il ? Derrière l'accusation vague, impersonnelle et sans responsabilité, où est l'accusateur ? Contre l'honneur de Marie-Antoinette, où est le témoignage ? où est le témoin ? Le témoignage est une phrase de M. de Besenval ; et le témoin, M. de Lauzun.

M. de Besenval raconte dans ses Mémoires que, lors du duel du comte d'Artois et du duc de Bourbon, ayant à parler à la Reine, il fut introduit par M. Campan dans une chambre où il y avait un billard qu'il connaissait pour y avoir joué souvent avec la Reine ;

---

(1) Liste civile, 1792. Trois numéros. — (2) Portefeuille d'un talon rouge.
(3) Mémoires de Tilly, vol. II.

puis, de cette chambre, dans une autre chambre qu'il ne connaissait point, simplement mais commodément meublée. « Je fus étonné, dit M. de Besenval, non pas que la Reine eût désiré tant de facilités, mais qu'elle eût osé se les procurer (1). » Ainsi une chambre qu'il ne connaît pas, à côté d'une chambre qu'il connaît, dans ce Versailles, dans cet autre Vatican aux huit cents chambres, voilà qui suffit à M. de Besenval pour soupçonner, que dis-je? pour juger et condamner Marie-Antoinette. C'est faire trop bon marché de l'honneur d'une Reine et des exigences de la justice historique. Encore madame Campan explique-t-elle sans réplique possible la destination de cette chambre, qui était bien pis qu'une chambre, qui était un appartement composé d'une très-petite antichambre, d'une chambre à coucher et d'un cabinet, et destiné à loger la dame d'honneur de la Reine dans le cas de couche ou de maladie, usage auquel il avait déjà servi (2).

M. de Besenval avait les meilleures raisons du monde pour s'étonner, s'indigner presque de si peu. Que disait-il à M. Campan en montant derrière lui les escaliers jusqu'à cette chambre mystérieuse? « Mon cher Campan, ce n'est pas quand on a des cheveux gris et des rides qu'on s'attend qu'une jeune et jolie reine de vingt ans fasse passer par des chemins détournés pour autre chose que pour des affaires (3). » La réflexion était d'un philosophe; mais M. de Besen-

---

(1) Mémoires du baron de Besenval. *Paris, Buisson*, 1805, vol. II.
(2) Mémoires de madame Campan, vol. I.
(3) Mémoires du baron de Besenval, vol. II.

val avait-il toujours eu cette philosophie? N'avait-il pas oublié un jour ses cheveux gris et ses rides jusqu'à s'oublier lui-même, jusqu'à se jeter aux genoux de la Reine? *Levez-vous, Monsieur,* lui avait dit la Reine, *le Roi ignorera un tort qui vous ferait disgracier pour toujours* (1). Et M. de Besenval s'était relevé balbutiant, avec une de ces hontes dont un galant homme garde le remords, et rougit de se venger.

Voici pourtant autre chose qu'une phrase, voici une déposition. Voici tous les faits, toutes les preuves, en un mot, l'accusation de M. de Lauzun. Il serait trop facile de discuter le témoin, cet homme « romanesque n'ayant pu être héroïque, » cet homme jugé par ses Mémoires, cet homme qui, vivant, a compromis tous ses amours, et, mort, les a déshonorés. Nous ne parlerons pas de l'homme : le laisser parler est la meilleure façon de venger l'honneur de Marie-Antoinette.

La Reine avait rencontré M. de Lauzun chez madame de Guémenée ; elle l'accueillait avec bonté. « En deux mois, dit Lauzun, je devins une espèce de favori (2). » M. de Lauzun ne rappelle pas ici que sa faveur à commencé auprès de la Dauphine le jour où, après un séjour de trois semaines à Chanteloup, et l'offre de sa fortune et de sa personne au maître de Chanteloup, il entrait dans le bal de madame de Noailles, apportant des nouvelles du ministre exilé. Reine, Marie-Antoinette n'avait point oublié les re-

---

(1) Mémoires de madame Campan, vol. I.
(2) Mémoires de M. le duc de Lauzun. *Paris,* 1822.

connaissances de la Dauphine, ni le parent dévoué de M. de Choiseul, dont Louis XV avait puni le dévouement par une disgrâce. Mais suivons M. de Lauzun. Son régiment l'appelle ; il part, puis il revient, et sa faveur alors monte au plus haut degré. « La Reine ne me permettait pas de quitter la cour, me faisait toujours place auprès d'elle au jeu, me parlait sans cesse, venait tous les soirs chez madame de Guéménée, et marquait de l'humeur lorsqu'il y avait assez de monde pour gêner l'occupation où elle était presque toujours de moi. » Bref, à en croire M. de Lauzun, la Reine l'affiche ; elle l'affiche à ce point que M. de Lauzun vient la supplier de diminuer « les marques frappantes de ses bontés. » Aux supplications de M. de Lauzun, la Reine répond, — au moins faudrait-il douter de la parole ou de la mémoire de M. de Lauzun pour douter de la réponse de la Reine, — la Reine répond : « Y pensez-vous? *Devons-nous* céder à d'insolents propos ? Non, M. de Lauzun ; *notre cause est inséparable, on ne vous perdra pas sans me perdre* (1). » Cependant les ennemis que lui font une telle faveur et les indiscrétions de la Reine déterminent M. de Lauzun, ce héros d'aventures, à fuir, à s'éloigner de la cour et à passer en Russie. Il vient annoncer cette résolution à la Reine, et c'est ici la grande scène du roman. Donnons la parole non pas aux Mémoires tronqués de 1822, où le zèle de la censure a si mal servi la Reine, mais au manuscrit même de M. de Lauzun. « ....Lauzun ! ne m'abandonnez

---

(1) Passages retranchés des Mémoires de Lauzun. *Revue rétrospective*, vol. 1.

pas, je vous en conjure ! Que deviendrai-je, si vous m'abandonniez ? » Ses yeux étaient remplis de larmes ; touché moi-même jusqu'au fond du cœur, je me jetai à ses pieds : « Que ma vie ne peut-elle payer tant de bontés, une si généreuse sensibilité ! » Elle me tendit la main ; je la baisai plusieurs fois avec ardeur, sans changer de posture. Elle se pencha vers moi avec beaucoup de tendresse ; je la serrai contre mon cœur, qui était fortement ému. Elle rougit, mais je ne vis pas de colère dans ses yeux. « Eh bien ! reprit-elle en s'éloignant un peu, n'obtiendrai-je rien ? — Le croyez-vous ? répondis-je avec beaucoup de chaleur. Suis-je à moi ? N'êtes-vous pas tout pour moi ? C'est vous seule que je veux servir ; vous êtes mon unique souveraine. Oui, continuai-je plus tranquillement, vous êtes ma Reine, vous êtes la Reine de France. » *Ses yeux semblaient me demander encore un autre titre.....* (1) » Ainsi la Reine s'est offerte à M. de Lauzun et M. de Lauzun, a refusé la Reine. J'ai laissé parler M. de Lauzun ; je lui ai répondu.

Mais lui-même, M. de Lauzun, n'est-il pas encore un historien à la Besenval ? Il y a, en effet, dans la vie du don Juan une page honteuse et un jour de défaite : c'est le jour où, la porte de la Reine brusquement ouverte, la Reine dit à M. de Lauzun, d'une voix et d'un geste courroucés, un : *Sortez, Monsieur* (2) ! dont les Mémoires de Lauzun ne parlent pas.

J'allais oublier une dernière calomnie, la calomnie

---

(1) Passages retranchés des Mémoires de Lauzun. *Revue rétrosp.*, vol. I.
(2) Mémoires de madame Campan, vol. I.

sur M. de Fersen ; mais celle-ci a pour garant moins encore que le témoignage de M. de Besenval ou de M. de Lauzun : elle n'a pour elle que la parole de M. de Talleyrand (1).

Que reste-t-il d'accusateurs à Marie-Antoinette ? Ses défenseurs : ceux-là qui ont dit que ce serait mal servir la mémoire de la Reine que « de tout nier, » qu'il fallait faire une part à ses faiblesses, passer condamnation sur les fragilités de son sexe et de l'humanité, et qu'il lui resterait encore assez de nobles vertus pour mériter la pitié, la sympathie, l'estime même de la postérité (2). Singuliers historiens ! pour prêter cette facilité à l'histoire et compromettre sa morale jusqu'à cette indulgence ! Amis pires que tous les ennemis de Marie-Antoinette, ces Tilly qui la défendent en l'excusant !

Non, Marie-Antoinette n'a pas besoin d'excuse ; non, la calomnie n'a pas été médisance : Marie-Antoinette est demeurée pure. Toute la part de la jeunesse, toute la part de la femme, toute la part de l'humanité est faite en elle par ces mots du prince de Ligne : « La prétendue galanterie de la Reine ne fut jamais qu'un sentiment profond d'amitié pour une ou deux personnes, et une coquetterie de femme, de Reine, pour plaire à tout le monde (3). »

Le jugement de l'histoire n'ira ni en deçà ni au delà

---

(1) Foreign reminiscenses, by lord Holland.
(2) Mémoires de Tilly, vol. II.
(3) Mélanges littéraires, militaires et sentimentaires, par le prince de Ligne, vol. XXVII.

de ce jugement : il s'y arrêtera et s'y fixera comme à la mesure précise de l'équité, de la vérité, et de la justice.

Il en est qui ont voulu faire de l'affaire du collier la condamnation de Marie-Antoinette ; elle est la condamnation de la calomnie. Et quel plus grand exemple de l'absurdité et de la monstruosité de ses accusations ?

Le fond du procès est bien simple : ou la Reine est innocente, ou il faut admettre que la Reine s'est vendue pour un bijou ; et à qui ? à l'homme de France contre lequel elle avait les plus vives et les plus justes préventions. Et quels sont, cette hypothèse admise, les témoins dont l'affirmation prévaut contre la dénégation de la Reine ? C'est ce couple de malheureux sans métier, sans ressources, et faisant ressources de tous les métiers, industriels, entremetteurs, mendiants, ramassant leur pain dans les antichambres, vivant de hasards et de prostitutions entre le mont-de-piété et Bicêtre, errant d'auberges en auberges, disputant les hôteliers à coups de poing, poursuivis de gîte en gîte par les dettes et les hontes criardes !

Voici l'affaire. Le joaillier Bœhmer avait vendu à la Reine des girandoles d'oreilles, moyennant 360,000 livres, payables sur la cassette de la Reine, qui était de 100,000 écus par an. Bœhmer avait encore vendu au Roi, pour la Reine, une parure de rubis et de diamants blancs, puis une paire de bracelets de 800,000 livres. La Reine alors déclarait à Bœhmer qu'elle trouvait son écrin assez riche, et qu'elle ne voulait rien y ajouter; et le public la voyait si rarement porter ses diamants, qu'il croyait qu'elle y avait renoncé. Bœhmer cependant s'occupait de la réunion des plus beaux diamants qui se trouvaient dans le commerce pour en former un collier à plusieurs rangs que sa pensée secrète destinait à la Reine. Il songeait à le faire proposer à la Reine par quelque personne de la cour; un gentilhomme de la chambre du Roi consentait à le présenter au Roi. Le Roi, émerveillé de la beauté des diamants, accourait l'offrir à la Reine. Mais la Reine assurait le Roi qu'elle serait désolée d'une telle dépense pour un pareil objet; qu'elle avait de beaux diamants; que l'usage de la cour était de n'en plus porter que quatre ou cinq fois par an; et que, tout bien considéré, — on était alors en guerre, — il valait mieux acheter un vaisseau à la France qu'un collier à la Reine. Un an après, Bœhmer, ayant échoué dans le placement de son collier auprès des cours d'Europe, le Roi venait de nouveau l'offrir à la Reine, et la Reine renouvelait encore une fois ses refus. Sur ce refus, Bœhmer sollicitait, en qualité de joaillier de la couronne, une audience de la Reine. Il se jetait à ses pieds, lui déclarant qu'il était un homme ruiné, qu'il n'avait plus qu'à se jeter dans la rivière. La Reine répondait à Bœhmer qu'elle ne lui avait point commandé ce collier qui le ruinait; qu'à toutes ses propositions de beaux assortiments, elle lui avait déclaré au contraire ne vouloir pas ajouter quatre diamants à ses diamants. « Je vous ai refusé votre collier, disait en finissant la Reine, le Roi a voulu me le donner ; je l'ai refusé de même. Ne m'en parlez donc jamais. Tâchez de le diviser et de le vendre, et ne vous noyez pas. » De ce jour, la Reine, mise en garde contre la repétition de pareilles scènes, évitait Bœhmer, et, pour mieux l'éviter, donnait toutes ses parures à réparer au valet de chambre joaillier. Tout semblait terminé pour la Reine, lorsque, le 3 août 1785, Bœhmer se présentait à madame Campan, réclamant l'argent du collier acheté par le cardinal de Rohan au nom de la Reine. Madame Campan informait la Reine de la réclamation de Bœhmer. La Reine, qui avait vu Bœhmer très-exalté, le croyait fou. Mais une entrevue avec Bœhmer, puis le mémoire de Bœhmer et Bassange, instruisaient bientôt la Reine de l'achat, fait en son nom, du collier par le cardinal de Rohan, et de l'apposition de sa signature sur le traité (1). Imaginez, à ce coup de foudre, la stupéfaction et la douleur de la Reine !

Et qui donc osait se dire son confident ? Qui jouait le négociateur dans cette affaire ? L'homme, le seul homme peut-être de France auquel Marie-Antoinette avait fait vœu de ne pas pardonner ; l'homme qui avait livré Marie-Thérèse aux risées de la Dubarry ; l'homme qui, à la cour de Vienne, avait calomnié la fille auprès de la mère, à ce point que l'impératrice avait envoyé le baron de Neni en France pour s'assurer des faits ;

---

1) Mémoires de madame Campan, vol. II.

l'homme qui, à la cour de Versailles, n'avait cessé de montrer l'archiduchesse d'Autriche dans la Reine de France ; l'homme qui avait parlé de la coquetterie de la Reine, de façon à manquer à l'épouse de son roi ; l'homme enfin dont toute la diplomatie, en France comme à l'étranger, n'avait été que raillerie et perfidie contre la personne de Marie-Antoinette ! L'homme à qui, au su de la cour, Marie-Antoinette n'avait jamais daigné adresser la parole, et qu'elle avait réduit à se glisser honteusement, travesti et déguisé, dans les jardins de Trianon, pour voir la fête donnée au prince et à la princesse du Nord...(1) Trouvant cet homme dans cette machination au premier rang et dans le grand rôle, la Reine imagina que c'était là une nouvelle manœuvre d'une intrigue honteuse. Elle crut à un complot tramé pour la perdre ; et telle était sa persuasion que, dans l'entrevue entre le Roi et le cardinal, l'assurance du cardinal lui avait fait penser un moment qu'il allait indiquer un endroit secret de l'appartement de sa souveraine, où il aurait fait cacher le collier par un homme acheté (2). Dans sa première indignation, la Reine courut au Roi. Le Roi éclata contre tant d'impudence. Le baron de Breteuil, servant ses rancunes particulières, anima encore le ressentiment du Roi et de la Reine, et il fut résolu de donner à cette grande imposture une éclatante publicité.

(1) Mémoires historiques et politiques, par Soulavie. — Mémoires de madame Campan, vol. I.
(2) Mémoires de madame Campan, vol. II. Éclaircissements historiques.

Les conseillers de cette résolution, M. de Breteuil et M. de Vermond, ont été blâmés. On les a accusés d'avoir livré la Reine à la malignité du public, d'avoir compromis son honneur dans des débats publics. Et cependant, si le parti contraire avait été adopté, si les conseils de la prudence ou plutôt de la timidité eussent prévalu, si l'affaire avait été étouffée, quelle arme dans les mains des ennemis de la Reine ! Quelle preuve ils eussent tirée contre l'innocence de Marie-Antoinette, de ce silence, et de cette défiance de la lumière et de la justice !

Le 15 août, jour de l'Assomption, à midi, toute la cour remplissant la galerie, le cardinal de Rohan, en rochet et en camail, attendait Leurs Majestés qui allaient passer pour aller entendre la messe. Il est appelé dans le cabinet du Roi, où il trouve la Reine. « Qui vous a chargé, Monsieur, lui dit le Roi, d'acheter un collier pour la Reine de France ? — Ah ! Sire, s'écrie le cardinal, je vois trop tard que j'ai été trompé ! » Le Roi reprend : « Qu'avez-vous fait de ce collier ? — Je croyais qu'il avait été remis à la Reine. — Qui vous avait chargé de cette commission ? — Une dame appelée madame la comtesse la Motte-Valois, qui m'avait présenté une lettre de la Reine, et j'ai cru faire ma cour à Sa Majesté en faisant cette commission. — *Moi, Monsieur ?* interrompt la Reine qui tourmentait son éventail, *moi ! qui depuis mon arrivée à la cour ne vous ai point adressé la parole ! A qui persuaderez-vous, s'il vous plaît, que j'ai donné le soin de mes atours à un évêque, à un grand aumônier de France ?* — Je vois bien, répond le cardinal, que j'ai été cruellement trompé. Je payerai le collier. L'envie que j'avais de plaire m'a fasciné les yeux. Je n'ai vu nulle supercherie et j'en suis fâché. » Et le cardinal tire d'un portefeuille le traité portant la signature : *Marie-Antoinette de France*. Le Roi le prend. « Ce n'est ni l'écriture de la Reine, ni sa signature : comment un prince de la maison de Rohan et un grand aumônier de France a-t-il pu croire que la Reine signait Marie-Antoinette de France ? Personne n'ignore que les reines ne signent que leur nom de baptême. » Le Roi, présentant alors au cardinal une copie de sa lettre à Bœhmer : « Avez-vous écrit une lettre pareille à celle-ci ? — Je ne me souviens pas de l'avoir écrite. — Et si l'on vous montrait l'original, signé de vous ? — Si la lettre est signée de moi, elle est vraie. — Expliquez-moi donc toute cette énigme, reprit le Roi, je ne veux pas vous trouver coupable ; je désire votre justification. » Le cardinal pâlit et s'appuie sur une table. « Sire, je suis trop troublé pour répondre à Votre Majesté d'une manière... — Remettez-vous, monsieur le Cardinal, dit le Roi, et passez dans mon cabinet, afin que la présence de la Reine ni la mienne ne nuisent pas au calme qui vous est nécessaire. Vous y trouverez du papier, des plumes et de l'encre ; écrivez votre déposition. » Le cardinal obéit. Au bout d'un demi-quart d'heure, il rentre et remet un papier au Roi. Le Roi le prend en lui disant : « Je vous préviens que vous allez être arrêté. — Ah ! Sire, s'écrie le cardinal, j'obéirai toujours aux ordres de Votre Majesté, mais qu'elle daigne m'épargner la douleur d'être arrêté dans mes habits pontificaux, aux yeux de toute la cour! — Il faut que cela soit! » Et, sur ce mot, le Roi quitte brusquement le cardinal sans l'écouter davantage (1).

Au sortir de chez le Roi, le cardinal de Rohan était arrêté et conduit à la Bastille. Deux jours après, il en sortait pour assister, en présence du baron de Breteuil, à l'inventaire de ses papiers. Le 5 septembre 1785, le jugement du cardinal était enlevé à la juridiction des tribunaux ecclésiastiques, et déféré à la grand'chambre assemblée par lettres patentes où la volonté du Roi s'exprimait ainsi :

« LOUIS, par la grâce de Dieu roi de France et de Navarre ; à nos amés et féaux conseillers, les gens tenans notre cour de Parlement, à Paris, SALUT. Ayant été informé que les nommés Bœhmer et Bassange auraient vendu un collier au cardinal de Rohan, à l'insu de la Reine, notre très-chérie épouse et compagne; lequel leur aurait dit être autorisé par elle à en faire l'acquisition, moyennant le prix de seize cents mille livres, payables en différens termes, et leur aurait fait voir, à cet effet, de prétendues propositions qu'il leur aurait exhibées comme approuvées et signées par la Reine ; que ledit collier, ayant été livré par lesdits Bœhmer et Bassange audit cardinal, et le premier payement convenu entre eux n'ayant pas été effectué,

---

(1) Mémoires du baron de Besenval. 1805, vol. III. — Mémoires secrets et universels des malheurs et de la mort de la Reine de France, par Lafont d'Aussonne. *Paris*, 1825. — Mémoires de madame Campan, vol. II.

ils auraient eu recours à la Reine. Nous n'avons pu voir sans une juste indignation que l'on ait osé emprunter un nom auguste et qui nous est cher à tant de titres, et violer, avec une témérité aussi inouïe, le respect dû à la Majesté royale. Nous avons pensé qu'il était de notre justice de mander devant nous ledit cardinal, et, sur la déclaration qu'il nous a faite, qu'il avait été trompé par une femme nommée la Motte de Valois, nous avons jugé qu'il était indispensable de nous assurer de sa personne et de celle de ladite dame de Valois, et de prendre les mesures que notre sagesse nous a suggérées pour découvrir tous ceux qui auraient pu être auteurs ou complices d'un attentat de cette nature, et nous avons jugé à propos de vous en attribuer la connaissance pour être le procès par vous instruit, jugé, la grand'chambre assemblée (1). »

Le cardinal de Rohan se défendait et se justifiait comme il suit. Au mois de septembre 1781, madame de Boulainvilliers lui présentait une femme dont elle était la bienfaitrice, qu'elle avait recueillie et élevée, madame de la Motte-Valois. La misère de la protégée de madame de Boulainvilliers, son nom, son sang, sa figure, son esprit, touchaient le cardinal. Il aidait madame de la Motte de quelques louis. Mais que pouvait l'aumône contre le désordre de madame de la Motte ! Au mois d'avril 1784, elle obtenait d'aliéner la pension de 1,500 livres accordée par la cour à la descendante des Valois. Tout donne à croire que, vers

(1) Extrait des lettres patentes du 5 septembre 1785, adressées au Parlement pour l'affaire du cardinal de Rohan, registrées en la cour le 6 du même mois.

ce temps, des relations s'étaient établies entre le cardinal et madame de la Motte. Madame de la Motte était entrée dans des secrets échappés au cardinal, à l'imprudence de sa parole et à la légèreté de son caractère. Elle le savait las de sa position à la cour, impatient des amertumes de sa disgrâce et des froideurs méprisantes de la Reine, ambitieux et bouillant d'effacer son passé, prêt à tout, avec l'ardeur de la faiblesse, pour rentrer en grâce. Peu à peu, par degrés, autour du cardinal et par tous ses familiers, madame de la Motte ébruitait doucement, discrètement, une protection auguste, une grande faveur dont elle était honorée ; confirmant elle-même les propos qu'elle semait, disant qu'elle avait un accès secret auprès de la Reine, que des terres du chef de sa famille lui allaient être restituées, qu'elle allait avoir part aux grâces. Le cardinal, il ne faut pas l'oublier, s'il n'était ni un niais ni un sot, s'il avait tout le vernis d'un homme du monde et tout l'esprit d'un salon, le cardinal manquait absolument de ce sang-froid de la raison et de ce contrôle du bon sens qui est la conscience et la règle des actes de la vie. Aveuglé par son désir de rentrer en grâce, il s'abandonnait à madame de la Motte qui travaillait sans relâche sa confiance, nourrissait ses désirs, enhardissait ses illusions par toutes les ressources et toutes les audaces de l'intrigue et du mensonge. Un jour, madame de la Motte disait au cardinal : « Je suis autorisée par la Reine à vous demander par écrit la justification des torts qu'on vous impute. » Cette apologie remise par le cardinal à madame de la Motte, madame de la Motte apportait, quelques jours après, ces lignes où elle faisait ainsi parler la Reine au cardinal : « J'ai lu votre lettre, je suis charmée de ne plus vous trouver coupable ; je ne puis encore vous accorder l'audience que vous désirez. Quand les circonstances le permettront, je vous en ferai prévenir ; soyez discret (1). »

Et quels soupçons, quelle inquiétude pouvaient rester au cardinal après cette impudente comédie d'août 1784, imaginée par madame de la Motte, où une femme ayant la figure, l'air, le costume et la voix de la Reine, lui apparaissait dans les jardins de Versailles et lui donnait à croire que le passé était oublié? De ce jour, le cardinal appartenait tout entier à madame de la Motte. Les espérances insolentes qu'il osait concevoir de cette entrevue le livraient et le liaient à une crédulité sans réflexion, sans remords, sans bornes. Madame de la Motte pouvait, dès lors, en abuser à son gré, en faire l'instrument de sa fortune, le complice de ses intrigues. Elle pouvait tout demander au cardinal au nom de cette Reine qui lui avait pardonné, non avec la dignité d'une reine, mais avec la grâce d'une femme. Et c'est, dès ce mois d'août, une somme de 60,000 livres que madame de la Motte tire du cardinal, pour des infortunés, dit-elle, auxquels la Reine s'intéresse ; et c'est, au mois de novembre, une autre somme de 100,000 écus qu'elle obtient encore de lui, au nom de la Reine, pour le même objet.

(1) Mémoires de l'abbé Georgel.

Mais de telles sommes étaient loin de suffire aux besoins, aux dettes, aux goûts, au luxe, à la maison de madame de la Motte. Tentée par l'occasion, elle songea à faire sa fortune, une grande fortune, d'un seul coup.

Bassange et Bœhmer, qui entretenaient tout Paris de leur collier, et battaient toutes les influences pour forcer la main au Roi ou à la Reine, étaient tombés sur un sieur Delaporte, de la société de madame de la Motte, qui leur avait parlé de madame de la Motte comme d'une dame honorée des bontés de la Reine. Bassange et Bœhmer sollicitent aussitôt, de madame de la Motte, la permission de lui faire voir le collier. Elle y consent, et le collier lui est présenté le 29 décembre 1784. Madame de la Motte, habile à cacher son jeu, parle aux joailliers de sa répugnance à se mêler de cette affaire, sans les désespérer toutefois. Au sortir de l'entrevue, elle se hâte d'expédier, par le baron de Planta, une nouvelle lettre au cardinal, alors à Strasbourg. Madame de la Motte y faisait dire à la Reine : « Le moment que je désire n'est pas encore venu, mais je hâte votre retour pour une négociation secrète qui m'intéresse personnellement et que je ne veux confier qu'à vous ; la comtesse de la Motte vous dira de ma part le mot de l'énigme (1). » Le 20 janvier 1785, madame de la Motte fait dire aux joailliers de se rendre chez elle le lendemain, 21 ; et là, en présence du sieur Hachette, beau-père du sieur De-

(1) Mémoires de l'abbé Georgel.

laporte, elle leur annonce que la Reine désire le collier, et qu'un grand seigneur sera chargé de *traiter cette négociation pour Sa Majesté.* Le 24 janvier, le comte et la comtesse de la Motte rendent visite aux joailliers, leur disent que le collier sera acheté par la Reine, que le négociateur ne tardera pas à paraître, et qu'ils avisent à prendre leurs sûretés. L'affaire avait été engagée pendant l'absence du cardinal. Madame de la Motte lui apprenait, à son retour de Saverne, le 5 janvier, que la reine désirait acheter le collier des sieurs Bœhmer et Bassange, et entendait le charger de suivre les détails et de régler les conditions de l'achat; elle appuyait son dire de lettres qui ne permettaient au cardinal qu'une soumission respectueuse.

Le 24 janvier, le cardinal, à la suite d'une visite des époux de la Motte, entre chez les joailliers, se fait montrer le collier, et ne cache pas qu'il achète, non pour lui-même, mais pour une personne qu'il ne nomme pas, mais qu'il obtiendra peut-être la permission de nommer. Quelques jours après, le cardinal revoit les joailliers. Il leur montre des conditions écrites de sa main : 1° le collier sera estimé si le prix de 1,600,000 livres paraît excessif; 2° les payements se feront en deux ans, de six mois en six mois; 3° on pourra consentir des délégations; 4° ces conditions agréées par l'acquéreur, le collier devra être livré le 1ᵉʳ février au plus tard. Les joailliers acceptent ces conditions, et signent l'écrit sans que la Reine soit nommée. Cet écrit, revêtu de l'acceptation des joailliers, est remis à madame de la Motte qui, deux jours après, le rend au cardinal, avec des approbations à chaque article, et au bas la signature : *Marie-Antoinette de France.*

Aussitôt le cardinal, étourdi du succès de sa négociation, de la faveur dont il croit jouir, du mystère même dont la Reine entoure sa confiance, écrit aux joailliers que le traité est conclu, et les prie d'apporter l'objet vendu. Les joailliers, assurés que c'est à la Reine qu'ils vendent, se rendent aux ordres du cardinal. Le collier reçu, le cardinal se rend à Versailles, arrive chez madame de la Motte, lui remet l'écrin : « La Reine attend, dit madame de la Motte; ce collier lui sera remis ce soir. » En ce moment paraît un homme qui se fait annoncer comme envoyé par la Reine. Le cardinal se retire dans une alcôve; l'homme remet un billet; madame de la Motte le fait attendre quelques instants, va montrer au cardinal le billet, portant ordre de remettre le collier au porteur. L'homme est rappelé. Il reçoit l'écrin. Il part.

Le cardinal, convaincu que le collier est remis à la Reine, donne ce jour même la première preuve de l'acquisition faite par la Reine par cette lettre : « M. Bœhmer, S. M. la Reine m'a fait connaître que ses intentions étaient que les intérêts de ce qui sera dû après le premier payement, fin août, courent et vous soyent payés successivement avec les capitaux jusqu'à parfait acquittement. » Ainsi le cardinal, enfoncé dans la confiance, n'a pas un doute. Le lendemain il charge son heiduque Schreiber de voir s'il n'y aurait rien de nouveau dans la parure de la Reine au dîner de Sa

Majesté. Le 3 février, rencontrant à Versailles le sieur et la dame Bassenge, il leur reproche de n'avoir point fait encore leurs très-humbles remercîments à la Reine de ce qu'elle a bien voulu acheter leur collier. Il les pousse à la voir, à en chercher l'occasion, à la provoquer. Toutefois le cardinal s'étonnait de ne pas voir la Reine porter le collier, et il partait pour Saverne, ne soupçonnant rien encore, mais déjà moins hardi dans ses rêves, presque déçu. Madame de la Motte venait le retrouver à Saverne, et relevait sa confiance en lui promettant une audience de la Reine à son retour. Le cardinal revenu de Saverne, l'audience tardant, la Reine continuant à ne pas porter le collier, le cardinal s'inquiétait. Il pressait madame de la Motte. La Reine trouvait le prix excessif, répondait madame de la Motte, voulant gagner du temps ; la Reine demandait, ou l'estimation, ou la diminution de 200,000 livres. Jusque-là, ajoutait madame de la Motte, la Reine ne portera pas le collier. Les joailliers se soumettaient à la réduction, et madame de la Motte faisait voir au cardinal une nouvelle lettre de la Reine, dans laquelle la Reine disait qu'elle gardait le collier, et qu'elle ferait payer 700,000 livres au lieu de 400,000 à l'époque de la première échéance, fixée au 31 juillet (1).

C'est alors que le cardinal, les joailliers ayant négligé de se présenter devant la Reine pour la remercier, exigeait d'eux qu'ils lui écrivissent leurs remer-

(1) Mémoire pour Louis-René-Édouard de Rohan contre M. le procureur général, en présence de la dame de la Motte, du sieur Villette, de la demoiselle d'Oliva et du sieur comte de Cagliostro, coaccusés.

ciments. Malheureusement cette lettre de Bœhmer, reçue par la Reine, lue par elle, tout haut, devant ses femmes présentes ; cette lettre, qui eût pu être une révélation, était considérée par la Reine comme un nouvel acte de folie de ce marchand qui l'avait menacée de se jeter à l'eau. La Reine, n'y comprenant rien et n'y voyant « qu'une énigme du *Mercure,* » la jetait au feu (1). Et qui pourrait essayer de nier l'ignorance de la Reine ? Ne faudrait-il pas nier cette note écrite au moment où la fraude va être découverte, et trouvée dans le peu de papiers du cardinal échappés au feu allumé par l'abbé Georgel ? « Envoyé chercher une seconde fois B. (Bœhmer). La tête lui tourne depuis que A. (la Reine) a dit : *Que veulent dire ces gens-là ? Je crois qu'ils perdent la tête* (2). »

Ceci se passait le 12 juillet. Quelques jours après, madame de la Motte avertissait le cardinal que les 700,000 livres, payables au 31 juillet, ne seraient pas payées, que la Reine en avait disposé ; mais que les intérêts seraient acquittés. La préoccupation de ce payement qui manque, le souci de faire attendre les joailliers, troublent le cardinal. Il s'alarme. A ce moment, il lui tombe sous les yeux de l'écriture de la Reine. Il soupçonne. Il mande madame de la Motte. Elle arrive, tranquille, et le rassure. Elle n'a pas vu, dit-elle, écrire la Reine ; mais les approbations sont de sa main ; il n'y a pas le moindre doute à avoir.

---

(1) Mémoires de madame Campan, vol. II.
(2) Sommaire pour la comtesse de Valois la Motte, accusée, contre M. le procureur général, accusateur, en présence de M. le cardinal et autres coaccusés.

Elle jure que les ordres qu'elle a transmis au cardinal lui viennent de la Reine. D'ailleurs, pour lui ôter toute inquiétude, elle va lui apporter 30,000 livres de la part de la Reine pour les intérêts. Et ces 30,000 livres, madame de la Motte les apporte au cardinal. Le cardinal ignore que madame de la Motte les a empruntés sur des bijoux mis en gage chez son notaire, et tous ses soupçons tombent devant une pareille somme apportée par une femme qu'il nourrit de ses charités.

Le 3 août, Bœhmer voyait madame Campan à sa maison de campagne, et tout se découvrait. Madame de la Motte faisait appeler le cardinal, dont l'aveuglement continuait sans que cette phrase de Bassange, du 4 août, l'eût éclairé : « Votre intermédiaire ne nous trompe-t-il pas tous les deux ? » Madame de la Motte se plaignait au cardinal d'inimitiés redoutables conjurées contre elle, lui demandait un asile, le compromettait par cette hospitalité, puis le quittait le 5, et se retirait à Bar-sur-Aube. Elle espérait que l'affaire se dénouerait sans éclat; elle comptait que le cardinal avait trop à risquer pour appeler, sur son imprudence et sa témérité, le bruit, la lumière, la justice. Compromis avec elle, le cardinal payerait et se tairait, pensait madame de la Motte (1).

Toute cette affaire n'était donc qu'une escroquerie. Encore l'idée n'en était-elle pas bien neuve. Le scandale n'était pas oublié d'une madame de Villers qui, au commencement du règne de Louis XVI, avait es-

---

(1) Lettre d'un garde du Roi pour servir de suite aux Mémoires sur Cagliostro. *Londres*, 1786.

croqué 200,000 livres au fermier général Béranger, s'autorisant près de lui d'une fausse lettre de la Reine qui lui demandait cette somme par son entremise. A l'appui de sa bonne foi de dupe, le cardinal de Rohan apportait la subite fortune et le soudain étalage de madame de la Motte, ce mobilier énorme dont Chevalier avait fourni les bronzes, Sikes les cristaux, Adam les marbres; tout ce train, monté d'un coup de baguette, chevaux, équipage, livrée; tant de dépenses, l'achat d'une maison, d'une argenterie magnifique, d'un écrin de 100,000 livres, tant d'argent jeté de tous les côtés aux caprices les plus ruineux, par exemple à un oiseau automate de 1,500 livres! La défense du cardinal rapprochait de ces dépenses les ventes successives de diamants faites par la femme la Motte, à partir du 1er février, pour 27,000 livres, 16,000 livres, 36,000 livres, etc.; les ventes de montures de bijoux pour 40 ou 50,000 livres; les ventes opérées en Angleterre par le mari de madame de la Motte de diamants semblables à ceux du collier, d'après le dessin envoyé de France, pour 400,000 livres en argent, ou échangés contre d'autres bijoux, tels qu'un médaillon de diamants de 230 louis, des perles à broder pour 1890 louis, etc.; tous échanges ou ventes certifiés par les tabellions royaux de Londres. L'éclat de cette fortune et de ces dépenses, ajoutait la défense, avait été soigneusement dérobé au cardinal par madame de la Motte. Elle le recevait dans un grenier lorsqu'il venait chez elle; et le 5 août, lorsqu'elle le quittait pour aller habiter la maison qu'elle avait achetée à Bar-sur-Aube, elle lui disait se retirer chez une de ses parentes (1).

Madame de la Motte niait tout. Elle niait ses rapports avec les joailliers, ce bruit de faveur auprès de la Reine répandu par elle, le récit fait par le cardinal de la remise du collier. Ne voyant son salut que dans la perte du cardinal, elle imaginait cette fable d'une influence magnétique de Cagliostro sur le cardinal. C'était à Cagliostro, suivant elle, que le cardinal avait remis le collier. C'était Cagliostro qui avait fait prendre au cardinal le comte et la comtesse de la Motte pour agents en France et en Angleterre du dépècement et du changement de nature du collier. Les deux grands faits à sa charge, la fausse signature de la Reine sur le marché, et la comédie de l'apparition de la Reine au cardinal dans le parc de Versailles, madame de la Motte les repoussait d'un ton léger. Suivant elle, « le cardinal ayant toujours gardé le plus grand secret sur cette négociation qu'il a conduite lui-même, elle ne connaît la négociation que comme le public, par les lettres patentes du mois de septembre dernier, et le réquisitoire en forme de plaintes du procureur général. » Quant à la scène du parc de Versailles, elle s'écrie ironiquement dans son Mémoire : « C'est le baron de Planta qui apparemment aura fait voir à M. de Rohan, ou lui aura fait croire qu'il voyait on ne sait quel fantôme à travers

(1) Mémoire pour Louis-René-Édouard de Rohan contre M. le procureur général. — Réflexions rapides pour M. le cardinal de Rohan sur le Sommaire de la dame de la Motte.

l'une de ces bouteilles d'eau limpide avec laquelle Cagliostro a fait voir notre auguste Reine à la jeune demoiselle de la Tour; » et raillant agréablement le cardinal : « Dans ce rêve extravagant, M. de Rohan a-t-il donc reconnu le port majestueux, ces attitudes de tête qui n'appartiennent qu'à une Reine, fille et sœur d'empereur (1) ? »

Une déposition inattendue venait faire justice du persiflage de madame de la Motte. Un religieux minime déclarait avoir désiré prêcher à la cour, pour obtenir le titre de prédicateur du Roi. Refusé pour un de ses sermons soumis au grand aumônier de France, il avait été engagé à se présenter chez madame de la Motte, qui, lui dit-on, gouvernait le cardinal et lui obtiendrait cette faveur. Il avait suivi le conseil, réussi auprès de madame de la Motte, prêché devant le Roi. De là une grande reconnaissance du religieux, qui devenait l'ami de madame de la Motte et son commensal habituel. Un jour qu'il y dînait, il avait été frappé de la beauté d'une jeune personne et de sa ressemblance avec la Reine. Il se rappelait l'avoir vue reparaître le soir, après une seconde toilette, avec la coiffure habituelle de la Reine (2). Sur cette déposition, sur les recherches de la police, la demoiselle d'Oliva était arrêtée, le 17 octobre, à Bruxelles, et amenée à la Bastille. Interrogée, elle confirmait la déposition du père Loth. Un homme,

---

(1) Mémoire pour dame Jeanne de Saint-Remy de Valois, épouse du comte de la Motte.

(2) Mémoires secrets et universels sur les malheurs et la mort de la Reine de France, par Lafont d'Aussonne. *Paris*, 1824.

qui l'avait rencontrée au Palais-Royal, lui avait rendu plusieurs visites. Il lui parlait de protections puissantes qu'il voulait lui faire obtenir, puis lui annonçait la visite d'une dame de grande distinction qui s'intéressait à elle. Cette dame était madame de la Motte. Elle se disait à la d'Oliva chargée par la Reine de trouver une personne qui pût faire quelque chose qu'on lui expliquerait lorsqu'il en serait temps, et lui offrait 15,000 livres. La d'Oliva acceptait. C'était dans les premiers jours d'août. Le comte et la comtesse de la Motte emmènent la d'Oliva à Versailles. Ils sortent, puis reviennent, et lui annoncent que la Reine attend avec la plus vive impatience le lendemain pour voir comment la chose se passera. Le lendemain, c'est la comtesse qui s'occupe elle-même de la toilette de la d'Oliva. Elle lui met une robe de linon, une robe à l'enfant ou une *gaule,* appelée plus communément une chemise, et la coiffe en demi-bonnet. Quand elle est habillée, la comtesse lui dit : « Je vous conduirai ce soir dans le parc, et vous remettrez cette lettre à un très-grand seigneur que vous y rencontrerez. » Entre onze heures et minuit, madame de la Motte lui jetait un mantelet blanc sur les épaules, une thérèse sur la tête, et la conduisait au parc. En chemin, elle lui remettait une rose : « Vous remettrez cette rose, avec la lettre, à la personne qui se présentera devant vous, et vous lui direz seulement : Vous savez ce que cela veut dire. » Et madame de la Motte ajoute, pour rassurer la d'Oliva, que tout a lieu avec l'agrément de la Reine : « La Reine sera derrière vous. » Arrivée au parc, madame de la Motte fait placer la d'Oliva dans une charmille, puis va chercher le grand seigneur, qui s'approche en s'inclinant. La d'Oliva dit la phrase, remet la rose... « Vite! vite! venez! » C'est madame de la Motte qui accourt et l'entraîne (1).

Ce démenti, donné à toute la défense de madame de la Motte, n'abattit point son impudence. Mais bientôt un autre démenti confondait ses mensonges. Rétaux de Villette, son confident, son secrétaire, arrêté à Genève, avouait qu'abusé par l'influence de madame de la Motte, par l'espérance d'une fortune auprès du cardinal, il avait écrit, sous la dictée de madame de la Motte, toutes les fausses lettres qui avaient trompé M. de Rohan. Il avouait qu'il avait tracé, sous ses ordres, les mots *approuvé* en marge du traité de vente du collier, tracé au bas la signature *Marie-Antoinette de France* (2)!

Qu'ajouter? La lumière est faite, comme jamais peut-être elle n'a été faite dans une affaire semblable. Les preuves sont des faits. La vérité, la duperie du cardinal, l'escroquerie de madame de la Motte, l'innocence de la Reine, ne sont pas à démontrer : elles éclatent et n'appartiennent plus à la discussion. Où donc l'opinion, qui ne voulait point de la lumière, qui ne voulait point de la vérité, qui ne voulait point de l'in-

---

(1) Mémoire pour la demoiselle le Guay d'Oliva, fille mineure, émancipée d'âge, accusée, contre M. le procureur général, accusateur, en présence de M. le cardinal prince de Rohan, de la dame de la Motte-Valois, du sieur Cagliostro et autres, tous accusés.

(2) Requête pour le sieur Marc-Antoine Rétaux de Villette, ancien gendarme, accusé.

nocence de la Reine, était-elle réduite à se réfugier ?
Où ? Dans les nouveaux mensonges de madame de la
Motte, dans les calomnies de son Sommaire (1). Que
dis-je ? Dans le murmure et le balbutiement de ses réponses, dans les lambeaux de ses interrogatoires infidèlement rapportés ! Il fallait, pour se refuser à l'évidence, abaisser sa foi jusqu'à ces libelles que publiera
la la Motte, l'épaule encore rouge du V de voleuse ; il
fallait croire à l'authenticité de toutes les lettres de la
Reine, y croire contre la déclaration de Rétaux de Villette, y croire contre l'aveu du faussaire ! Il fallait —
car dans ce système la calomnie doit aller jusqu'au
bout de la stupidité, — il fallait supposer que la signature fausse de la Reine, apposée au traité, y avait
été apposée du gré de la Reine pour arracher le collier
à Bœhmer, et demeurer libre de tout engagement. Il
fallait admettre que la scène du parc avait été commandée par la Reine à la d'Oliva, pour se donner le
divertissement de voir jouer à une courtisane le rôle
d'une Reine de France ; il fallait admettre enfin que
les diamants vendus par le comte de la Motte avaient
été vendus par l'ordre de la Reine, pour dénaturer le
collier et en réaliser l'argent en le dissimulant aux
vendeurs !

Aujourd'hui, pour douter et faire douter encore, à
quoi l'historien est-il contraint ? Il lui faut accepter les
affirmations haineuses de l'abbé Georgel, qui ne par-

---

(1) Sommaire pour la comtesse de Valois de la Motte, accusée, contre M. le procureur général, accusateur, en présence de M. le cardinal de Rohan et autres coaccusés.

donne pas à la Reine d'avoir été chassé de l'ambassade de Vienne par le baron de Breteuil. Il lui faut s'appuyer sur ces Mémoires du comte Beugnot, l'ami, la dupe et le confesseur des fables de madame de la Motte; il lui faut enfin, renonçant au contrôle de l'histoire, et, dans le récit de cette imposture, abusé par une imposture, baser son récit et sa conviction sur des Mémoires apocryphes, sur ces *Mémoires de mademoiselle Bertin*, dont les éditeurs eux-mêmes ont reconnu la fausseté et la supercherie (1) !

Le procès est à sa fin. Madame de la Motte, qui a cherché son salut dans la comédie d'une subite folie, le cherche dans les insinuations perfides, puis dans l'audace et l'intimidation de la calomnie. Elle espère se sauver en accusant la Reine, ou, du moins, échapper à l'infamie en se faisant passer près de l'opinion pour la victime d'une intrigue de cour. Derrière elle, la poussant dans cette voie, l'enhardissant à menacer, il y a les Rohans humiliés et qui voudraient au moins compromettre l'honneur de la Reine avec l'honneur du cardinal; il y a madame de Marsan, visitant et travaillant les parlementaires, M. de Vergennes et ses ressentiments mal étouffés, et tout le parti des ennemis de la Reine (2). En face de madame de la Motte il y a le parlement qui ne lui impose pas silence.

Le procureur général donne ses conclusions. Elles

(1) Les Supercheries dévoilées, par J. M. Quérard.
(2) Mémoires de la République des Lettres, vol. XXXII.

portent, contre le cardinal ; « Qu'il sera tenu de déclarer à la chambre, en présence du procureur général, que témérairement il s'est mêlé de la négociation du collier, sous le nom de la Reine ; que plus témérairement il a cru à un rendez-vous nocturne à lui donné par la Reine : qu'il demande pardon au Roi et à la Reine en présence de la justice ;

Tenu de donner, sous un temps déterminé, la démission de sa charge de grand aumônier ;

Tenu de s'abstenir d'approcher, à une certaine distance, des maisons royales et des lieux où serait la cour ;

Tenu de garder prison jusqu'à l'exécution pleine et entière de l'arrêt (1). »

Cette humiliation n'eût été que juste ; elle importait à l'honneur de la Reine comme à la dignité de la couronne de France. Sans doute le cardinal était pur de la fraude, il avait les mains nettes de l'escroquerie ; mais il était coupable d'imprudence et de présomption. Il avait été l'instrument du scandale, le héros du roman de madame de la Motte. Son illusion avait insulté la vertu de la femme de son roi ; il avait porté le soupçon autour du trône ; il avait compromis la royauté.

Mais les influences, les manœuvres, les passions, la voix des Robert Saint-Vincent, des Barillon, des Morangis, des d'Outremont, des Hérault de Sechelles et des Freteau, l'emportaient dans cette cause sur les in-

---

(1) Mémoires de la République des Lettres, vol. XXXII.

térêts de la justice et les droits de la royauté : vingt-six voix contre vingt-trois repoussaient les injonctions du procureur général (1). Le jugement qui condamnait Jeanne de Valois de Saint-Remy de Luz, femme de la Motte, à être battue et fustigée nue de verges, flétrie d'un fer chaud et détenue à perpétuité à la Salpétrière, déchargeait « Louis-René-Édouard de Rohan des plaintes et accusations contre lui intentées à la requête du procureur général, et ordonnait que les Mémoires imprimés pour Jeanne de Saint-Remy de Valois de la Motte seraient et demeureraient supprimés comme contenant des faits faux, injurieux et calomnieux audit cardinal de Rohan (2). »

Regardez pourtant ces juges qui acquittent le cardinal de Rohan, ces juges qui font pleurer la Reine (3) : encore deux ans, et dans cette même assemblée ils s'élèveront contre la royauté de Louis XVI, et brigueront comme un honneur l'exil du duc d'Orléans. Regardez ce peuple des halles, qui applaudit au triomphe du cardinal et à l'humiliation de la Reine (4) : c'est le peuple qui va remplir le Tribunal révolutionnaire, et applaudir au bourreau !

---

(1) Mémoires de la République des Lettres, vol. XXXII.
(2) Arrêt du parlement, la grand'chambre assemblée, du 31 mai 1786.
(3) Mémoires de madame Campan, vol. II.
(4) Mémoires de la République des Lettres, vol. XXXII.

VII

Le portrait de la Reine non exposé au Louvre, de peur des insultes. — Découragement de la Reine. Sa retraite à Trianon. — L'abbé de Vermond, conseiller de la Reine. Plans politiques de l'abbé de Vermond et de son parti. — M. de Loménie de Brienne au ministère. — La Reine dénoncée à l'opinion publique par les parlements. — Retraite de M. de Brienne. — Rentrée aux affaires de M. Necker, soutenu par la Reine. — Ouverture des états généraux.

Deux ans avant la révolution, l'impopularité de M. de Calonne retombant sur la Reine, l'impopularité de la Reine arrivait à un tel point qu'en août 1787, le portrait de la Reine, de la Reine entourée de ses enfants, n'était pas exposé aux premiers jours de l'exposition, de peur des outrages de la populace! Ce portrait, tout plein de tristesse, qui semblait plutôt le deuil de la mère que le triomphe de la maternité, cette grande scène de famille sans jeux, sans joies d'enfants, où Madame, déjà sérieuse, penchée sur la Reine, cherchait à dissiper les ennuis de son front; où le duc de Normandie, assis sur les genoux de sa mère, n'avait pas ce rire d'enfant dont parle Virgile, et qui commence à parler aux mères; ou cet autre fils de la Reine, déjà bien près de la mort, le Dauphin, montrait la barcelonnette vide de sa sœur, Béatrix de France, la seconde fille de Marie-Antoinette, morte à un an ; où la Reine elle-même semblait avoir été peinte dans le moment où la consolation de ceux qui lui restaient n'avait point encore effacé sur son visage le regret de celle que Dieu venait de lui enlever ; ce portrait de madame Lebrun, où tout parlait de la douleur d'une mère, on n'osait quelque temps le risquer au Salon du Louvre (1) !

La Reine renonçait alors à Paris, à ses spectacles, au spectacle des bouffons qu'elle aimait tant. Désolée, découragée, elle renvoyait mademoiselle Bertin (2), elle quittait ses goûts et ses plaisirs; elle se sauvait à Trianon (3) et s'y retirait avec ses larmes. Que ce théâtre de tant de jeux, que le ton même des invitations de la Reine était maintenant changé ! Appelant ceux qui l'aimaient auprès d'elle, la Reine écrivait à Madame Élisabeth : « ..... *Nous pleurerons sur la mort de ma pauvre petite ange..... J'ai besoin de tout votre cœur pour consoler le mien...* (4). »

Tout le courage de Marie-Antoinette, tout son amour de la vie, ce n'est plus que ce bel enfant, son dernier

---

(1) Mémoires de la République des Lettres, vol. XXXVI.
(2) *Id.*, vol. XXXIV. — (3) *Id.*, vol. XXXV.
(4) Lettre autographe de Marie-Antoinette à Madame Élisabeth, communiquée par M. le marquis de Biencourt.

né, le duc de Normandie, pauvre enfant venu au monde sans acclamations, sans vivats, bercé au refrain de la calomnie, et que la Reine aime d'autant mieux. Toute son âme, c'est l'âme de sa fille qu'elle guide à ses vertus, à la bienfaisance, à la charité.

M. de Calonne ne pouvait être gardé plus longtemps. La Reine, qui n'avait fait que l'accepter, ou plutôt le subir ; la Reine, sans confiance dans le ministre, sans autre reconnaissance pour l'homme que celle d'une certaine courtisanerie à laquelle les ministres du Roi ne l'avaient guère habituée ; la Reine était encore entraînée par les dangers de sa situation, par l'incertitude et le peu de suite de la volonté du Roi, par cela enfin qu'elle appelait elle-même la *fatalité de sa destinée* (1), à remplacer M. de Calonne et à faire un nouveau ministre. Mais les exigences du parti Polignac avaient été pour elle un avertissement et une leçon. Dans la bonne foi de son esprit, dans la naïveté et la sincérité de son désir du bonheur de la France, Marie-Antoinette s'abandonna à l'expérience et à la tutelle d'un homme qu'elle voyait sans entourages et sans créatures, lié à sa fortune par un dévouement sans réserves et par le partage des mêmes inimitiés, attaché enfin à une certaine humilité de position qui lui défendait l'abus de l'influence. Quoi de plus excusable que ce choix fait par Marie-Antoi-

(1) Mémoires de madame Campan, vol. I.

nette de l'abbé de Vermond pour conseiller? Il a pris la confiance de l'archiduchesse d'Autriche à l'heure de son enfance ; il s'est avancé et établi dans ses premières impressions ; il a été le confesseur de la pensée et du cœur de la Dauphine, puis de la Reine, le dépositaire des secrets de la mère et de la fille, de Marie-Thérèse et de Marie-Antoinette, le confident et le consolateur de ces larmes et de ces inquiétudes qu'une Reine doit cacher à une cour, taire même à l'amitié. M. de Vermond avait partagé les chagrins de la Reine, les froideurs de Louis XVI, jusqu'au jour où son frère Vermond avait sauvé la mère de Marie-Thérèse Charlotte de France, jusqu'au jour où le Roi, lui parlant pour la première fois, le chargeait de préparer Marie-Antoinette à la mort de Marie-Thérèse (1). D'autres mérites de M. de Vermond étaient, aux yeux de la Reine, les antipathies de Mesdames tantes pour M. de Vermond, et cette façon d'exil infligé au zèle de ses efforts pour la rentrée du duc de Choiseul aux affaires, lors de la naissance de Marie-Thérèse-Charlotte. La jalousie même des favorites, la jalousie de l'amitié si peu exigeante de madame de Lamballe (2), semblaient garantir à la Reine la sincérité de l'amitié de M. de Vermond. Les représentations prophétiques presque adressées par l'abbé de Vermond à la Reine, lors de la faveur de madame de Polignac, assuraient la Reine et de son attachement sans crainte et de sa raison sans faiblesse. La Reine trouvait encore dans la tournure familière de l'esprit

(1) Mémoires de madame Campan, vol. I.
(2) Correspondance secrète, vol. VI.

de M. de Vermond, dans cette brutalité du verbe quasi rustique, qui jugeait et brusquait avec le bon sens les ministères et les systèmes, une grande raison de confiance. Puis M. de Vermond n'était pas un homme de réaction, comme l'ont peint les pamphlets de la Révolution. Il applaudissait alors aux plans de M. Necker; il confessait au fond de lui-même la religion courante des esprits, les théories de réformes; il se tenait entre l'opinion publique et ses ennemis. Par-dessus toutes ces vertus et tous ces avantages de directeur de la conscience politique d'une Reine, l'abbé de Vermond avait, aux yeux de la Reine, une qualité rare, la modestie de l'ambition, et rien ne la rassurait plus que l'engagement pris par lui de ne prétendre à aucun haut poste ecclésiastique. Marie-Antoinette ne savait pas que l'abbé avait l'ambition et l'orgueil de son temps, l'orgueil de ne rien être, et l'ambition de tout faire. Que lui faisait la place et le personnage? Il voulait le rôle et l'influence. Il visait depuis dix-sept ans à la position d'un Dubois sans portefeuille, ce grand ambitieux qui disait de Dubois : « Il eût dû faire des cardinaux, et ne jamais le devenir (1). »

L'abbé de Vermond parvenait à son but : il faisait un ministre de l'archevêque qui l'avait désigné à M. de Choiseul pour l'éducation de la fille de Marie-Thérèse. Mais en faisant entrer M. de Loménie de Brienne au ministère, l'abbé de Vermond n'acquittait pas seulement une dette de reconnaissance, il ne faisait pas

---

(1) Mémoires de madame Campan, vol. I.

seulement une créature de son bienfaiteur : il introduisait au ministère un système politique qui était son plan et le rêve de quelques membres du clergé.

Que voulaient l'abbé de Vermond et ses amis ? Hommes d'Église, ils voulaient le salut du royaume par l'Église. Ils voulaient étendre à l'État ce nouveau genre d'épiscopat qui embrassait le régime économique et politique d'un diocèse ; élever jusqu'aux affaires, jusqu'au gouvernement temporel, ce personnage inconnu jusqu'alors dans la monarchie française : l'*évêque administrateur*. Mais ces hommes d'Église, dans ce siècle où les vertus même d'un Malesherbes étaient hors de l'Église, appartenaient au siècle. Atteints de cet *empirisme civil*, l'épidémie du temps, ils avaient imaginé, pour conduire les idées de leur génération, de s'appuyer sur elles. Leur moyen était une sorte d'apostolat philosophique ; leur objet, la guerre aux erreurs gouvernementales ; leur principe, le bonheur public, qu'ils disaient la véritable, la seule religion d'un État (1). Toutefois cette philosophie, ces principes avaient chez eux le relâchement, les facilités et les accommodements de l'époque et des mœurs qui les entouraient. Croyant au mieux matériel de l'humanité, ils ne s'aveuglaient point sur l'amélioration des hommes qui, selon eux, « ont été, sont et seront toujours des hommes. » Aussi les jugements sévères, les alarmes sur l'abaissement des âmes, sur l'abandon et le décri de la discipline morale de la na-

---

(1) Mémoires de la République des Lettres, vol. XXI.

tion, leur paraissaient une sorte de jansénisme étroit et indigne d'un homme d'État. Ils jugeaient une invention dénuée de fondement la distinction d'époques où les nations florissent par les bonnes mœurs, et d'époques où elles dégénèrent par les vices (1). En un mot, ces singuliers successeurs des Ambroise et des Chrysostome ne répugnaient pas à allier l'illusion à la corruption du dix-huitième siècle, et ils entendaient gouverner avec les idées d'un Turgot et la science des hommes d'un Maurepas.

L'erreur de ce projet impraticable, impraticable surtout à des hommes d'Église, livrait la Reine aux vengeances et aux colères du parti de l'archevêché, aux dénonciations des lettres adressées à M. de Marbeuf : « On dit que le favori, le lecteur, l'instituteur de la Reine, l'abbé de Vermond, vous fait la loi comme aux autres. On dit qu'il dispose des places comme des bénéfices, et est guidé par une puissance invisible (la Reine) cachée derrière le rideau (2). » Puis se trahissait d'abord, apparaissait bientôt la déplorable insuffisance du ministre, qui, dans ses débats avec les parlements, découvrait la Reine, ameutait les passions contre elle et l'abandonnait à l'opinion publique. Les fautes et les dilapidations du passé, l'embarras des finances, les malheurs de la politique, tout alors était attribué à la Reine ; tous l'accusaient du présent, des sévérités nouvelles du Roi, de l'exil des parlements : et il sem-

---

(1) Mémoires historiques et politiques du règne de Louis XVI, par Soulavie. Paris, 1801, vol. VI.
(2) Mémoires de Weber, concernant Marie-Antoinette. Paris, 1822, vol. II.

blait que les parlements portassent la voix de la
France au pied du trône, quand ils osaient dénoncer
la Reine à Louis XVI : « De tels moyens, Sire, ne
sont pas dans votre cœur ; de tels exemples ne sont
pas les principes de Votre Majesté ; ils viennent d'une
autre source.... (1). »

La Reine voyait qu'elle avait été déçue par la
haute opinion du génie de M. de Brienne, dans laquelle
elle avait été entretenue de si longue main ; déçue
par les assurances de M. de Vermond, déçue par les
promesses de son candidat, l'abondance de sa parole,
la présomption de son orgueil. La déclaration du dé-
ficit, l'échec de la cour plénière, l'échec du lit de justice, enfin la déclaration du 8 août 1788, qui convo-
quait les États Généraux pour le 1ᵉʳ mai 1789, apprenaient à la Reine qu'il était aussi dangereux de recevoir
des ministres de la main de l'abbé de Vermond que
de la main des Polignac. Elle faisait elle-même appeler l'archevêque et lui demandait de se retirer, adou-
cissant sa disgrâce par le témoignage et les preuves
de sa reconnaissance (2), voulant payer, sinon les talents du ministre, au moins ses tentatives, ses efforts,
son dévouement. La Reine se soumettait. Elle trompait l'opinion qu'on pouvait avoir de son caractère,
l'attente de résistances et de luttes, possibles encore
à ce moment : elle s'humiliait devant la volonté de la
nation ; et, loin d'entraîner le Roi aux résolutions extrêmes, la Reine, oubliant les écrits par lesquels, de-

---

(1) Mémoires de Weber, concernant Marie-Antoinette. *Paris*, 1822, vol. II.
(2) Mémoires de madame Campan, vol. II.

puis sa sortie du ministère, M. Necker s'était aliéné sa protection et ses sympathies, la Reine se faisait l'intermédiaire du retour de l'ancien ministre. M. Necker était introduit chez la Reine avant d'entrer chez le Roi, et c'était la Reine qui, par ses plaintes sur le mal-entendu entre la France et elle, par les vives expressions de son désir de rentrer dans sa faveur, dans son amour, emportait l'acceptation de M. Necker. L'appui donné par la Reine à M. Necker fut franc, loyal, entier, à ce point qu'il amena un refroidissement entre la Reine et le seul ami resté fidèle à son amitié, le comte d'Artois ; le comte d'Artois, combattant la double représentation du tiers contre la Reine, ralliée à l'opinion publique, à la popularité de M. Necker, à la révolution qui commence (1).

Les états généraux s'ouvraient le 4 mai à Versailles, et les femmes du peuple, voyant passer la Reine, la saluaient de cris si furieux : « Vive le duc d'Orléans ! » qu'il fallait soutenir la Reine prête à s'évanouir (2).

(1) Mémoires de madame Campan, vol. II. — (2) Id., ib.

LIVRE TROISIÈME

1789-1793

I

Situation de la Reine, au commencement de la révolution, vis-à-vis du Roi, de Madame Élisabeth, de Madame, de la comtesse d'Artois, de Mesdames Tantes, de Monsieur, du comte d'Artois. — Les princes du sang : le duc de Penthièvre, le prince de Condé, le duc de Bourbon, le comte de la Marche. — Le duc d'Orléans. — La Reine et les salons : le Temple, le Palais-Royal, etc. — La Reine et l'Europe. — L'Angleterre. — La Prusse. — La Suède. — L'Espagne et Naples. — La Savoie, etc. — L'Autriche.

La révolution commence.

Il convient de montrer d'abord la position de la Reine; de chercher ses appuis, ou du moins ses consolations contre les passions déchaînées d'un peuple; de dire sa situation vis-à-vis de son mari, de sa famille, des salons, des puissances, de Versailles, de Paris, de l'Europe.

Louis XVI aimait la Reine. Il l'aimait d'un amour que les Bourbons n'avaient accordé jusqu'alors qu'à leurs maîtresses; et c'est une remarque fort juste d'un contemporain, qu'en héritant d'un pareil amour,

Marie-Antoinette avait aussi hérité des haines et des ennemis d'une maîtresse de roi (1). La malveillance publique, qui avait si longtemps consolé les reines de France des infidélités de leurs époux, s'était attaquée à l'épouse dont le règne succédait à l'influence des Pompadour et des du Barry. Cependant, si dans ce ménage de deux esprits dissemblables la volonté et le caractère l'avaient emporté, si Louis XVI s'était soumis, s'il recourait aux conseils de la Reine, c'était avec le secret dépit et la défiance préconçue des natures faibles, qui ne veulent que se débarrasser de la responsabilité de l'insuccès. Il abandonnait les idées de la Reine, puis y revenait brusquement et paraissait y retomber. A peine s'était-il confié, qu'il se reprenait encore. C'étaient à tout moment des arrêts, des retours, des inerties qui défaisaient en lui les résolutions de la Reine. Ainsi la faiblesse même de Louis XVI le faisait incapable d'obéir et le dérobait à la soumission, sans que son cœur, aujourd'hui tout entier à la Reine, eût jamais part à son humeur.

Seule, parmi les femmes de sa famille, Madame Élisabeth, libre des inimitiés qui avaient entouré son enfance, échappant à son éducation et suivant sa belle âme, montrait par son amitié, par son dévouement à la femme de son frère, la facile victoire de tant de grâces, quand elles ne rencontraient ni les préventions des intérêts, ni les haines des partis.

Les deux belles-sœurs de la Reine, Madame

---

(1) Mémoires de Rivarol. *Baudouin*, 1824.

femme de Monsieur, et la comtesse d'Artois, jalouses toutes deux de la Reine, envieuses de cette domination enchantée de sa beauté et de son esprit, étaient allées grossir le parti de Mesdames tantes, et lui avaient apporté deux hostilités qui empruntaient leurs nuances et leur gradation à la tournure de leurs caractères et à l'hostilité de leurs maris. La passion de la comtesse d'Artois était un peu retenue par l'attachement du comte d'Artois pour sa belle-sœur. La passion de Madame, au contraire, était excitée et encouragée par les propos et la guerre de méchancetés de Monsieur contre la Reine. Mille chocs journaliers, les moindres incidents, les plus petits prétextes à fâcherie, les affronts imaginaires, un mot de la Reine à Madame sur la conduite équivoque de madame de Balbi et le tort qu'elle avait de l'attacher à sa personne (1), un geste même, un air, rien ne se perdait dans cette mémoire sans pardon où germait la rancune. Les contrariétés de la Reine de ce côté de sa famille allaient, en 1782, jusqu'à prendre sur sa santé. Effrayés de sa mélancolie que rien ne pouvait distraire, de son indifférence sur toutes choses, de cet amaigrissement qui la menaçait d'une maladie de langueur, les amis de la Reine ne cachaient pas leurs espérances que la demande, pour le Dauphin, de l'appartement de Monsieur et de Madame ne forçât le ménage à quitter Versailles et à se retirer au Luxembourg (2).

Mesdames, réduites à leur cour de Bellevue, et y

---

(1) *Correspondance secrète*, par Métra, vol. XII.
(2) Journal manuscrit de Hardy. *Bibliothèque Impériale*, vol. V.

cachant leur défaite, sans influence dans les affaires et ne gouvernant rien, frappées dans le présent et dans l'avenir par l'amour du Roi pour la Reine, ne parvenant à l'oreille du Roi et ne l'occupant qu'un jour de mardi gras où tout le monde dansait (1), Mesdames boudaient et murmuraient. Unies à Madame Louise, la carmélite de Saint-Denis, que sa haine contre l'Autriche emportait jusqu'à troubler un couvent de religieuses autrichiennes (2); à Madame Louise, que Louis XVI avait été obligé de venir réprimander en personne, lui intimant l'ordre de ne plus se mêler des affaires du ministère (3), Mesdames se remuaient et se vengeaient dans l'ombre. Un choix, une idée de la Reine leur étaient-ils rapportés ? elles avaient, pour calomnier les actes ou les vues de la Reine, deux formules invariables, tantôt celle-ci : « Nous serions bien surprises qu'elle pensât comme mon père ou comme mon frère ; » tantôt celle-là : « Nous la surprenons tous les jours avec de nouvelles opinions contraires à la maison de France (4). » Enfin, dans ce néant et ce supplice de leur position, éloignées de la cour, éloignées du Roi et ne pouvant le disputer à la Reine, ne pouvant même pas lutter en face, Mesdames s'abaissaient à appuyer ce Mémoire du commerce de Lyon qui accusait la Reine et son amour des robes blanches de la misère du commerce de la

(1) Journal manuscrit de Hardy. B. I., vol. VI.
2) Id., vol. XV. — (3) Id., vol. V.
(4) Mémoires historiques et politiques du règne de Louis XVI, par Soulavie, vol. I.

France (1). Mesdames étaient réduites à faire le procès à la simplicité de la Reine ; elles oubliaient qu'hier elles n'avaient pas assez de reproches pour le luxe de sa toilette.

Les beaux-frères de la Reine... Il est triste de le dire, c'était parmi les frères du Roi que la Reine avait trouvé le pire de ses ennemis : j'ai nommé Monsieur ; Monsieur, dont toute la conduite privée, dont toute la conduite politique n'avait été jusqu'alors qu'une critique de la vie de la Reine et un persiflage de son rôle. Marie-Antoinette tout entière à sa jeunesse et au plaisir, Monsieur affichait une piété de montre et de spectacle. Versailles en fêtes, il allait au Calvaire. Libre et sans religion d'esprit, facile aux nouveautés, penché de nature vers la popularité et ses flatteries, Monsieur se détourne de son caractère et de ses idées, dès que l'appui donné par Marie-Antoinette au rétablissement des parlements exilés acquiert à la Reine les applaudissements de la nation. Monsieur se jette dans le parti de la résistance à l'opinion, dans le système du droit absolu de la volonté royale. Dès que la Reine touche à la politique, Monsieur ne quitte plus le crayon ni la plume : il ne fait que répandre la caricature et la satire, promener l'insulte et le discrédit de l'ironie sur les amis de la Reine, ses ministres, ses idées, ses illusions (2).

La Reine avait trouvé un ami parmi les hommes de sa famille. Cet ami avait partagé ses jeux, il avait fait cause commune avec ses goûts, il s'était uni à

---

(1) Mémoires histor. et polit. du règne de Louis XVI, par Soulavie, vol. II.
(2) *Id.*, *ib.*

ses désirs, il s'était associé à ses amitiés (1), il avait soutenu ses reconnaissances ; pour lui plaire, il n'avait pas craint d'aller jusqu'à se compromettre, se dévouer presque. Mais cet ami, le malheur des circonstances l'éloignait d'elle. Travaillé par Vaudreuil, cédant aux insinuations des Polignac que les froideurs de la Reine jetaient dans le salon et dans la familiarité d'un frère, aimé tout à coup du Roi, le comte d'Artois embarrassait le ministère Brienne et aidait à sa chute. Puis, le jour où s'ouvrait la révolution, le voilà encore séparé de la Reine, en dissentiment avec ses vœux de conciliation et de satisfaction aux exigences nationales, en lutte sur la grande question de la représentation du tiers, que la Reine juge contre lui en faveur du tiers. Le comte d'Artois est déjà entouré. Il commence à appartenir à ces conseils des Calonne et des Vaudreuil qui feront de lui, sans qu'il en ait la conscience et le remords, un des grands périls de la Reine pendant la révolution.

Les princes du sang gardaient encore contre la Reine le ressentiment du pas qu'avait voulu prendre sur eux son frère, l'archiduc Maximilien. Le beau-père de la princesse de Lamballe, le duc de Penthièvre seul était dévoué à la Reine ; mais, vivant loin de la cour, retiré et enfermé dans ses terres, il ne pouvait servir la Reine que de bien loin. Puis ses vertus mêmes, par leur douceur, par leur bienveillance, par leur sainteté, manquaient, non sans doute de courage, mais d'autorité et de commandement. Pauvre prince ! né pour d'autres

(1) Maximes et Pensées de Louis XVI et d'Antoinette. *Hambourg*, 1802.

temps et qui devait céder à la révolution, avec cette patience affligée et cet abandon de lui-même que nous révèle cette lettre à son curé : « ... Je puis encore moins m'exposer à me compromettre ; perdez s'il vous plaît les idées que vous avez reçues sur l'autorité des possesseurs de la maison que j'ai dans votre paroisse ; *je suis maintenant citoyen, on ne peut rien ajouter...*(1) »

Le prince de Condé, l'ami de Mesdames, qui s'était enfermé avec Mesdames tout le temps de leur petite vérole (2), le confident de Mesdames, leur allié, le prince de Condé ne pouvait pardonner à Marie-Antoinette de n'avoir point voulu recevoir à la cour sa maîtresse, madame de Monaco ; et les familiers de Versailles représentaient ce prince à la Reine comme un personnage tenace, obstiné, ambitieux, ténébreux même, et heureux de faire naître des dangers (3). Le duc de Bourbon, trop pauvre d'esprit et trop paresseux de tête pour faire ses opinions lui-même, pensait comme on hérite : il acceptait les inimitiés de son père, aigries encore en lui par l'intérêt et la sollicitude fraternelle donnés par Marie-Antoinette, lors de son duel, à son adversaire, le comte d'Artois.

Le fils du prince de Conti, le comte de Lamarche, ce prince qui avait compromis d'une façon honteuse son nom et les traditions d'opposition de son père dans le parti Terray et Maupeou, le comte de Lamarche, après

---

(1) Lettre autographe du duc de Penthièvre. Collection d'autographes du feu comte de Panisse.

(2) Correspondance secrète, par Métra, vol. I.

(3) Recueil des pièces justificatives de l'acte énonciatif des crimes de Louis Capet. Troisième recueil.

avoir insulté M. de Choiseul et déserté Versailles, se contentait de faire à la Reine la même cour que son père, l'abordant et la saluant en parisien dans les corridors de l'Opéra (1). Bientôt il lui faisait la même guerre, en se déclarant contre les ministres Calonne et Brienne; et demain, dans le danger de la monarchie, la Reine verra ce valet de l'opinion « demander pardon à tout le monde d'un titre qui le fait mourir de peur (2). »

Le duc d'Orléans... hélas ! que de faiblesse en celui-ci, dont la haine même fut une faiblesse ! Tête et cœur, tout en lui était trop petit pour une telle passion. Mais quel travail de ses conseillers, quel complot des intérêts particuliers s'empressant à forcer sa conscience et sa nature ! Ç'avait été une œuvre souterraine, lente et patiente, qui avait changé en une inimitié ulcérée et saignante, cette intimité du duc de Chartres avec la Reine, assez vive un moment pour avoir été calomniée. Louis XVI n'avait jamais eu ces bonnes dispositions de la Reine ; dès le commencement de son règne, il avait montré son éloignement pour le duc, sa mauvaise humeur contre les amis du duc. Ces sentiments de Louis XVI, qui forçaient Marie-Antoinette à éloigner le prince du sang de sa familiarité, étaient montrés au prince comme l'ouvrage et la joie de la Reine. Dès lors ce fut la Reine qui fut coupable, au dire des amis du prince, de tous ses échecs et de tous ses affronts. C'était la Reine qui encourageait les satires contre le duc à propos du combat d'Oues-

(1) Mémoires d'un voyageur qui se repose, par Dutens. 1806, vol. I.
(2) Chronique scandaleuse, 1789.

sant; la Reine, qui l'empêchait d'obtenir la charge de grand amiral de France; la Reine, qui lui valait cette épigramme, la nomination de colonel général des hussards; la Reine encore qui avait fait manquer le mariage d'un de ses fils avec Madame (1). Puis quand cette rancune, chaque jour excitée, remplit toute l'âme du duc d'Orléans, et parut l'agrandir; les conseillers y jetèrent peu à peu l'avenir, les espérances lointaines, les idées qui sont des tentations, les rêves qui épouvantent d'abord et qui finissent par bercer, les ambitions monstrueuses qui finissent par sourire... A la seconde grossesse de la Reine, le duc d'Orléans jurait, et avec quels outrages à la Reine! que jamais le Dauphin ne serait son roi (2). La Reine, blessée de ses insolences, se vengeait de lui avec le ridicule; et elle faisait dire par le Roi, au prince qui descendait à être l'entrepreneur de son Palais-Royal : « Comme vous allez avoir des boutiques, on ne pourra guère espérer de vous voir que les dimanches (3) ! » Les Biron, les Liancourt, les Sillery, les Laclos recevaient et échauffaient le prince, tout furieux et tout honteux encore des rires de Versailles; ils lui parlaient d'audace, de vengeance, d'exil de la *grande dame* en Allemagne (4). Et le 4 mai 1789, abusant de l'homme, ils essayaient déjà la couronne au prince.

(1) Mémoires de Weber, vol. I. — Madame Campan, vol. I. — Correspondance entre le comte de Mirabeau et le comte de la Marck. Introduction.
(2) Mémoires historiques, par Soulavie, vol. VI.
(3) Correspondance secrète, par Métra, vol XIV.
(4) Maximes et Pensées de Louis XVI, 1802. — Correspondance de Louis-Philippe d'Orléans, publiée par L. C. R. 1800.

Par le Temple, salon du prince de Conti, par le Palais-Royal, salon du duc d'Orléans, par ces deux salons du monde intelligent, la Reine trouvait, au plus haut de la meilleure société de Paris, deux centres ennemis, dont l'un devait jusqu'à sa mort rallier les calomnies et les conjurations contre elle. Au-dessous du Palais-Royal, au-dessous du Temple, parmi tous les salons ouverts à la révolution, depuis le salon de madame Necker, qui avait recueilli les philosophes de madame Geoffrin, jusqu'au salon de madame la duchesse d'Anville qui accueillait Barnave (1), il en était beaucoup de plus hostiles encore à la personne de la Reine qu'aux idées de la contre-révolution : c'étaient les salons des femmes de la cour qui avaient eu à souffrir, pour elles ou leurs amis, de la faveur de madame de Polignac, et aux dépens desquelles la Reine avait bâti cette grande fortune, sans se soucier de leur amoindrissement. Et que de cercles de conversation autour de la Reine, dans sa maison même, où la conversation était une malice et une vengeance ! Combien de femmes ne commandaient pas mieux à leurs ressentiments que la femme du premier écuyer de la Reine, dont la survivance, espérée par son cousin le vicomte de Noailles, avait été donnée à M. de Polignac! Combien de maîtresses de maison, comme madame de Tessé, laissaient faire à leurs amis et menaient elles-mêmes, avec les grâces méchantes de leur sourire et la philanthropie sentimentale de leur temps,

---

(1) Correspondance entre le comte de Mirabeau et le comte de la Marck Introduction.

la guerre de la déclamation, de la causerie, et de l'esprit français contre la Reine de France (1) !

Le malheur voulait qu'à l'animosité des courtisans lésés et jaloux il se joignît l'ingratitude et la trahison des courtisans favorisés et comblés, des familiers, des amis. Ce n'était point assez, contre la Reine, de l'hostilité de toutes les grandes familles, les Montmorency, les Clermont-Tonnerre, les la Rochefoucauld, les Crillon, les Noailles ; ses protégés eux-mêmes, ses commensaux, ses hôtes de Trianon lui faisaient défaut et manquaient à ses périls. Le grand exemple de la princesse de Tarento n'était guère imité. La duchesse de Fitz-James partait pour l'Italie (2). Le prince d'Hénin, que les grâces de Marie-Antoinette avaient trouvé si bas, faisait le sourd au silence de mépris qui l'accueillait au château (3). La comtesse de Coigny, dont le nom seul rappelle une telle dette de reconnaissance, méritera, au retour de Varennes, que la presse royaliste l'accuse d'avoir encouragé l'insulte sur la place Louis XV (4). Il était des ducs comme le duc d'Ayen. Un prince qu'une lettre de Louis XVI accuse de surveiller son Roi, le prince de Poix, aux journées d'octobre, la Reine en danger, passait sur son uniforme une redingote qui le dérobait également, dit Rivarol, à la honte et à la gloire.

Que si maintenant l'historien embrasse d'un coup

---

(1) Mémoires du comte Alex. de Tilly. 1828, vol. I.
(2) Chronique scandaleuse, n° 18.
(3) Journal de la cour et de la ville, 5 décembre 1790. — (4) *Id.*, 5 juillet 1791.

d'œil plus large la position de la Reine; si, laissant tout ce qui l'approche, il cherche tout ce qui l'environne; s'il va plus loin que Versailles, que Paris, que la France; s'il interroge l'Europe, il demeurera effrayé des dispositions hostiles des cours, et de la fatalité qui fait, à tous les coins du monde, tant d'ennemis à cette malheureuse princesse. Il verra qu'il est dans les intérêts, et presque dans les nécessités de la politique européenne de refuser à Marie-Antoinette le bénéfice de l'appui moral, de la laisser désarmée et sans secours, de la ruiner par l'action continue et le langage commandé d'un corps diplomatique à peu près unanime; de l'abandonner enfin à la révolution, et de permettre qu'elle meure.

L'Angleterre était au premier rang des puissances ennemies de la Reine. Elle n'avait cessé de l'avilir par ses agents. Elle avait accueilli les calomnies, recueilli les calomniateurs, toléré et encouragé à Londres les libelles et les outrages, payé à Paris les injures et les diffamations. Le cabinet de Saint-James voyait dans Marie-Antoinette une créature de la politique de M. de Choiseul, du ministre qui, le premier, avait inquiété la puissance anglaise en Amérique; il voyait dans la Reine le lien de cette alliance des maisons d'Autriche et de France, qui pouvait arrêter les progrès et les conquêtes de sa politique envahissante. Marie-Antoinette, il est vrai, était loin d'avoir poussé à l'émancipation des colonies américaines. Si elle s'était laissé flatter par la gloire acquise par quelques Français sur les champs de bataille du nouveau monde, elle n'avait point cédé à l'engouement de Diane de Polignac (1). Elle n'avait point cessé de déplorer ce secours donné à une insurrection républicaine, comme si elle eût eu le pressentiment que les vaisseaux de la France rapporteraient d'Amérique quelque chose d'une république, sinon l'idée, au moins le mot. Cette conduite, l'accueil presque exceptionnel fait par la Reine à tous les Anglais présentés, ne faisaient point taire les haines du peuple anglais brûlant de se venger de la France, empêché de disposer contre elle des forces autrichiennes, par ce traité de 1756 dont Marie-Antoinette sur le trône de France était le gage, impatient et contenu dans son île jusqu'à la rupture de ce traité, jusqu'à la déclaration de guerre des Brissotins à l'Autriche, jusqu'à l'arrestation de la Reine (2). La Reine n'ignore point ces haines. Elle a peur de ce peuple, et elle ne peut prononcer le nom du premier ministre de l'Angleterre, le nom de Pitt, « *sans que la petite mort ne lui passe sur le dos,* » ce sont les paroles mêmes de la Reine.

Cette alliance de l'Autriche et de la France était plus redoutée encore par une autre puissance, par la Prusse. Elle était, en effet, un rappel permanent au roi de Prusse de la ligue qui avait menacé d'effacer de la carte de l'Europe la monarchie prussienne. Aussi Marie-Antoinette était-elle entourée des agents secrets de la Prusse, épiant ses démarches, étudiant ses partisans, scrutant ses relations avec la famille

---

(1) Mémoires de madame Campan, vol. I.
(2) Mémoires historiques, par Soulavie, vol. VI.

royale, conspirant en un mot avec les agents de l'Angleterre.

Au nord, la Suède, plus blessée de la froide réception de Gustave III à Versailles que Gustave III lui-même, qui revenait ébloui de la beauté de la Reine de France, presque amoureux; la Suède, ainsi que les petits États de l'Allemagne, attribuait à Marie-Antoinette l'union moins intime de la France, sa protection moins assurée et moins confiante.

Au midi l'Espagne et Naples, indignés des efforts de la reine Caroline pour détacher son mari du pacte de famille, cette conquête de Louis XIV sur l'Autriche; l'Espagne et Naples, jugeant Marie-Antoinette par sa sœur, penchaient à ne voir dans la Reine de France qu'une archiduchesse d'Autriche vendant l'intérêt de ses peuples aux intérêts de sa maison.

Au midi encore, la Savoie regardait Marie-Antoinette, et l'alliance qu'elle représentait, comme la fin des avantages de sa position, comme la ruine de sa vieille politique d'option entre la France et l'Autriche qui s'étaient disputé si longtemps son alliance dans leurs guerres. Les petites républiques de Gênes et de Venise manifestaient, par leurs agents à Paris, leurs antipathies contre cette alliance, contre cette Reine à laquelle ils faisaient porter la responsabilité du partage de la Pologne (1).

Enfin, d'un bout de l'Europe à l'autre, la politique des intérêts, le mot d'ordre des agents diplomatiques

---

(1) Mémoires historiques, par Soulavie, vol. VI.

étaient hostiles à cette Reine, la gardienne et le gage du traité de 1756. Là même où l'Europe finit, les haines continuaient ; et le grand visir, apprenant à Constantinople la proclamation de la république, s'écriera : « C'est bon ! cette république n'épousera pas des archiduchesses (1). »

Cette hostilité universelle contre la princesse autrichienne assurait-elle au moins à Marie-Antoinette l'entier dévouement de sa maison, l'appui sans réserves de l'Autriche ? Non. Les souverains appartiennent à leur patrie avant d'appartenir à leur famille ; et l'empereur Joseph n'avait point trouvé dans sa sœur une alliée assez obéissante, un instrument assez docile des intérêts de son empire, des projets de son règne, des espérances de sa diplomatie, des tentatives de ses armes. Quand il avait voulu s'emparer de la Bavière, et réclamé du roi de France le secours de 24,000 hommes stipulé dans le traité de 1756, ou, à défaut de ce secours, un subside d'argent, quand la guerre de l'Autriche avec la Prusse semblait imminente, la Reine n'avait usé que de ses pleurs pour détourner cette guerre de sa maison. Le Roi écrivait à M. de Vergennes : « ..... J'ai vu la Reine après qu'elle vous a eu vu. Elle m'a paru fort affectée d'un sentiment d'inquiétude bien juste sur la guerre qui pourrait éclater d'un moment à l'autre entre deux rivaux si près l'un de l'autre ; elle m'a parlé aussi de ce que vous n'aviez pas assez fait pour la prévenir :

---

(1) Mémoires historiques, par Soulavie, vol. III.

j'ai tâché de lui prouver que vous aviez fait ce qui était en vous, et que nous étions prêts à faire toutes les démarches amicales que la cour de Vienne pourrait nous suggérer. Mais en même temps je ne lui ai pas laissé ignorer le peu de fondement que je voyais aux acquisitions de la maison d'Autriche, et que nous n'étions nullement obligés à la secourir pour les soutenir, et, de plus, je l'ai bien assurée que le roi de Prusse ne pourrait pas nous détourner de l'alliance, et qu'on pouvait désapprouver la conduite d'un allié sans se brouiller avec lui (1). » Sur cette simple assurance du Roi, appuyée par M. de Maurepas, la Reine renonçait à se mêler de la négociation ; si bien que l'empereur faisait des plaintes de sa sœur au comte de la Marck.

Lorsqu'en 1784, Joseph II avait voulu exiger l'ouverture de l'Escaut, et s'établir à Maëstricht, il s'était encore adressé à la Reine. Et la Reine avait encore refusé d'entrer dans cette affaire. Elle s'était bornée à solliciter auprès du Roi une médiation de la France qui procurât à son frère la sortie la plus honorable de cet imprudent coup de tête (2). Ces refus, dont Marie-Antoinette eut le courage, ces refus auxquels la Reine força son cœur de sœur, ces nobles refus, affirmés par des témoins dont le témoignage est indiscutable, qui les niera aujourd'hui après cette lettre de la Reine à son frère ?

« Vous savez combien le Roi est parfait pour moi,

---

(1) Mémoires historiques et politiques, par Soulavie, vol. IV.
(2) Correspondance entre le comte de Mirabeau et le comte de la Marck. Introduction.

« et il n'agit que d'après son cœur quand il est ques-
« tion de vous ; je ne fais de vœux si ardents pour
« personne que pour vous, mais vous comprendrez
« que je ne sois pas libre aujourd'hui sur les affaires
« qui concernent la France : vraisemblablement je se-
« rais fort mal venue à m'en mêler, surtout sur une
« chose qui n'est pas acceptée au conseil ; on y verrait
« faiblesse ou ambition. Enfin, mon cher frère, *je suis
« maintenant Française avant d'être Autrichienne*... (1) »

Ainsi cette reine, accusée de faire passer à son frère les trésors de la France, accusée d'être à Versailles l'espion et l'agent de l'Autriche, cette reine, que l'épithète d'Autrichienne poursuivra jusque sur la place de la Révolution, devait à sa conduite française de ne trouver que des sympathies froides dans sa maison même, dans cette patrie à laquelle elle devait tant d'ennemis !

(1) Catalogue de lettres autographes du comte Georges Esterhazy, mars 1857.

II

Chagrins maternels de Marie-Antoinette. — Lettre de Marie-Antoinette sur le caractère et l'éducation du Dauphin. — Mort du Dauphin. — Éloignement de la Reine du salon de madame de Polignac. — La comtesse d'Ossun. — Séparation de la Reine et des Polignac, après la prise de la Bastille. — Correspondance de la Reine avec madame de Polignac. — La Révolution et la Reine. — Plan d'assassinat de la Reine. — Le 5 octobre. — Le 6 octobre. — MM. de Miomandre et du Repaire. — La Reine au balcon de Versailles. — Réponses de la Reine au Comité des recherches et au Châtelet.

Les fureurs d'un peuple, les haines de la France, les intérêts de l'Europe conjurés contre Marie-Antoinette, le présent la tourmentant d'alarmes, l'avenir l'inquiétant de menaces et de pressentiments, Marie-Antoinette ne trouvait point même un refuge et une paix dans son cœur. En ces dernières années, elle avait été abandonnée de ces joies sereines de la maternité qui, avec des caresses d'enfant, consolent de tout souci et font envoler tout chagrin. Il y avait un an qu'elle avait perdu sa dernière fille, sa petite

Sophie, et il lui semblait que cette mort était le commencement de ses malheurs. Aujourd'hui, le Dauphin se meurt lentement, à chaque jour, presque à chaque heure, torturant d'inquiétudes et d'espérances, de retours de confiance et de retours d'angoisses ce pauvre cœur de la Reine, poursuivi d'une certitude horrible et qui veut douter encore ! Le douloureux spectacle pour cette mère éprouvée ! Cet enfant tout à l'heure plein de vie, si beau de santé, de vivacité, d'intelligence, pâlissant, maigrissant, perdant sa beauté, disputant sa vie ! Sous le mal et les souffrances, tout s'en va, et ses belles couleurs, et sa joie active. Ses jambes deviennent trop faibles pour porter cette petite taille hier si souple et si droite sous son petit habit de matelot ; il se courbe, il se voûte, et le voilà si défiguré que la Reine, en qui saigne l'orgueil des mères, cache ce pauvre enfant qui se traîne vers la mort et dont on rit (1).

Puis ces pauvres petits êtres, que la mort disgracie avant de les prendre, ont des impatiences, des caprices, des éloignements que la maladie fait en eux, et qui déchirent les cœurs qui les entourent. Cette dernière douleur ne manqua pas aux douleurs de Marie-Antoinette. Il lui fallait vaincre les rébellions de l'enfant, gronder ses colères, user de l'autorité d'une mère, et remplir trop souvent ces devoirs sévères de l'éducation d'un Roi, dans l'accomplissement desquels cette lettre confidentielle nous la montre :

(1) Mémoires de madame Campan, vol. II.

« Ce 31 août.

« Il m'a été impossible, mon cher cœur, de revenire
« de Trianon, j'ai beaucoup trop souffert de ma
« jambe. Ce qui vient d'arriver à Monsieur le Dau-
« phin ne m'étonne point. Le mot pardon l'irritoit dès
« sa plus tendre enfance, et il faut s'y prendre avec
« de grandes précautions dans ses colères. J'approuve
« entièrement ce que vous avez fait, mais qu'on me
« l'ameine et je lui ferai sentire combien toutes ces
« révoltes m'afflige. Mon cher cœur, notre tendresse
« doit estre sévère pour cet enfant ; il ne faut pas ou-
« blier que ce n'est pas pour nous que nous devons
« l'élever, mais pour le pays. Les premières impres-
« sions sont si fortes dans l'enfance que, en vérité, je
« suis effrayée quand je pense que nous élevons un
« roi. Adieu, mon cher cœur, vous sçavez si je vous
« aime.

« Marie-Antoinette (1). »

La Reine perdait ce malheureux enfant le 4 juin 1789.

C'était encore aux Polignac que la Reine devait ce peu de tendresse, cette froideur des derniers baisers

(1) Lettre autographe signée, communiquée par M. le marquis de Flers. — Nous avons cru devoir respecter l'orthographe des lettres de la Reine. Il n'est pas besoin de rappeler ici que l'orthographe n'entrait point dans l'éducation du dix-huitième siècle. Voir tous les autographes du temps, et consulter Dutens (*Mémoires d'un voyageur qui se repose*) sur l'orthographe des lettres de Voltaire.

de son enfant mourant. Le petit malade, obéissant aux haines du duc d'Harcourt, son gouverneur, avait pris en aversion madame de Polignac jusqu'à détester les odeurs qu'elle portait (1). Il y avait comme une fatalité dans cette liaison de la Reine avec les Polignac. Et que de mal déjà lui avait fait sa favorite!

Ce salon de madame de Polignac, où la Reine avait tenu sa cour de femme, avait réuni, de moins en moins, avec les années, la société qu'il eût convenu à la Reine d'y rencontrer. La négligence, les oublis de madame de Polignac sur ce point étaient allés si loin que, quatre ans avant la révolution, en 1785, la Reine, avant d'aller chez madame de Polignac, envoyait toujours un de ses valets de chambre s'informer des noms des personnes présentes; et il n'était pas rare que la Reine s'abstînt d'après la réponse. La Reine s'étant hasardée une fois à parler à madame de Polignac du peu de plaisir qu'elle avait à trouver chez elle certaines figures, madame de Polignac, sortant de sa douceur, osait répondre à la Reine : « Je pense que parce que Votre Majesté veut bien venir dans mon salon, ce n'est pas une raison pour qu'elle prétende en exclure mes amis. » — *Je n'en veux pas pour cela à madame de Polignac,* disait plus tard la Reine en rapportant cette réponse, *dans le fond elle est bonne et elle m'aime; mais ses alentours l'ont subjuguée* (2).

C'est alors que la Reine avait pris peu à peu ses

(1) Mémoires de madame Campan, vol. II.
(2) Correspondance entre le comte de Mirabeau et le comte de la Mark. 1851 Introduction.

habitudes dans le salon de la comtesse d'Ossun, sa dame d'atours, sœur du duc de Grammont, nièce du duc de Choiseul. Madame d'Ossun n'avait rien de brillant dans l'esprit ni dans les manières, mais elle était une personne parfaitement vertueuse et parfaitement douce, sans intrigues, sans exigences, ne demandant rien ni pour elle ni pour les siens, occupée seulement de plaire à la Reine, empressée bientôt à se dévouer pour elle, et dénoncée aux vengeances de la révolution par l'*Orateur du peuple*. La Reine venait donc et amenait ce qui lui restait d'amis dans l'appartement de madame d'Ossun, très-rapproché du sien. Elle s'y trouvait libre, à l'aise, sans crainte de conseil et de domination; et, reprenant, avec sa liberté, sa gaieté et sa jeunesse, elle arrangeait chez madame d'Ossun de petits concerts, où elle faisait sa partie et où elle retrouvait un plaisir qu'elle ne connaissait plus.

La Reine, en s'éloignant du salon de madame de Polignac, n'avait pas gardé rancune à madame de Polignac; elle l'aimait encore et restait fidèle à son amitié. Mais la société de madame de Polignac, toute liée de parenté qu'elle était avec madame d'Ossun, ne pouvait voir sans dépit cette faveur nouvelle de la dame d'atours de la Reine. Les mots, les couplets, la satire se glissèrent et s'enhardirent dans le salon de l'ancienne favorite de la Reine, et l'ingratitude, à la fin, y faisait asseoir la médisance (1).

(1) Correspondance entre le comte de Mirabeau et le comte de la Marck. Introduction.

La Bastille prise, la révolution victorieuse, les cris de mort s'élevant de toutes parts contre les Polignac, le danger de celle qui avait été son amie, ôtaient à la Reine le ressentiment, le souvenir même de tous ses griefs. Elle faisait appeler M. et madame de Polignac, le 16 juillet, à huit heures du soir, et leur demandait de partir dans la nuit même. A ce mot, la fierté des Polignac se réveille avec leur reconnaissance. Partir, laisser leur bienfaitrice, quand les jours de malheur sont venus; fuir quand le péril commence, n'est-ce pas déserter? La femme et le mari refusent de céder au vœu de la Reine. Marie-Antoinette alors les prie, les supplie, les conjure, mêlant les larmes aux prières; au nom de son intérêt même, elle leur ordonne de partir : *Venez, Monsieur,* — dit-elle au Roi qui entre, — *venez m'aider à persuader à ces honnêtes gens, à ces fidèles sujets, qu'ils doivent nous quitter.* Et, aidée du Roi, elle obtient enfin que son amie l'abandonne.

En ces derniers embrassements, l'amitié de la Reine se retrouvait tout entière et revenait à ses anciennes tendresses. A minuit, au moment où elle allait quitter le château, madame de Polignac recevait ce mot de la Reine : *Adieu, la plus tendre des amies! Que ce mot est affreux! mais il est nécessaire. Adieu! je n'ai que la force de vous embrasser* (1). Et madame de Polignac partait, emportant pour M. Necker la lettre qui le rappelait au ministère, la lettre où Louis XVI lui demandait de revenir prendre sa place auprès de lui;

---

(1) Mémoires sur la vie et le caractère de madame la duchesse de Polignac, par la comtesse Diane de Polignac. *Hambourg*, 1796.

« comme la plus grande preuve d'attachement qu'il pouvait lui donner (1). »

Toute la pensée de la Reine appartient aux fugitifs, à leur voyage, à leur fuite, à leur salut :

« Un petit mot seulement, mon cher cœur ; je ne
« peu résister au plesir de vous embrasser encore. Je
« vous ai écrit, il y a trois jours, par M. de M...,..,
« qui me fait voir toutte vos lettres et avec qui je ne
« cesse de parler de vous. Si vous saviez avec quelle
« anxiété nous vous avons suivie et quel joie nous
« avons eprouvé en vous sachant en sureté ; cette fois
« je ne vous ai donc pas porté malheur. On est tran-
« quille depuis que je vous ai écrit, mais en vérité
« tout est bien sinistre. Je me console en embrassant
« mes enfants, en pensant à vous, mon cher cœur (2). »

La Reine court au-devant des nouvelles de son amie, que lui apporte le baron de Staël ; elle ne se lasse point de lui écrire, et, lui écrivant, elle croit lui parler encore.

« Ce 29 juillet 1789.

« Je ne peu laisser passer, mon cher cœur, l'oc-
« casion sure, sure, qui se présente de vous écrire encore
« une fois aujourd'hui. C'est un plaisir si grand pour
« moi que j'ai remercier cent fois mon mari de m'avoir
« envoyé sa lettre. Vous savez si je vous aime et si je
« vous regrette, surtout dans les circonstances pré-
« sentes. Les affaires ne paroissent pas prendre une

---

(1) Iconographie de Delpech.
(2) Lettre autographe communiquée par M. Chambry.

« bonne tournure. Vous avez sçu, sans doute, ce qui
« s'est passé le 14 juillet; le moment a été affreux
« et je ne peu me remettre encore de l'horreur du
« sang répandu. Dieu veuille que le Roi puisse faire
« le bien dont il est uniquement occupé! Le discours
« qu'il a prononcer à l'Assemblée a déjà produit beau-
« coup d'effet. Les honnêtes gens nous soutiennent;
« mais les affaires vont vite et entraînent on ne sait
« où. Vous ne sauriez vous imaginer les intrigues qui
« s'agitent autour de nous, et je fais tous les jours des
« découvertes singulières dans ma propre maison. O
« mon amie! que je suis triste et affligée. M. N(ecker)
« arrive à l'instant; il vous a vue et m'a parlé de vous.
« Son retour a été un vrai triomphe; puisse-t-il nous
« aider à prevenire les scènes sanglantes qui désolent
« ce beau royaume! Adieu, adieu, mon cher cœur,
« je vous embrasse de toute mon ame, vous et les vo-
« tres.

« MARIE-ANTOINETTE (1). »

Le 31 août, la Reine mandait à madame de Polignac :
« Je vois que vous m'aimez toujours. J'en ai grand
« besoin, car je suis bien triste et affligée. Depuis quel-
« ques jours, les affaires paroissent prendre une meil-
« leure tournure; mais on ne peu se fier de rien,
« les méchants ont un si grand intérêt, et tous les
« moyens de retourner et empêcher les choses les
« plus justes; mais le nombre des mauvais esprit est

(1) Lettre autographe signée, communiquée par M. le marquis de Flers.

« diminué, ou au moins tous les bons se réunissent
« enssemble, de toutes les classes et de tous les ordres :
« c'est ce qui peut arriver de plus heureux... Je ne
« vous dis point d'autre nouvelle, parce qu'en vérité
« quant on est au point ou nous en sommes et surtout
« aussi éloigniez l'une de l'autre, le moindre mot peut
« ou trop inquietter ou trop rassurer ; mais comptez,
« toujours que les adversités n'ont pas diminué ma
« force et mon courage..... (1). »

Un autre jour la Reine écrit à son amie : « Ma
« santé se soutient encore, mais mon âme est acca-
« blée de peines, de chagrins et d'inquiétudes ; tous
« les jours j'apprends de nouveaux malheurs ; un des
« plus grands pour moi est d'être séparée de tous
« mes amis ; je ne rencontre plus des cœurs qui m'en-
« tendent. » La Reine mande encore à madame de
Polignac : « Toutes vos lettres a M. de..... me
« font grand plaisir, je vois au moins de votre écri-
« ture ; je lis que vous m'aimez, cela me fait du
« bien... (2). »

C'est en toutes ces lettres de la Reine, qui courent
après les fugitifs, le même langage, la même tendresse.
Il semble que ces amis aient emporté quelque chose de
son cœur, tant le cœur de la Reine vit avec eux ! Rien
de ce qui les touche, nul de ceux qu'ils aiment n'est
oublié par elle, elle prend sa part de tous leurs intérêts,
de tous leurs attachements. Aux témoignages de son
amitié la Reine associe les témoignages de ceux qui

---

(1) Catalogue d'autographes, du 1er
(2) Mémoires sur la vie de la duchesse 1844.
                                    Polignac.

l'entourent. Tantôt elle met à ses lettres le sceau de deux lignes du roi; ou bien elle fait place au bon souvenir de Madame Élisabeth; souvent même elle serre ses lignes pour faire place à l'écriture de ses enfants, comme si la Reine voulait déjà les préparer à l'héritage des amitiés de leur mère ! A la troisième page d'une lettre de la Reine il y a trois lignes d'une écriture d'enfant : « Madame, j'ai été bien fâchée de savoir que vous étiez partie, mais soyez bien sûre que je ne vous oublierai jamais. » Marie-Antoinette a repris la plume des mains de sa fille, et a ajouté au-dessous : « C'est la simple nature qui lui a dictez ces trois lignes ; cette pauvre petite entroit pendant que j'écrivois ; je lui ai proposé d'écrire et je les laisséez toute seule ; aussi ce n'est pas arrangé, c'est son idée, et j'ai mieux aimé vous l'envoyer ainsi. Adieu, mon cher cœur (1). »

Cette correspondance de la Reine avec madame de Polignac, est l'honneur de l'amitié; elle en est le chef-d'œuvre. « Ce n'est pas arrangé, » comme dit la Reine du billet de sa fille : « c'est la simple nature... » Mais quel inimitable épanchement ! que de délicates choses, délicatement dites ! Et que de mots qui ne sont donnés qu'aux femmes, et dont un seul fait lire tout un sentiment ! La plainte aimable, la douce tristesse y semblent le gémissement d'une grande âme, et le malheur en élève l'accent jusqu'à cet héroïsme des larmes :

(1) Catalogue d'autographes, du 1er avril 1844.

« Ce 14 septembre.

« J'ai pleurée d'attendrissement, mon cher cœur,
« en lisant votre lettre. Oh ! ne croyez pas que je vous
« oublie ; votre amitié est écrite dans mon cœur en
« traits ineffaçables, elle est ma consolation avec
« mes enfants que je ne quitte plus. J'ai plus que
« jamais bien besoin de l'appui de ces souvenirs
« et de tout mon courage, mais je me soutien-
« drai pour mon fils, et je pousserai jusqu'au bout
« ma pénible carrière ; c'est dans le malheur surtout
« qu'on sent tout ce qu'on est ; le sang qui coule dans
« mes veines ne peu mentir. Je suis bien occupée de
« vous et des vôtres, ma tendre amie, c'est le moyen
« d'oublier les trahisons dont je suis entourée ; nous
« périrons plutôt par la foiblesse et les fautes de nos
« amis que par les combinaisons des méchants ; nos
« amis ne s'entendent pas entre eux et prêtent le flanc
« aux mauvais esprits, et, d'un autre côté, les chefs
« de la Révolution, quand ils veulent parler d'ordre
« et de modération, ne sont pas écoutés. Plaignez-
« moi, mon cher cœur, et surtout aimez-moi ; vous
« et les vôtres je vous aimerai jusqu'à mon dernier
« soupir. Je vous embrasse de toute mon âme,

« MARIE-ANTOINETTE (1). »

La révolution a compris, dès les premiers jours,

(1) Lettre autographe signée, communiquée par M. le marquis de Biencourt.

qu'il n'est qu'un danger pour elle. Ce danger est la Reine. L'intelligence de la Reine, sa fermeté, sa tête et son cœur, voilà l'ennemi et le péril. Du Roi, la révolution peut tout attendre, et espère tout. Elle a mesuré sa faiblesse ; elle sait jusqu'à quelles concessions, jusqu'à quelles abdications elle peut mener le souverain, sans que le souverain se défende, sans que l'homme se révolte, sans que le père comprenne qu'en désarmant la royauté il livre le trône de son fils. Mais la femme de ce roi, et son maître, la Reine, la Reine avec les frémissements et les impatiences de sa nature, avec le commandement de sa volonté, avec ce don viril, sur lequel l'injustice des partis ne s'aveugle pas : le caractère ; avec cette ardeur d'une mère qui combat pour son enfant ; avec tous ces dons d'initiative, toutes ces vertus apparentes et morales de la royauté qui semblent réfugiées en elle ; la Reine, qui maintenant voit l'avenir et n'a plus d'illusion sur la révolution; la Reine poussée à la lutte et à la défense vaillante des droits du trône par le soin de la gloire du Roi, par l'éloignement et la mise hors la loi de tous ceux qu'elle aime, par ses amitiés comme par ses devoirs, la Reine est redoutable. Et quelles inquiétudes pour la révolution, cette séduction de sa personne, cet accent de la voix, cet air, ce geste qui peuvent en un instant suprême arrêter les destins, entraîner une armée, et faire répéter à des Français devant le trône de Marie-Antoinette le serment des Hongrois devant le trône de Marie-Thérèse ! Demain la révolution n'entendra-t-elle pas, dans la chapelle des Tuileries, après le *Do-*

mine salvum fac Regem, la noblesse de France crier d'une seule voix : *et Reginam* (1) !

Il est besoin de conjurer ce péril et cette séduction. Toute la presse révolutionnaire pousse à la Reine : injures, colères, épigrammes, toutes les méchancetés et toutes les infamies de la parole imprimée la recherchent et la poursuivent. C'est la Reine, la Reine seule, contre laquelle les coups sont dirigés et les populaces ameutées. Dans tout ce papier qui flétrit ou menace la femme du Roi, le Roi, l'*honnête,* le *vertueux,* le *mal conseillé* Louis XVI, est toujours épargné ou absous. Dans l'autre camp, dans la presse royaliste, ce souverain qui s'oublie, Louis XVI est oublié de même ; les journalistes combattent, ils conspirent avec cette épouse et cette mère qui essaye vainement d'arracher le Roi à son sommeil et de lui donner son âme : la Reine est leur drapeau.

Puis d'autres ambitions encore que celles de la contre-révolution, ne s'agitaient-elles point autour de la Reine? Des modérés du tiers n'avaient-ils point poussé la confiance en elle jusqu'à s'aviser de penser à faire interdire le Roi, et à donner à la Reine la régence du royaume avec un parlement composé de deux chambres, à l'imitation du parlement anglais (2)?

Illusions, dévouements, espérances, partis, la Reine

---

(1) Journal de la cour et de la ville, 2 juin 1791.
(2) Histoire de Marie-Antoinette, par Montjoie 1814, vol. 1.

ralliait donc autour d'elle trop de forces et trop de projets pour que la révolution n'en prît pas ombrage, comme du seul grand obstacle de son avenir. Il était urgent que la Reine disparût pour que le chemin fût libre. « La *grande dame* devait s'en aller, si elle ne préférait pis, » tel était le langage des membres de la Constituante dans les salons de Paris (1) ; tel était l'avertissement officieux que lui faisaient donner les constitutionnels par l'entremise de la duchesse de Luynes (2). Mais la Reine ne voulant pas se sauver, la Reine résolue à rester aux côtés du Roi, à y mourir s'il le fallait, la révolution songea à se débarrasser d'elle avec le poignard de l'émeute. Les hommes étaient prêts. Il ne fallait plus qu'un prétexte et un cri qui cachât le mot d'ordre.

Le prétexte fut le repas donné par les gardes du corps au régiment de Flandres dans la salle de spectacle de Versailles, repas où l'orchestre avait joué : *O Richard ! ô mon roi !* et où la Reine avait paru avec le Roi et le Dauphin. Puis, le peuple échauffé de fables et de mensonges, une disette factice, une distribution insuffisante de pain le matin du 5 octobre (3), mettait à la bouche des halles et des faubourgs ce cri : *Du pain !* et les lançait sur la route de Versailles.

Mais pendant que ce peuple s'ébranle avec ce cri, Mirabeau trahit le mot d'ordre de la journée à la

---

(1) Journal de la cour et de la ville, n° du 4 octobre 1790.
(2) Mémoires de madame Campan, vol. II.
(3) Révolutions de Paris, par Prudhomme, n° 13.

tribune de l'Assemblée. Il demande l'inviolabilité du Roi, *du Roi seul* (1)!

Dans l'après-midi du 5 octobre, la Reine se promenait dans ses jardins de Trianon. Elle était assise dans la grotte, seule avec sa tristesse, quand un mot de M. de Saint-Priest la supplie de rentrer à Versailles : Paris marche contre Versailles. La Reine part, et c'est la dernière fois qu'elle s'est promenée à Trianon (2).

Que trouve-t-elle à Versailles? La peur! des gardes sans ordres, des serviteurs effarés, des députés errants, des ministres qui délibèrent, et le Roi qui attend. Elle se tient à la porte du conseil, écoutant, espérant, implorant une mesure, un plan, une volonté, un salut, au moins une belle mort : elle n'entend agiter que des projets de fuite; encore, n'y a-t-il pas assez de résolution dans le Roi pour les suivre jusqu'au bout! Les coups de fusil courent les rues de Versailles, le galop des chevaux des gardes du corps désarçonnés résonne sur la place d'armes ; puis, au bout de l'avenue de Paris, c'est le nuage et le bruit que pousse devant elle la marche d'une multitude : bientôt le premier flot du peuple bat la grille des ministres; puis vient la garde nationale qui traîne la

---

(1) Mémoires de Rivarol. *Paris*, 1824. — Histoire de la Révolution de France pendant les dernières années du règne de Louis XVI, par A. F. Bertrand de Molleville, ministre d'État. An IX, 1ʳᵉ partie, vol. II.

(2) Mémoires de madame Campan, vol. II.

Fayette en triomphe, puis les cris et les piques, et les poissardes vomissant l'outrage contre la Reine, et les coupe-têtes, manches relevées, et ce peuple qui vient demander les « *boyaux de la Reine* (1) ! »

Au château, il n'est qu'anarchie et confusion. Les volontés flottent, les conseils balbutient, les lâchetés ordonnent. Dans le trouble, le vertige, l'épouvante, il n'est qu'un homme : c'est la Reine. Pendant cette nuit qui prépare le lendemain, tandis que, dans l'Assemblée envahie, les halles se répandent en menaces contre la Reine (2) ; tandis que, dans les cabarets, aux portes du château, le meurtre attend, roulé dans son manteau ; la Reine demeure le visage assuré, l'âme sans trouble, la contenance digne, la parole ferme, l'esprit libre et présent. Elle reçoit ceux qui se présentent dans son grand cabinet, parle à chacun, relève les courages, et communique à tous son grand cœur. « *Je sais*, disait la fille de Marie-Thérèse, *qu'on vient de Paris pour demander ma tête ; mais j'ai appris de ma mère à ne pas craindre la mort, et je l'attendrai avec fermeté* (3). »

Il est deux heures du matin. M. de la Fayette a répondu de son armée pour la nuit. Le Roi a renvoyé les gardes du corps à Rambouillet. Il ne reste au château que les gardes de service. La Reine se couche et s'endort. Elle a ordonné à ses deux femmes de se mettre au lit ; mais, sorties de la chambre,

---

(1) Mémoires de Rivarol. — Histoire de Marie-Antoinette, par Montjoie, vol. I.
(2) Histoire de la Révolution de France, par Bertrand de Moleville, vol. I.
(3) Mémoires de Rivarol.

celles-ci appellent leurs femmes de chambre, et les quatre femmes demeurent assises contre la porte de la chambre à coucher de la Reine. Au petit jour, des coups de fusil, des cris d'hommes qu'on égorge montent jusqu'à elles. L'une des dames entre aussitôt chez la Reine pour la faire lever; l'autre court vers le bruit : elle ouvre la porte de l'antichambre, donnant dans la grand' salle des gardes : « *Madame, sauvez la Reine!* » crie, en tournant vers elle son visage ensanglanté, un garde du corps qui barre la porte avec son fusil, et arrête les piques avec son corps. A ce cri, la femme, abandonnant ce héros à son devoir, ferme la porte sur M. Miomandre de Sainte-Marie, pousse le grand verrou, vole à la chambre de la Reine : « Sortez du lit, Madame! ne vous habillez pas : sauvez-vous chez le Roi ! » La Reine saute à bas du lit. Les deux femmes lui passent un jupon sans le nouer. Elles l'entraînent par l'étroit et long balcon qui borde les fenêtres des appartements intérieurs; elles arrivent à la porte du cabinet de toilette de la Reine : cette porte n'est jamais fermée que du côté de la Reine; elle est fermée de l'autre côté! et les cris et le bruit approchent : Miomandre est tombé à côté de son camarade du Repaire, qui est venu partager sa mort... C'est en vain que les femmes de la Reine frappent à la porte et redoublent de coups; pendant cinq minutes rien ne répond. Enfin un domestique d'un valet de chambre du Roi vient ouvrir. La Reine se précipite dans la chambre du Roi : le Roi n'y est pas! Il a couru chez la Reine par les escaliers et les corridors qui sont sous l'OEil-de-bœuf. Mais voilà Madame et le Dauphin qui se jettent dans les bras de leur mère. Le Roi revient ; Madame Élisabeth arrive. Quelles larmes, quelle joie de cette famille qui se retrouve (1) !

Bientôt tout ce qu'il y a de terreur dans le château, tout ce qui reste de fidélité dans Versailles, afflue et se presse dans cette chambre du Roi, entourée de clameurs et de bruits, du cliquetis des armes, de la voix du peuple. Les femmes se lamentent. Les ministres écoutent. Necker, abîmé dans un coin, pleure sa popularité. Les députés de la noblesse demandent les ordres du Roi. Le Roi se tait. La Reine seule console et encourage les hommes qui pâlissent. Sous les fenêtres, les cris augmentent : « A Paris ! à Paris ! » Le Roi se laisse décider par les supplications et les larmes. Il promet au peuple de partir à midi. Mais cela ne suffit pas au triomphe du peuple ; il faut que la Reine aussi paraisse. Des cris l'appellent. La Reine paraît à ce balcon de l'appartement où Louis XIV a rendu le dernier soupir ! Elle paraît, le Dauphin et Madame royale à ses côtés. « Point d'enfants ! » ordonnent vingt mille voix. Marie-Antoinette, par un mouvement de ses bras en arrière, repousse ses enfants, et restée seule, croise ses bras sur sa poitrine, et attend. Le peuple n'a pas voulu de la mère, il a demandé la Reine : la voilà ! « Bravo ! vive la Reine (2) ! » crie d'une seule bouche ce peuple d'assassins, à qui l'air magnifique et la grandeur superbe de ce courage

---

(1) Mémoires de madame Campan, vol. II. — Mémoires de Rivarol.
(2) Mémoires de Rivarol.

d'une femme arrachent l'admiration, et rendent une conscience.

Au lendemain d'octobre, quelle grandeur plus belle encore, quelle magnanimité chrétienne dans ce pardon de la Reine qui ne veut pas se souvenir de ses assassins ! Marie-Antoinette écrivait le soir même à l'empereur son frère : « Mes malheurs vous sont peut-être déjà connus; j'existe, et je ne dois cette faveur qu'à la Providence et à l'audace d'un de mes gardes qui s'est fait hacher pour me sauver. On a armé contre moi le bras du peuple, on a soulevé la multitude contre son Roi, et quel était le prétexte ? Je voudrais vous l'apprendre et n'en ai pas le courage... (1). » Le Comité des recherches venait l'interroger; la Reine répondait : *Jamais je ne serai la délatrice des sujets du Roi.* Le Châtelet lui demandait sa déposition; la Reine déposait : *J'ai tout vu, tout su, tout oublié* (2).

(1) Journal de la cour et de la ville, 11 avril 1790. — (2) *Id.*, 1ᵉʳ mai 1790.

III

La famille royale aux Tuileries. — Les Tuileries. — La Reine et ses enfants. La Reine prenant part aux affaires. — Mirabeau. — Négociations de M. de la Marck auprès de la Reine. — Entrevue de la Reine et de Mirabeau à Saint-Cloud.

Le peuple emmenait la famille royale. Deux têtes de gardes du corps sur des piques précédaient son triomphe. Les chansons, les ordures accompagnaient la voiture qui traînait lentement le *boulanger*, la *boulangère* et le *petit mitron*. Sur le siége même, le comédien Beaulieu insultait de mille pasquinades la famille royale (1). La Reine, les yeux secs, muette, immobile, défiait l'insulte comme elle avait défié la mort. « J'ai faim! » dit le Dauphin qu'elle tenait sur ses genoux; la Reine alors pleura.

Au bout de sept heures, le cortége arrivait enfin à

---

(1) Journal de la cour et de la ville, n° du 10 mai 1790.

l'hôtel de ville ; et comme, en répétant aux Parisiens la phrase de Louis XVI : « C'est toujours avec plaisir et avec confiance que je me vois au milieu des habitants de ma bonne ville de Paris, » Bailly oubliait le mot : confiance, *Répétez avec confiance*, lui disait la Reine avec la présence d'esprit d'un roi (1).

Les Tuileries devaient être la nouvelle résidence de la famille royale. Rien n'était prêt pour des hôtes dans ce palais sans meubles, abandonné depuis trois règnes. Les dames de la Reine passaient la première nuit sur des chaises, Madame et le Dauphin sur des lits de camp. Le lendemain, la Reine s'excusait auprès des visiteurs du dénûment des lieux : *Vous savez que je ne m'attendais pas à venir ici !* disait-elle avec un regard et d'un ton qui ne pouvaient s'oublier (2).

Des meubles arrivaient de Versailles et l'installation se faisait. Le Roi prenait trois pièces au rez-de-chaussée sur le jardin ; la Reine avait ses appartements près des appartements du Roi. En bas était son cabinet de toilette, sa chambre à coucher, le salon de compagnie ; à l'entre-sol, sa bibliothèque garnie de ses livres de Versailles ; au-dessus, l'appartement de Madame, séparé de la chambre à coucher du Roi par la chambre où couchait le Dauphin. Après le salon de compagnie venait le billard, puis des antichambres. La gouvernante des enfants de France, madame de Lamballe, MM. de Chastellux, d'Hervilly, de Roquelaure, habitaient le rez-de-chaussée du pavillon

---

(1) Journal de la cour et de la ville, n° du 8 octobre 1789.
(2) Considérations sur la Révolution française, par madame de Staël.

de Floro; Madame Élisabeth, le premier étage ; mesdames de Mackau, de Grammont, d'Ossun, et d'autres personnes de la maison ou du service, les étages supérieurs. Au premier étage du palais se trouvaient la salle des gardes, le lit de parade, et des appartements ayant la même destination et le même usage que la galerie de Versailles (1).

Aux premiers jours de son séjour aux Tuileries, la Reine se trouva sans force contre la douleur; son énergie pliait sous l'humiliation de la royauté. Le lendemain de son arrivée, à la réception du corps diplomatique, essayant de parler, elle suffoquait de sanglots (2). Les livres, la lecture, ne pouvaient la distraire du souvenir et de l'horreur des journées d'octobre. Pour échapper au temps, pour occuper au moins son activité physique, elle recourait à son aiguille ; elle se jetait à de grands travaux de tapisserie et les avançait avec fureur. Mais elle ne pouvait fuir sa pensée, cette pensée dont ce fragment d'une lettre à la duchesse de Polignac nous confie les angoisses et le découragement :

« ...... Vous parlez de mon courage ; il en faut
« moins pour soutenir les moments affreux où je me
« suis trouvée que pour supporter journellement notre
« position, ses peines a soi, celles de ses amis et celles
« de tous ceux qui nous entourent. C'est un poids
« trop fort a supporter, et si mon cœur ne tenoit par
« des liens aussi forts a mon mari, mes enfans, mes

---

(1) Le château des Tuileries, par P. J. A. R. D. E. *Paris, Lerouge,* 1802, vol. I.
(2) Considérations sur la Révolution française.

« amis, je désirerois succomber; mais vous autres
« me soutenez; je dois encore ce sentiment a votre
« amitié. Mais moi, je vous porte a tous malheur, et
« vos peines sont pour moi et par moi (1). »

Ses amis, son mari, ses enfants surtout la soutenaient et l'aidaient à revenir au courage. Ne paraissant plus en public, retirée aux Tuileries, toute à ses enfants, la Reine ne vivait plus qu'en eux et pour eux. Elle devenait, dans sa retraite, l'institutrice et la gouvernante de sa fille, passant ses matinées à surveiller ses leçons, les appuyant, les expliquant avec ce sens et cette façon des mères qui font l'étude à leur image, douce, familière et caressante. Puis elle donnait ses soins à son fils, trop jeune pour apprendre, mais qu'elle formait déjà à plaire, cherchant à le douer de cette amabilité, de cet accueil qui avaient gagné à sa mère le cœur de la France; développant en lui toutes ces séductions de l'enfance qui enchantent et désarment les passions d'un peuple. C'était la plus grande consolation de ses chagrins que ce joli enfant, auquel il suffisait de rire pour que la révolution lui pardonnât; c'était le meilleur de ses journées que le moment où, accompagnant le Dauphin sur la terrasse au bord de l'eau, dans ce jardin alors appelé jardin du Dauphin, elle s'oubliait à le regarder s'amusant avec sa sœur des canards qui plongeaient dans le bassin ou bien des oiseaux qui volaient en chantant dans la grande vo-

(1) Mémoires sur la vie et le caractère de madame la duchesse de Polignac, par la comtesse Diane de Polignac. *Hambourg*, 1796.

lière (1). Quelle douce émotion, puis quels baisers de la Reine, quand, s'échappant de ses mains, le Dauphin courait à M. Bailly qui entrait chez le Roi : « M. Bailly, lui disait l'enfant, que voulez-vous donc faire à papa et à maman? Tout le monde pleure ici (2)..... » Et plus tard, quel orgueil, quelles joies d'une mère, des scènes pareilles à la scène charmante racontée par Bertrand de Moleville : le Dauphin chantant, folâtrant et jouant dans la chambre de la Reine avec un petit sabre de bois et un petit bouclier, on vient le chercher pour souper; en deux sauts il est à la porte. « Eh bien! mon fils, fait la Reine en le rappelant, vous sortez sans faire un petit salut à M. Bertrand ? — Oh! maman, répond l'enfant avec un sourire et toujours sautant, c'est parce que je sais bien qu'il est de nos amis, M. Bertrand... Bonsoir, M. Bertrand! » Le Dauphin parti : *N'est-ce pas qu'il est bien gentil mon enfant, M. Bertrand ?* disait la Reine au ministre, *il est bien heureux d'être aussi jeune; il ne sent pas ce que nous souffrons, et sa gaieté nous fait du bien...* (3).

Mais quelles terreurs traversaient les joies maternelles de Marie-Antoinette, ses seules joies! Chaque semaine, chaque jour apportait la menace et le détail de nouvelles journées d'octobre. La Reine tremblait sans cesse, non pour elle, mais pour ses enfants. La nuit du 13 avril 1790, la nuit pour laquelle la Fayette a annoncé une attaque du château, le Roi, accouru

---

(1) Le château des Tuileries. 1802.
(2) Journal de la cour et de la ville, 12 février 1791.
(3) Histoire de la Révolution de France, par Bertrand de Moleville. An ix.

chez la Reine au bruit de deux coups de fusil, ne la trouve pas. Il entre chez le Dauphin : la Reine le tenait dans ses bras et pressé contre elle. « Madame, dit le Roi, je vous cherchais et vous m'avez bien inquiété. — *Monsieur, j'étais à mon poste,* » répond la mère en montrant son fils (1).

La Reine ne quittait plus ses enfants. Elle ne sortait des Tuileries que pour des courses de charité dans Paris, emmenant son fils et sa fille au faubourg Saint-Antoine, à la manufacture des glaces (2); les formant à l'exemple de sa bienfaisance, leur apprenant à donner, comme elle, avec de bonnes paroles. Une autre fois, elle les emmenait à la manufacture des Gobelins, dans ce quartier de misère qui entendait dire à la Reine : *Vous avez bien des malheureux, mais les moments où nous les soulageons nous sont bien précieux* (3). Elle menait encore ses enfants aux Enfants trouvés (4), pour leur apprendre qu'il était des malheureux de leur âge. Elle faisait le bien chaque jour, dégageant du mont-de-piété les pauvres garde-robes et les paquets de linge (5), saisissant pour soulager le peuple toute occasion heureuse, comme la première communion de sa fille (6); semant autour d'elle les bonnes œu-

(1) Mémoires de madame Campan, vol. II.
(2) Journal de la cour et de la ville, 28 mars 1790.
(3) Journal de la cour et de la ville, 9 mai 1790.
(4) Journal des Débats et des Décrets, 11 février 1790.
(5) Révolutions de Paris, par Prudhomme, vol. II.
(6) Journal de la cour et de la ville, 9 avril 1790.

vres jusqu'au 9 août, où la Reine de France empruntera un assignat de 200 livres pour faire une aumône.

Mais si la mère avait son poste, la Reine aussi avait ses devoirs. Dernier tourment de cette vie douloureuse! Marie-Antoinette ne peut se donner à ses chagrins et se laisser aller, sans mouvement, au désespoir, à la paresse, au repos des grandes douleurs. La Reine doit à toute heure se posséder, se vaincre et se surmonter. Elle doit, telle est la position que lui fait la faiblesse de Louis XVI, conseiller à tout moment le Roi et le faire à tout moment vouloir. Il faut qu'elle assiste au Conseil dans les délibérations importantes, qu'elle pèse les projets, qu'elle estime les espérances; qu'elle lise les Mémoires des royalistes, qu'elle en saisisse le point de vue et le moyen, qu'elle en expose au Roi les chances et les dangers; qu'elle cherche et qu'elle discute avec M. de Ségur, avec le comte de la Marck, avec M. de Fontanges, le salut du Roi, des siens et du royaume; qu'elle perce et discerne les intérêts, les vanités, les folies; qu'elle combatte les imprudences des uns, les promesses des autres, les ambitions de tous; qu'elle aiguillonne le dévouement et retienne le zèle; qu'elle enchaîne les dispositions républicaines des ministres, qu'elle encourage le grand parti des timides, qu'elle arrête les tentatives des émigrés, qu'elle interroge l'Europe..... Il lui faut enfin décider le Roi à agir, et sinon à agir, au moins à se retirer dans une place forte et à laisser agir.

Le séjour des Tuileries était insupportable l'été. La famille royale obtenait la permission d'aller à Saint-Cloud. Ce voyage fut comme une trêve aux ennuis de la Reine ; et pourtant ce n'était plus l'ancien salon de Saint-Cloud, tout peuplé d'amis : *le triste salon que ce salon du déjeuné, autrefois si gai* (1) ! mais c'était un peu de liberté, de l'air, des jardins sans cris, sans peuple... La Reine reprenait avec plus de courage et d'espérance l'œuvre commencée aux Tuileries. Elle essayait de décider le Roi à partir. Le Roi cédait, promettait ; puis, les malles faites, il se dérobait à sa parole. Et la Reine le voyait avec terreur attendre la république comme il avait attendu octobre, quand le génie de la révolution demandait audience à la Reine.

Un matin, c'était au mois de septembre 1789, Mirabeau venait chez un ami : « Mon ami, lui disait-il, il dépend de vous de me rendre un grand service. Je ne sais où donner de la tête. Je manque du premier écu. Prêtez-moi quelque chose. » Et Mirabeau emportait un rouleau de cinquante louis de chez M. de la Marck (2).

Aussitôt M. de la Marck courait aboucher la conscience de Mirabeau avec la cour. Aux ouvertures que M. de la Marck faisait faire par madame d'Ossun auprès de la Reine ; à ces paroles qu'il lui faisait porter, « qu'il s'était rapproché de Mirabeau pour le pré-

---

(1) Mémoires sur la duchesse de Polignac. *Hambourg*, 1796.
(2) Correspondance entre le comte de Mirabeau et le comte de la Marck, publiée par A. de Bacourt. *Paris*, 1851, vol. I.

parer à être utile au Roi, lorsque les ministres se verraient forcés de se concerter avec lui, » la Reine répondait elle-même à M. de la Marck : « *Nous ne serons jamais assez malheureux, je pense, pour être réduits à la pénible extrémité de recourir à Mirabeau.* »

Mirabeau ne tardait pas à s'impatienter qu'on ne le marchandât pas encore, et il laissait tomber dans l'oreille de M. de la Marck, pour effrayer la cour : « A quoi donc pensent ces gens-là ? Ne voient-ils pas les abîmes qui se creusent sous leurs pas ?... » — « Tout est perdu, disait-il encore à la fin de septembre ; le Roi et la Reine y périront, et vous le verrez, la populace battra leurs cadavres ! oui, oui, on battra leurs cadavres (1) !... » Bientôt il montait à la tribune et là, faisant tonner la menace, il appelait la colère populaire sur la Reine à propos du repas des gardes du corps... Il avait déchaîné les journées d'octobre !

Au mois d'avril 1790, le lendemain du jour où Mirabeau avait eu une entrevue secrète avec le comte de Mercy, chez M. de la Marck, M. de la Marck était mandé chez la Reine. La Reine lui disait que « depuis deux mois elle avait, conjointement avec le Roi, pris la résolution de se rapprocher du comte de Mirabeau ; » et tout aussitôt, avec un accent d'embarras, elle demandait à M. de la Marck s'il croyait que Mirabeau n'avait point eu part aux horreurs des jour-

(1) Correspondance entre le comte de Mirabeau et le comte de la Marck, vol. I.

nées des 5 et 6 octobre. L'ami de Mirabeau se hâtait d'affirmer qu'il avait passé ces deux journées en partie avec lui, et qu'ils dînaient ensemble tête à tête précisément lorsque l'on annonça l'arrivée de la populace de Paris à Versailles. « Vous me faites plaisir, — disait la Reine, que le ton de M. de la Marck rassurait et persuadait un moment ; — j'avais grand besoin d'être détrompée sur ce point. »

Mirabeau envoyait sa première note à la cour, et M. de la Marck venait s'informer auprès de la Reine de l'effet de cette première note. La Reine assurait M. de la Marck de la satisfaction du Roi. Elle lui parlait de l'éloignement du Roi de vouloir recouvrer son autorité dans toute l'étendue qu'elle avait eue autrefois ; elle lui disait combien il croyait peu que cela fût nécessaire et à son bonheur personnel et au bonheur de ses peuples. Puis elle questionnait M. de la Marck sur ce qu'il y aurait de mieux à faire pour que M. de Mirabeau fût content d'elle et du Roi. M. de la Marck venait demander ses conditions à Mirabeau. Ses dettes payées, Mirabeau ne demandait que cent louis par mois pour arrêter la révolution. Le jour où M. de la Marck retournait auprès de la Reine, la Reine lui disait : « En attendant que le Roi vienne, je veux vous dire qu'il est décidé à payer les dettes du comte de Mirabeau. » Peu après, le Roi confirmait cette promesse, promettait en sus 6,000 livres par mois, et donnait à M. de la Marck, devant la Reine, quatre billets de sa main, chacun de 250,000 livres, qui ne devaient être remis à Mirabeau qu'à la fin de la session

« s'il me sert bien, » disait le Roi (1). Ainsi Mirabeau était acheté, et il n'échappait même pas à la honte d'être acheté à forfait.

Pendant toute cette négociation, d'un jour à un autre jour, d'une heure à l'heure suivante, que de variations dans la pensée de la Reine! Le malheur ne l'avait point encore guérie de la mobilité d'esprit. Elle flottait, elle errait de l'espérance à la crainte, de la foi au doute. Elle s'abandonnait aux promesses de Mirabeau, puis elle en repoussait les assurances. M. de la Marck, M. de Mercy venaient de la convaincre; elle s'étonnait de désespérer. Hier, elle se disait qu'un homme si puissant pour le mal serait tout-puissant pour le bien; aujourd'hui elle se demandait si la royauté ne donnait pas un exemple de scandale en descendant à payer un tribun, et elle se prenait à douter que Dieu bénît de tels marchés. Tantôt tout entière au présent, oubliant la révolution comme si la monarchie allait avoir un intendant pour s'occuper de cela, elle retrouvait avec ses amis le passé, son rire, son confiant abandon, sa malice et sa grâce; tantôt l'avenir s'emparait d'elle et agitait ses nuits. Cependant, la négociation terminée, c'était l'espérance qui triomphait en elle : elle espérait un moment follement comme le Roi.

Mirabeau s'était mis à l'œuvre. Mais, pendant que, pour gagner son argent, il envoyait à la cour notes sur notes (2), vains conseils où tout ce qui n'est pas

---

(1) Correspondance entre le comte de Mirabeau, etc., vol. I.
(2) Correspondance entre le comte de Mirabeau, etc., vol. I. — Pièces justificatives des crimes commis par le ci-devant roi. Second recueil, 1er cahier.

menace n'est que ténèbres; pendant qu'il bondissait à la tribune pour sauver son honneur; pendant que, mal à l'aise et grondant dans ce rôle à deux faces, il s'agitait et se précipitait de tous côtés, haletant, furieux et ne suffisant pas à son génie, brûlant ses jours, brûlant ses nuits, parlant, écrivant, dictant, vivant, sans pouvoir rassasier son âme de fatigues ni son corps de débauches, un sentiment confus se faisait jour dans les orages de son cœur. Un désir étrange, irrité chaque jour, le poussait à s'approcher de la Reine. Sa parole changeait tout à coup pour elle; sa plume trouvait en parlant d'elle l'admiration, l'enthousiasme. Mirabeau voulait voir Marie-Antoinette. Et M. de Mercy obtenait de Marie-Antoinette qu'elle vît Mirabeau à Saint-Cloud le 3 juillet 1790 (1).

Quel moment! quelle entrevue! Il est donc devant la Reine, l'homme de la révolution auquel il a fallu acheter le salut de la monarchie, l'homme couvert de crimes et de gloire, l'homme qui a dit dédaigneusement de la femme de son roi : « Eh bien! qu'elle vive! » l'homme d'octobre, cet homme que la Reine appelle « *le monstre!* » A son aspect, la Reine n'a pu retenir un mouvement d'horreur : la voilà balbutiante, et se rappelant à peine la flatterie qu'elle répétait en venant : *Quand on parle à un Mirabeau*..... (2). Lui pourtant, fier de cette terreur, enivré de tant d'honneur que lui faisait le destin, ému, troublé auprès de cette Reine suppliante qui commandait au sang de Marie-

(1) Correspondance entre le comte de Mirabeau, etc.
(2) Mémoires de madame Campan, vol. II.

Thérèse et ne commandait plus à ses larmes, ébloui de son aventure, transporté d'émotions et de pitiés orgueilleuses, croyant un moment donner ce dévouement qu'il avait vendu, il défiait l'histoire et la fatalité, il assurait Marie-Antoinette de la providence de son génie, il jurait que Mirabeau lui apportait l'avenir !

Rêves, chimères, illusions ! Fanfaron, qui, pour avoir mené le torrent où le torrent voulait aller, croyait pouvoir le remonter ! Les événements n'étaient plus aux mains des hommes; et ce misérable enivré, qui promettait un trône au fils de la Reine de France, était déjà promis à la mort.

IV

Varennes. — Le départ. — Le retour. — La surveillance aux Tuileries. — Barnave et la Reine. — La Reine au spectacle. — Tumulte à la Comédie italienne. Insultes de *l'Orateur du peuple*. — La maison civile imposée à la Reine par la nouvelle constitution. Paroles de la Reine. — Illusions de Barnave. — Le parti des assassins de la Reine. — La Reine séparée de madame de Lamballe. — Correspondance de la Reine avec madame de Lamballe.

Au mois de décembre 1790 la famille royale revenait de Saint-Cloud, et la Reine retrouvait à Paris la révolution, aux portes des Tuileries les complots et les menaces, aux portes de sa chambre la trahison et l'espionnage. L'hiver se passait ainsi, et Mirabeau mourait, emportant au tombeau ses promesses et les espérances de la Reine.

Quelques promenades à cheval dans le *triste bois* de Boulogne, où la Reine accompagnait le Roi (1), étaient

(1) Éloge historique de Madame Élisabeth de France, par Ferrand. *Paris*, 1814.

le seul exercice permis au Roi, que le défaut de mouvement finissait par rendre malade. Au commencement d'avril, la Reine obtenait du Roi de repartir pour Saint-Cloud. Le Roi, la Reine et la famille royale montaient en voiture. La garde nationale fermait les grilles en jetant à la Reine les insultes de la rue (1), et les prisonniers d'Octobre étaient ramenés aux Tuileries. Dès lors ce fut l'unique pensée et l'unique effort de la Reine d'emporter la volonté du Roi et de faire sortir la royauté de prison.

Le 20 juin, dans une promenade que la Reine faisait avec sa fille à Tivoli, chez M. Boutin, la Reine, prenant sa fille à part, lui disait « de ne pas s'inquiéter de ce qu'elle verrait, qu'elles ne seraient jamais séparées pour longtemps, qu'elles se retrouveraient bien vite. » Et la Reine embrassait tendrement l'enfant tout émue et qui ne comprenait pas. Le soir, Marie-Thérèse-Charlotte, descendue à l'entresol de l'appartement de sa mère, trouvait son frère qu'on habillait en petite fille, tombant de sommeil et charmant ainsi. Il disait à sa sœur qu'il croyait « qu'ils allaient jouer la comédie parce qu'on les déguisait. » La Reine venait de temps en temps surveiller la toilette du Dauphin. Les enfants prêts, elle les menait par l'appartement du duc de Villequier à la voiture attendant au milieu de la cour, et les y faisait entrer avec madame de Tourzel. Au bout d'une heure, arrivait Madame Élisabeth ; vers les onze heures, le Roi ; enfin la Reine,

(1) Orateur du peuple, vol. V.

qui avait été obligée de se ranger contre la muraille pour laisser passer la voiture de la Fayette et s'était un moment perdue (1).

Ils revenaient de Varennes!.... Marie-Antoinette, en descendant de voiture, trouvait pour l'aider à descendre la main du vicomte de Noailles; d'un regard elle repoussait cette main (2), et, fière encore et le front haut, elle rentrait dans sa prison. Quelques jours après, elle écrivait : « *Je ne puis rien vous dire sur l'état de mon âme. Nous existons, voilà tout!...* (3) »

Alors autour de la Reine commençait l'inquisition qui devait torturer jusqu'au dernier de ses jours. La Reine était mise sous la surveillance de la femme de garderobe qui l'avait trahie. Nulle autre femme ne devait la servir que cette femme, dont M. de Gouvion, aide de camp de M. de la Fayette, avait fait placer le portrait au bas de l'escalier de la Reine. Les plaintes énergiques du Roi auprès de M. de la Fayette purent seules délivrer Marie-Antoinette de la présence et du service de cette malheureuse; mais ce renvoi ne changea rien à la surveillance, qui resta une surveillance de geôliers. Les commandants de bataillon de la garde nationale, placés dans le salon, appelé grand cabinet, qui précédait la chambre à coucher de la Reine, avaient l'ordre d'en tenir toujours la porte ou-

(1) Récit de Madame. — (2) Journal de la cour et de la ville, 29 juin 1791.
(3) Mémoires de madame Campan, vol. II.

verte et de ne point quitter des yeux la famille royale. La nuit même, la Reine au lit, cette porte restait ouverte, et l'officier se plaçait dans un fauteuil, la tête tournée du côté de la Reine, guettant ce lit qui avait servi d'étal, pendant la fuite de Varennes, aux cerises d'une fruitière (1). La Reine n'obtint qu'une grâce : ce fut que la porte intérieure serait fermée quand elle se lèverait et s'habillerait ; et dans cette captivité, déjà si persécutée, les seuls jours de liberté étaient les jours où l'acteur Saint-Prix, tout dévoué à la famille royale, obtenait de monter la garde dans le corridor noir, le corridor de communication de la Reine et du Roi, et permettait l'épanchement à leurs entretiens, la confidence à leurs paroles (2).

De longs jours s'écoulèrent, après ce retour, où l'esprit de la Reine demeura comme anéanti. Son courage était las, sa volonté désespérée. Et que vouloir, qu'imaginer, que tenter encore contre une fatalité si inexorable, devant de tels jeux de la mauvaise fortune ? La Reine repassait tout ce voyage sans pouvoir en attribuer le malheur à des fautes humaines ; elle le revoyait, sans pouvoir en détacher sa pensée ; elle le revivait pour ainsi dire : cette nuit, cette route, ce ressort de la berline cassé à douze lieues de Paris, cette côte que le Roi avait voulu monter à pied, ces retards, cette voix qui passe : *Vous êtes reconnus!* Bientôt Varennes, le tocsin, la générale.... et ce dernier moment d'espérance où, assise sur les ballots de chandelle de l'épicier

---

(1) Révolutions de Paris, par Prudhomme, n° 99.
(2) Mémoires de madame Campan, vol. II.

Sauce, elle avait failli décider la femme de l'épicier à sauver le Roi ; puis ce retour !....

Dans ces souvenirs, dans ces récits de Marie-Antoinette à ses familiers, un homme, un nom revenait souvent qui désarmait sa voix et semblait consoler sa mémoire. Elle se plaisait à parler de ce jeune commissaire de l'Assemblée, Barnave ; à dire le respect de son air, la convenance de ses paroles, la délicatesse de sa pitié, cette noble tenue d'une âme généreuse devant les misères d'une famille royale. Ces soins, cet attendrissement de Barnave, la Reine les opposait au cynisme et à la brutalité de leur autre compagnon de route, de ce Pétion, sur les genoux duquel elle n'avait pu laisser son fils ! Elle excusait ce jeune député du tiers, égaré par l'ambition d'un beau talent ; elle ne se souvenait plus du tribun, qui s'était calomnié lui-même ; elle ne voyait plus que, ce jeune homme, le corps élancé hors de la portière, Madame Élisabeth le retenant par les basques de son habit, ce jeune homme qui sauvait avec l'éloquence de l'indignation un malheureux prêtre qu'on voulait massacrer devant la famille royale ; et elle disait que, si jamais elle redevenait Reine, « le pardon de Barnave était d'avance écrit dans son cœur (1). » Mais quel changement aussi ce seul jour a fait dans Barnave ! Le voilà, le lendemain, qui livre à la Reine sa popularité, qui lui offre sa vie, sans demander de conseil qu'à son cœur ni de salaire qu'à sa conscience !

(1) Mémoires de madame Campan, vol. II.

La Reine acceptait les plans de Barnave. L'affaire du 17 juillet, où la proclamation de la loi martiale au Champ-de-Mars arrêtait la proclamation de la déchéance du Roi, ramenait une fraction du parti constitutionnel aux plans de Barnave, acceptés par la Reine. Cependant la Reine ne pouvait se faire illusion : « *on démolissait la monarchie pierre à pierre.* » A l'acceptation de l'acte constitutionnel, elle avait vu le Roi debout et tête nue en face l'Assemblée assise, et elle revenait silencieuse, accablée du pressentiment d'une déchéance. Deux jours avant cette humiliation et ce présage, le 12 septembre, écoutez Madame Élisabeth plaindre la Reine : « Mon Dieu, que la (Reine) doit être malheureuse! Je n'ose lui parler des chagrins qu'elle éprouve, primo parce que je craindrois de lui faire de la peine, et puis de lui apprendre des choses qu'elle ne sait peut-être pas. Elle est bien heureuse d'avoir autant de religion qu'elle en a; cela la soutient, et vraiment il n'y a que cette ressource. Elle est fort contente de..... (son confesseur), et me mande s'y attacher tous les jours (1). »

Quels jours, quelles nuits, dont une seule a fait les cheveux de la Reine blancs comme les cheveux d'une femme de soixante-dix ans (2)! C'est avec ces cheveux, dernière coquetterie, qu'elle veut se faire peindre pour la princesse de Lamballe, mettant de sa main au bas du portrait : *Ses malheurs l'ont blanchie.* Jeunesse, sourire, les grâces augustes de la douleur ont

---

(1) Éloge de Madame Élisabeth de France, par Ferrand. 1814.
(2) Mémoires de madame Campan, vol. II.

tout voilé : il ne reste plus à la Reine que ses larmes pour être belle. C'est à peine si ceux qui l'ont vue jadis la reconnaissent; et il va arriver cette scène douloureuse où mademoiselle du Buquoy, contemplant les ravages du chagrin sur la figure de la Reine, portera son mouchoir à ses yeux. « *Ne cachez pas vos larmes, mademoiselle,* — lui dira Marie-Antoinette; — *vous êtes bien plus heureuse que moi : les miennes coulent en secret depuis deux ans, et je suis forcée de les dévorer* (1). »

La Reine pensait encore à fuir, mais l'apparence des choses la trompait en s'apaisant; les rigueurs s'adoucissaient autour d'elle; les esprits effrayés semblaient revenir aux lois, au Roi; la Reine restait et reprenait sa vie monotone. Elle allait à la messe à midi, dînait à une heure et demie, se retirait chez elle, et soupait à neuf heures et demie, jouant, après dîner et après souper, de longues parties de billard avec le Roi, pour le forcer à l'activité et à l'exercice ; puis, à onze heures, tout le château se couchait (2).

Des amis conseillaient à la Reine de tâcher de reprendre sa popularité, d'essayer de parler à ce cœur des foules qui échappe aux factions, de se montrer aux théâtres, de faire chanter encore : « Chantons, célébrons notre Reine ! » La Reine paraissait à la Comédie française, à l'Opéra, aux Italiens; elle retrouvait les bravos et les acclamations de ses heureux jours. Mais la guerre civile entrait au théâtre avec la

---

(1) Journal de la cour et de la ville, numéro du 1er août 1791.
(2) Éloge de Madame Élisabeth de France, par Ferrand.

Reine. Les jacobins défendaient à Clairval de chanter encore :

> « Reine infortunée, ah! que ton cœur
> Ne soit p'us navré de douleur !
> Il vous reste encor des amis (1). »

Madame Dugazon, qui s'était inclinée vers la loge de la Reine en chantant : « Ah! comme j'aime ma maîtresse! » était huée; les cris : « Pas de Reine! pas de maîtresse! » couvraient les cris de : Vive la Reine! et, le lendemain, le journal qui, à propos de la fête des soldats de Châteauvieux, imprimera qu'il *faut couler du plomb fondu dans les mamelles de Marie-Antoinette* (2), *l'Orateur du peuple* imprimait : « La Reine aura le fouet dans sa loge au spectacle; la Reine fait la gourgandine...(3)» Ce qui suit ne peut être cité.

La nouvelle Constitution imposée au Roi ne désolait point seulement la Reine, elle la tourmentait encore dans son intérieur et tracassait misérablement ses amitiés et ses habitudes. Cette formation d'une maison constitutionnelle de la Reine, décrétée par la nouvelle Constitution, qu'était-ce, sinon l'intrusion de personnes ennemies dans la vie intime de la Reine? Déjà le général la Fayette, qui voyait le salut de la monarchie dans les petites choses, avait eu une longue conférence avec M. de la Porte, où il avait développé la nécessité pour la Reine de recevoir les fem-

---

(1) Révolutions de Paris, n° 110. — (2) L'Orateur du peuple, n° 43.
(3) L'Orateur du peuple, n° 53.

mes des fonctionnaires publics élus par le peuple (1). Aux premières années de la révolution, n'avait-on point intrigué et travaillé auprès de madame de Lamballe pour qu'elle admît aux thés qu'elle donnait trois fois la semaine, et où la Reine venait, les patrones de la démocratie pure (2)? A cette nouvelle démarche, le Roi, si facile qu'il fût aux concessions, trouvait presque inouï que le nouveau régime de liberté ne permît pas à la Reine de fermer la porte de son salon, presque exorbitant qu'on voulût exiger d'elle qu'elle fît sa société de madame Pétion (3). Le projet seul de cette nouvelle maison, qui eût assis les ennemis de la Reine à son foyer, décidait et excusait l'abandon et la désertion chez les personnes plus attachées à leurs titres qu'à la personne de la Reine. La Constitution de 1791 ne reconnaissant plus les honneurs et les prérogatives attachés aux charges de l'ancienne maison de la Reine, la duchesse de Duras donnait sa démission de dame du palais, ne voulant pas perdre à la cour son droit de tabouret. D'autres l'imitèrent. Le parti constitutionnel, qui conseillait à la Reine de former une maison civile, s'étonnait et s'affligeait de ne lui voir former qu'une maison militaire; il ne voulait pas voir les difficultés de la situation de la Reine.

« *Si cette maison constitutionnelle était formée,* — disait la Reine, — *il ne resterait pas un noble près de nous,*

---

(1) Pièces imprimées d'après le décret de la Convention nationale, tome Ier, troisième recueil.
(2) Journal de la cour et de la ville, 29 décembre 1791.
(3) Histoire de la Révolution de France, par Bertrand de Moleville, vol. VI.

et, quand les choses changeraient, il faudrait congédier les gens que nous aurions admis à leur place... Peut-être, — ajoutait-elle, — peut-être un jour aurais-je sauvé la noblesse, si j'avais eu quelque temps le courage de l'affliger; je ne l'ai point. Quand on obtient de nous une démarche qui la blesse, je suis boudée, personne ne vient à mon jeu, le coucher du Roi est solitaire. On ne veut pas juger les nécessités politiques; on nous punit de nos malheurs (1). »

Qu'une telle position torturait Marie-Antoinette et son cœur! Quel supplice journalier, et auquel elle ne pouvait s'habituer, de céder à la nécessité et de taire ses sympathies! Quelles luttes, quels combats, quels poignants regrets, quelles hontes secrètes, quand elle ne pouvait témoigner toute sa reconnaissance à son sauveur, M. de Miomandre, miraculeusement guéri de ses blessures; quand, le fils de l'infortuné Favras amené à son couvert, elle rentrait en larmes dans ses appartements, et se plaignait amèrement de n'avoir pu faire asseoir à table entre elle et le Roi le fils d'un homme mort pour la royauté (2)!

Barnave était de ceux qui s'étonnaient de ne point voir former à la Reine de maison civile. Il s'étonnait encore et s'inquiétait de n'être écouté qu'à demi par la cour et de la diriger à peine dans le détail de sa conduite. Il ne comprenait point que la métamorphose ne peut se faire en un jour d'une monarchie en un pouvoir exécutif. Quelque renoncement qu'ils ap-

(1) Mémoires de madame Campan, vol. II. — (2) Id., ib.

portassent au sacrifice, quelque bonne foi qu'ils missent à l'exécution d'un pacte qui n'était qu'une trêve pour leurs ennemis, les derniers représentants de la monarchie française ne pouvaient renier la royauté, la religion de ses traditions, de ses espérances, de ses reconnaissances; et c'était demander à Marie-Antoinette une abnégation surhumaine qu'une abdication semblable. Et, d'ailleurs, la cour même docile aux plans de Barnave, que pouvait Barnave pour le salut du Roi? Dans ses notes, où son zèle cherchait les illusions, il parlait de sa force, de son influence personnelle : et la révolution ne l'écoutait plus! Il appuyait sur les ressources et la vigueur de son parti : et son parti n'était plus qu'une société débandée d'honnêtes gens effrayés et d'ambitieux démasqués! Il se vantait à la Reine d'apporter, avec son dévouement, le dévouement de ses amis : et ces amis qu'il groupait autour du Roi et de la Reine pour leur défense, ces ministres qu'il plaçait près de leur trône, appartenaient aux haines des jacobins. Séparant les intérêts du Roi du salut de la Reine, ces ministres servaient dans l'ombre le parti qui voulait à tout prix débarrasser la révolution de Marie-Antoinette.

Ce parti veille depuis quatre ans. Il n'a reculé devant aucun crime, devant aucun remords. Des dénonciations d'empoisonnement, des avis de la police ont forcé la Reine à ne manger que le pain acheté par Thierry de Ville-d'Avray et à garder toujours à sa portée un flacon d'huile d'amandes douces (1). Le coup

---

(1) Mémoires de madame Campan, vol. II.

d'Octobre manqué, une affiche placardée dans Paris au mois d'août 1790 disait « qu'il n'y avait point un crime de lèse-nation, mais un crime de lèse-majesté, à avoir voulu tuer la Reine (1). » Une nouvelle tentative d'assassinat avait lieu dans les jardins de Saint-Cloud ; elle échouait encore. Les assassins découragés se tournaient vers un autre assassinat. Le nom de madame la Motte revenait dans la bouche du peuple ; elle était à Paris, disait-on, logée chez madame de Sillery (2). Puis à ce moment reparaissait en France le libelle infâme de cette femme, que Louis XVI était forcé de racheter et faisait brûler à Sèvres. Bientôt un odieux complot s'ébruitait : la femme la Motte aurait paru à l'Assemblée et protesté de son innocence. Un membre devait prendre la parole, représenter la suppliante comme une victime sacrifiée à la vengeance de la vraie coupable, de la Reine ; et il eût fini en demandant la révision du procès du collier. De cette façon, la Reine, appelée devant les nouveaux tribunaux organisés par la révolution, aurait été jugée ainsi que l'entendait un des ministres du Roi, son garde des sceaux, Duport du Tertre. M. de Montmorin, le seul ministre royaliste laissé à Louis XVI, défendant un jour la Reine dans le Conseil, et se plaignant timidement d'abord à Duport des menaces dirigées contre elle, du plan hautement avoué par tout un parti de l'assassiner, puis s'animant et finissant par demander à son collègue s'il laisserait

---

(1) Journal de la cour et de la ville, n° du 15 août 1790.
(2) Journal de la cour et de la ville, n° du 9 novembre 1790.

consommer un tel forfait, Duport répondait froidement à M. de Montmorin qu'il ne se prêterait pas à un assassinat, mais qu'il n'en serait pas de même s'il s'agissait de faire le procès à la Reine. « Quoi! s'écrie M. de Montmorin, vous, ministre du Roi, vous consentiriez à une pareille infamie? — Mais, dit le garde des sceaux, *s'il n'y a pas d'autre moyen* (1)? »

Il restait à la Reine une amie qui prenait une part de ses périls, de ses épreuves, de ses douleurs. Abandonnée des uns, séparée des autres, privée de tous ses appuis, de madame de Polignac, de l'abbé de Vermond, contraint bientôt à suivre madame de Polignac, la Reine n'avait plus auprès d'elle que madame de Lamballe ; et voici qu'il lui fallait s'en séparer. La loi des circonstances, le besoin de la politique obligeaient la Reine à envoyer en Angleterre cette dernière amie comme la seule personne capable de décider Pitt à prendre d'autres engagements qu'une vaine promesse « de ne pas laisser périr la monarchie française (2). »

Dans sa vie d'affaires, au milieu des notes diplomatiques, des correspondances, des conseils, des mille occupations de sa pensée et de sa main, la Reine trouve des loisirs et des répits pour se rapprocher de madame de Lamballe, pour l'entretenir de sa tendre amitié et lui confier l'état de son âme et la mesure de ses craintes.

(1) Correspondance entre le comte de Mirabeau et le comte de la Marck. Introduction.
(2) Mémoires de madame Campan, vol. II.

« Le Roi vient de m'envoyer cette lettre, mon cher
« cœur, pour que je la continue; sa santé est très-
« bien rétablie, grâce à sa forte constitution. Le calme
« avec lequel il prend les choses a quelque chose de
« providentiel, et la bonne Élisabeth est touchée de
« cela comme d'une inspiration qui vient d'en haut.
« Le dérangement qu'il vient d'éprouver a à peine été
« connu du public. Vous avez su sans doute l'étrange
« avanture qui s'est passée à la comédie le mois der-
« nier, le tapage et les applaudissements à mon ap-
« parution avec mes enfants : on a battu ceux qui
« vouloient faire du train et contrarier l'enthousiasme
« du moment; mais les méchants ont bien vite le
« moyen de prendre leur revanche; on peut voir ce-
« pendant par-là ce que seroit le bon peuple et le
« bon bourgois, s'il étoit laissé à lui-même ; mais
« tout cet enthousiasme n'est qu'une lueur, qu'un cri
« de la conscience que la foiblesse vient bien vite
« étouffer; on auroit pu espérer d'abord que le temps
« rammèneroit les esprits, mais je ne rencontre que
« de bonnes intentions, mais pas un courage pour
« aller plus loin que l'intention et les projets; je ne
« me fais donc aucune illusion, ma chère Lamballe,
« et j'attens tout de Dieu. Croyez à ma tendre amitié,
« et, si vous voulez me donner une preuve de la vô-
« tre, mon cher cœur, soignez vostre santé et ne reve-
« nez pas que vous ne soyez pas bien parfaitement
« rétablie.

« Adieu, je vous embrasse.

« Marie-Antoinette. »

« Jamais, Madame, vous ne trouverés une amie plus
« vraie et plus tendre que
« ÉLISABETH-MARIE (1). »

Aux approches de la Constitution, la Reine, effrayée de l'agitation des esprits, rappelle auprès d'elle cette amitié qui lui manque, et dont elle a besoin :

« Ma chère Lamballe, vous ne sauriez vous faire
« une idée de l'état de l'esprit où je me trouve depuis
« votre départ. La première base de la vie est la tran-
« quillité ; il m'est bien pénible de la chercher en
« vain. Depuis quelques jours que la Constitution re-
« mue le peuple, on ne sait à qui entendre ; autour
« de nous il se passe des choses pénibles... Nous avons
« cependant fait quelque bien. Ah ! si le bon peuple
« le savoit ! Revenez, mon cher cœur, j'ai besoin de
« votre amitié. Elisabeth entre et demande à ajouter
« un mot ; adieu, adieu, je vous embrasse de toute
« mon âme.
« MARIE-ANTOINETTE. »

« La Reine veut bien me permettre de vous dire
« combien je vous aime. Elle ne vous attend pas avec
« plus d'affection que moi.
« ÉLISABETH-MARIE (2). »

Puis, se ravisant, se reprochant comme un mouvement d'égoïsme d'avoir voulu faire partager ses dan-

---

(1) Histoire vraie.
(2) Catal. of autograph letters Donnadieu. *Piccadilly*, 1851.

gers à son amie, la Reine imposait silence à l'appel de son cœur, et écrivait à madame de Lamballe, en septembre 1791 :

« Ne revenez pas dans l'état où sont les affaires,
« vous auriez trop a pleurer sur nous.

« Que vous êtes bonne et une vraie amie, je le sens
« bien, je vous assure, et je vous defends de toute
« mon amitié de retourner ici.

« Attendez l'effet de l'acceptation de la constitu-
« tion.

« Adieu, ma chère Lamballe, croyez que ma tendre
« amitié pour vous ne cessera qu'avec ma vie (1). »

Et lorsque madame de Lamballe repasse en France, la Reine, tremblante, lui renouvelle encore cette prière, à laquelle madame de Lamballe n'obéira pas :

« Non, je vous le repette, ma chère Lamballe, ne
« revenez pas en ce moment ; mon amitié pour vous
« est trop allarmée, les affaires ne paroissent pas
« prendre une meilleure tournure malgré l'accepta-
« tion de la constitution sur laquelle je comptois.
« Restez auprès du bon monsieur de Penthievre qui a
« tant besoin de vos soins ; si ce n'étoit pour lui il
« me seroit impossible de faire un pareil sacrifice, car
« je sens chaque jour augmenter mon amitié pour vous
« avec mes malheures; Dieu veuille que le temps ra-
« menne les esprits ; mais les méchants répandent
« tant de calomnies atroces, que je compte plus sur
« mon courage que sur les événements. Adieu donc,

---

(1) Le Quérard, juin 1856.

« ma chère Lamballe, sachez bien que de près comme
« de loin je vous aime, et que je suis sure de votre
« amitié.

« Marie-Antoinette (1). »

(1) Lettre autographe signée, communiquée par M. le marquis de Biencourt.

V

Marie-Antoinette homme d'État. — Sa correspondance avec son frère Léopold II. — Son plan, ses espérances, ses illusions. — Sa correspondance avec le comte d'Artois. Son opposition aux plans de l'émigration. — Caractère de Madame Élisabeth. Son amitié pour le comte d'Artois. Sa correspondance. Sa politique. — Préoccupation de Marie-Antoinette du salut du royaume par le Roi.

La Reine passait alors toutes ses journées à écrire. La nuit, la Reine avait entièrement perdu le sommeil, elle lisait. Elle recevait les rapports de M. de la Porte, de Talon, de Bertrand de Molleville. Elle correspondait avec l'étranger au moyen d'un chiffre d'une extrême difficulté, indiquant les lettres par une lettre d'une page et d'une ligne d'une édition de *Paul et Virginie* possédée par tous ses correspondants. Qui la reconnaîtrait, cette femme, cette Reine si jeune hier, hier la Reine de la mode et du plaisir; cette bergère de Trianon, occupée de badinages et d'élégances? Imaginez-la enlevée tout à coup à ces jeux de la pensée, à ces divertissements du goût, à la pastorale, aux rubans, à sa vie, presque à son sexe ! Adieu le sceptre léger de la grâce ! Du gouvernement de ces riens charmants, elle monte, grandie soudain, au plus grand et au plus sévère des affaires humaines. Ces plumes, taillées pour les causeries et les caresses de l'amitié, se plieront du premier coup au style des chancelleries, et toucheront à l'État ! Cette Dauphine rieuse, cette Reine qui se sauvait de son trône, Marie-Antoinette portera le fardeau d'un ministre des affaires étrangères, les restes d'un trône, le dernier espoir d'un droit !

Le malheur a de ces coups de foudre, de ces éducations subites, de ces illuminations miraculeuses de l'âme et de la tête, du caractère et du génie. L'exemple en est là, dans cette correspondance de Marie-Antoinette avec Léopold II (1), les titres d'homme d'État de la Reine, le témoignage écrit qu'elle a laissé à la postérité de sa pensée politique, de son haut jugement, de sa mâle intelligence et de ses illusions. C'est au lendemain du retour de Varennes, c'est le 31 juillet 1791, que la Reine, se relevant sur sa chute, discute, prévoit, combat.

La Reine disait à son frère les influences du jour réunies et conjurées pour le salut de la monarchie ; les séditieux repoussés, leurs efforts vains ; l'Assemblée gagnant en consistance et en autorité dans le

---

(1) Correspondance secrète de Marie-Antoinette avec Léopold II, Burke et autres personnages étrangers (conservée aux Archives générales de l'Empire). *Revue rétrospective*, 2ᵉ série, vol. I et II.

royaume. Elle disait la fatigue des agitations dans les agitateurs mêmes, la Révolution reprenant haleine, les fortunes demandant sûreté ; la halte momentanée des événements, des passions, du désordre, les lois osant parler, la possibilité et la raison d'une pacification entre la dignité de la couronne et les intérêts de la nation ; enfin les espoirs de reconstruction de l'autorité par le temps, par le retour des esprits, par l'expérience des nouvelles institutions. A ce tableau de juillet 1791 la Reine opposait la France avant le départ pour Varennes, la multitude et le tumulte des partis, la loi désarmée, le Roi sans sujets, l'Assemblée dépouillée de force et de respect ; bref la désespérance, même dans le plus lointain avenir, de toute recréation de pouvoir.

Appuyée sur cette opposition de situation, sur ce ralentissement des excès, sur ce refroidissement des âmes, elle arrêtait et repoussait les offres de son frère, éloignant ce secours armé dont ne voulait pas son cœur français, et qu'il n'appellera, qu'il ne subira qu'au dernier moment et comme au dernier soupir de la royauté. Pour mieux retenir son frère et ses armées, la Reine glisse d'abord légèrement sur les dangers qu'une agression, une tentative violente de libération et de restauration peut faire courir à son mari, à son fils, à elle-même, accusée d'être l'âme de ce complot ; puis, en Reine de France, qui sait ce que peut la France menacée, et qui en a tout ensemble comme une terreur et comme une fierté, elle entretient longuement l'Empereur de l'incertitude de la victoire sur un peuple en armes, électrisé et furieux d'héroïsme. Pour mieux enchaîner encore l'impatience de son frère, pour mieux le défendre de l'impatience de ses entours, elle fait appel à ses intérêts de souverain, à ses intérêts de prince autrichien. Elle lui représente la certitude de l'alliance de la France avec le premier empire qui reconnaîtra la Constitution. Cette alliance, elle la promet à Léopold II, s'il laisse Louis XVI consolider les lois, assurer la paix, et réconcilier la France avec elle-même (1).

Que l'histoire cherche, que les partis supposent, que la calomnie invente : voilà toute la politique de Marie-Antoinette, la confession de tout ce qu'elle attend, de tout ce qu'elle prépare, de tout ce qu'elle empêche. Elle ne veut rien de l'étranger, rien même de son frère, que la soumission aux idées de concession et de temporisation de Louis XVI, une conduite conforme « au vœu manifesté par la nation, » une espérance sans impatience d'une reconstitution sans secousse. Surmontant ses répugnances et les débats de son orgueil, elle tient parole aux Girondins auprès de son frère; elle reste fidèle à leurs conseils d'expectative, tant que l'expectative ne devient pas une lâcheté et une désertion. Vainement Mercy-Argenteaux répandait ses doutes et ses inquiétudes sur la franchise des intentions du parti girondin; maltraitait auprès du prince de Kaunitz la foi crédule de la Reine dans le dévouement des Barnave, des Lameth, des Duport; répétait que les amis de la Reine ne seraient jamais

---

(1) Marie-Antoinette à Léopold II. *Revue rétrospective*, 2ᵉ série, vol. I.

que « des déterminés anti-royalistes et des scélérats dangereux; » vainement il montrait, sur le plan de la Reine, la fausse et dangereuse position de l'Europe, ouverte et désarmée devant la menace et la contagion des idées françaises, troublée de perpétuelles alarmes, obligée à une surveillance permanente de cette tranquillité grosse de catastrophes qu'il appelait « le repos de la mort (1); » ces avertissements, ces injures de Mercy-Argenteaux ne détachaient pas la Reine des avis de la Gironde et de la modération.

Ce n'est que lors de l'établissement de la République dans les esprits que Marie-Antoinette, voyant les événements emporter les promesses des Girondins, se retourne vers son frère, mais en le retenant encore; elle défend à Vienne la précipitation et la violence, en même temps qu'elle combat aux Tuileries le refus de la Constitution, auquel l'encourageait Burke (2); elle cherche encore à dénouer pour ne pas trancher, elle veut vaincre avec cette arme des habiles, la diplomatie, honneur de tant de grands hommes, dont on a fait le crime et la condamnation de cette pauvre mère essayant de garder la vie et le patrimoine de son fils; de cette pauvre Reine qui croyait conspirer avec Dieu en défendant une institution relevant de sa grâce, et cependant tentait d'éloigner la guerre de la Révolution, espérant l'épargner à la France!

(1) Le comte de Mercy-Argenteaux, ambassadeur de l'Empereur, à M. le prince de Kaunitz. *Revue rétrospective*, 2ᵉ série, vol. I.
(2) Réflexions de M. Burke pour être envoyées à la Reine de France, extraits par le comte de Mercy. *Revue rétrospective*, 2ᵉ série, vol. I.

« Pouvons-nous risquer de refuser la Constitution ? — écrit la Reine dans sa lettre du 10 août 1791 à Mercy-Argenteaux, un an jour pour jour avant le 10 août. — Je ne parle pas des dangers personnels..... » Et dans un post-scriptum : « Il est impossible, vu la position ici, que le Roi refuse son acceptation ; croyez que la chose doit être vraie, puisque je le dis. Vous connoissez assez mon caractère pour croire qu'il me porteroit plutôt à une chose noble et pleine de courage..... (1) » Le Roi ne peut donc pas risquer de refuser la Constitution :
« Pour cela je crois qu'il est nécessaire, quand on
« aura présenté l'acte au Roi, qu'il le garde d'abord
« quelques jours, car il n'est censé le connoître que
« quand on le lui aura présenté legalement, et qu'alors
« il fasse appeler les commissaires pour leur faire non
« pas des observations, ni des demandes de change-
« ment qu'il n'obtiendra peut-être pas, et qui prouve-
« roient qu'il approuve le fond de la chose, mais qu'il
« déclare que ses opinions ne sont point changées ; qu'il
« montroit, dans sa déclaration du 20 de juin, l'impos-
« sibilité où il étoit de gouverner avec le nouvel ordre
« de choses ; qu'il pense encore de même, mais que
« pour la tranquillité de son pays il se sacrifie, et que
« pourvu que son peuple et la nation trouvent le bon-
« heur dans son acceptation, il n'hésite pas a la donner,
« et la vue de ce bonheur lui fera bientôt oublier toutes
« les peines cruelles et amères qu'on a fait éprouver a
« lui et aux siens ; mais si l'on prend ce parti il faut y

---

(1) Marie-Antoinette au comte de Mercy-Argenteaux, 26 août 1791. *Revue rétrospective*, 2ᵉ série, vol. I.

« tenir, éviter surtout tout ce qui pourroit donner de
« la méfiance et marcher en quelque sorte toujours
« la loi à la main ; je vous promets que c'est la meil-
« leure manière de les en degouter tout de suite. Le
« malheur c'est qu'il faudroit pour cela un ministre
« adroit et sûr, et qui, en même temps, eut le courage
« de se laisser abimer par la cour et les aristocrates
« pour les mieux servir après ; car il est certain qu'ils
« ne reviendront jamais ce qu'ils ont été, surtout par
« eux-mêmes (1). »

Puis, au bout de sa lettre, emportée par le pressentiment de la vanité de tous ces moyens, aux abois dans le dédale des ressources et des moyens de salut, épouvantée du sommeil du Roi, de ce roi *incapable de régner*, au jugement du comte de la Marck (2), la mère arrache à la Reine un cri, un douloureux appel aux puissances étrangères :

« En tout état de cause, les puissances étrangères
« peuvent seules nous sauver : l'armée est perdue,
« l'argent n'existe plus ; aucun lien, aucun frein ne
« peut retenir la populace armée de toute part ; les
« chefs même de la révolution, quand ils veulent par-
« ler d'ordre, ne sont plus écoutés. Voila l'état déplo-
« rable où nous nous trouvons ; ajoutez a cela que
« nous n'avons pas un ami, que tout le monde nous
« trahit : les uns par haine, les autres par faiblesse ou

---

(1) Marie-Antoinette au comte de Mercy-Argenteaux. *Revue rétrospective*, 2ᵉ série, vol. I.

(2) Le comte de la Marck au comte de Mercy, 28 septembre 1791. *Revue rétrospective*, 2ᵉ série, vol. II.

« ambition ; enfin je suis réduite a craindre le jour ou
« on aura l'air de nous donner une sorte de liberté ;
« au moins dans l'état de nullité ou nous sommes nous
« n'avons rien à nous reprocher. Vous voyez mon
« âme toute entière dans cette lettre ; je peux me
« tromper, mais c'est le seul moyen que je voie en-
« core pour aller. J'ai écouté, autant que je l'ai pu, des
« gens des deux côtés, et c'est de tous leurs avis que je
« me suis formé le mien : je ne sais pas s'il sera suivi.
« Vous connoissez la personne (1) à laquelle j'ai
« affaire ; au moment ou on la croit persuadée, un
« mot, un raisonnement la fait changer sans qu'elle
« s'en doute ; c'est aussi pour cela que mille choses
« ne sont point a entreprendre. Enfin, quoiqu'il arrive,
« conservez-moi votre amitié et votre attachement, j'en
« ai bien besoin ; et croyez que, quelque soit le mal-
« heur qui me poursuit, je peux céder aux circonstan-
« ces, mais jamais je ne consentirai a rien d'indigne de
« moi : c'est dans le malheur qu'on sent davantage ce
« qu'on est. Mon sang coule dans les veines de mon
« fils, et j'espère qu'un jour il se montrera digne pe-
« tit-fils de Marie-Thérèse. Adieu (2). »

Et pourtant cela même, cet appel désespéré, n'est point un appel à l'invasion de la patrie. Marie-Antoinette ne sollicite et ne veut qu'un manifeste, un manifeste pesant sur la France du poids des représentations de toutes les têtes couronnées, une mise en de-

---

(1) Le Roi.
(2) Marie-Antoinette au comte de Mercy-Argenteaux, *Revue rétrospective*, 2ᵉ série, vol. I.

meure de la paix appuyée par de grandes forces ; une imposante menace, mais une menace seulement, étendue sur tout l'horizon de la France. Sans doute ce pouvait être une illusion chez la Reine de croire reconquérir la France en montrant et en arrêtant à ses frontières une armée d'observation l'arme au bras ; mais l'illusion était sincère, et c'est un beau spectacle de voir cette femme abreuvée de fiel, chargée d'outrages, développer généreusement et sans passion ce plan de retenue et d'attente qui défend d'un bout à l'autre la France contre les armes de l'étranger et contre les armes de ses enfants, deux guerres, deux malheurs que le Roi, disait Marie-Antoinette dans le Mémoire qui suit, *devait épargner, au risque de sa couronne et de sa vie.*

Le Mémoire de la Reine, du 3 septembre 1791, commence :

« Il dépend de l'Empereur de mettre un terme aux
« troubles de la révolution françoise.

« La force armée a tout détruit, il n'y a que la
« force armée qui puisse tout réparer.

« Le Roi a tout fait pour éviter la guerre civile ; et
« il est encore bien persuadé que la guerre civile ne
« peut rien réparer et doit achever de tout détruire. »

Or, continue le Mémoire, les princes entrant en France, c'est la guerre civile.

Les princes entrant en France, entrent « avec la soif d'une autre vengeance que celle des lois ; » il faut qu'ils reviennent « avec la paix et la confiance dans la seule autorité qui puisse dissiper tous les partis. »

Les princes entrant en France, c'est une régence. Le Roi s'oppose à cette régence : d'abord, comme pouvant diviser les provinces, les villes, l'armée, par la nomination à des emplois émanée de deux pouvoirs : l'un, l'Assemblée autorisée par le Roi, l'autre, le régent ; ensuite, comme pouvant « perdre la puissance du Roi par la même entreprise qui doit la lui rendre. »

Les princes entrant en France, c'est la convocation des Parlements à laquelle le Roi se refuse : 1° comme pouvant compromettre dans une guerre d'arrêts une autorité légale appelée dans l'avenir à rétablir l'ordre dans la paix ; 2° comme établissant une opposition entre les princes et le nom du Roi ; 3° comme pouvant autoriser le peuple à croire au rétablissement entier de l'ancien régime.

Les princes entrant, c'est accoutumer la nation à voir s'élever dans l'État une autre puissance que celle du Roi ; c'est jeter en dehors de la puissance légitime les bases d'un gouvernement au hasard, « dans un moment où l'homme le plus habile ne peut pas savoir quelle est la forme qui peut lui convenir. »

Puis, combattant les impatiences du parti des princes : « Comment, — disait la Reine avec un grand
« sens et une justesse d'esprit remarquable, — com-
« ment peut-on connoître ce qui peut convenir à
« l'état d'une nation dont la plus faible partie com-
« mande dans le délire et que la peur a subjuguée
« tout entière ?

« On n'a pas conservé le sentiment des choses ac-
« coutumées et journalières qui sembloient former,

« non pas seulement la constitution de l'État, mais
« celle de chaque classe, de chaque profession, de
« chaque famille.

« On a tout arraché, tout détruit, sans exciter dans
« le grand nombre la surprise et l'indignation.

« Il n'y a point d'opinion publique et réelle dans
« une nation qui n'a pas un sentiment.

« Que sont devenues toutes les habitudes?... Quel
« est le droit habituel qui n'ait pas été proscrit ou l'o-
« bligation habituelle qui n'ait été rompue?

« On s'est servi des insurrections et des émeutes
« populaires pour détruire toutes les formes établies.
« On ne pouvoit pas s'en servir pour donner des ha-
« bitudes nouvelles à la nation entière, et ce n'est pas
« en deux ans de temps employés à tout détruire qu'on
« peut créer, entretenir et consolider des habitudes.

« Il faut la laisser respirer un moment de tant de
« troubles et d'agitations ; il faut lui laisser reprendre
« ses habitudes et ses mœurs avant de juger ce que
« les circonstances peuvent exiger ou souffrir. »

La Reine reprenait :

Les princes entrant en France, c'est la guerre civile ; les étrangers entrant, c'est la guerre civile et la
guerre étrangère.

Le Roi ne veut pas la guerre civile ; le Roi ne veut
pas la guerre étrangère.

Il est, en dehors de la guerre, un moyen, un seul
de sauver le Roi et le trône : une déclaration collec-
tive des puissances unies. Les puissances unies décla-
reront qu'il n'est pas indifférent à l'Europe, vu la

position et l'importance de la France dans le continent, que la France soit une monarchie ou une république ; qu'il importe au contraire aux monarchies de l'Europe que la couronne de France soit héréditaire de mâle en mâle, que la personne du Roi soit inviolable, que le Roi ne puisse être suspendu ou déchu de sa puissance ; qu'elles ne peuvent souffrir que les anciens traités conclus avec la France, devenus partie intégrante du droit européen, « soient le jouet de l'influence réelle ou présumée d'une force armée ou d'une émeute populaire ; » qu'en cas de révocation de quelque traité par le roi de France, révocation involontaire et forcée, elles sont en droit de déclarer la guerre à la France ; que, par une convention tacite, il a existé de tout temps un rapport de force armée entre les puissances de l'Europe ; qu'une armée de quatre millions d'hommes levée tout à coup par la France, indépendamment des troupes de ligne, une élévation aussi prodigieuse de la force armée qui tient le Roi prisonnier, sont une violation de cette convention tacite, en même temps qu'un danger de guerre permanent pour les puissances étrangères.

Tels étaient les raisons et les prétextes de cette intervention de l'Europe où la Reine voyait le salut. Elle espérait de cette déclaration l'intimidation des uns, l'encouragement des autres, un soulèvement spontané de la majorité craintive des mécontents contre la tyrannie locale des départements, des municipalités, des clubs ; un soulèvement qui serait si brusque, si général, si unanime, qu'il n'y aurait point de défense, point de sang. Elle espérait une révolution pacifique éclatant à la fois « dans toutes les bonnes villes de France, » et elle terminait son Mémoire par cette assurance, — hélas ! ce n'était qu'un vœu : « *La révolution se fera par l'approche de la guerre et non par la guerre elle-même* (1). »

La Reine poursuivait encore auprès de son frère, le 4 octobre 1791, la réalisation de ce plan et de ces espérances :

« Je n'ai de consolation qu'a vous écrire, mon cher
« frère, je suis entourée de tant d'atrocités que j'ai
« besoin de toute votre amitié pour reposer mon es-
« prit ; j'ai pu par un bonheur inouï voir la personne
« de confiance du comte de M...(2), mais je n'y suis par-
« venu qu'une fois sûrement ; elle m'a exposer des
« pensées du comte qui se rencontre avec beaucoup
« de ce que je vous ai déjà dit ces jours derniers ; de-
« puis l'acceptation de la constitution le peuple semble
« nous avoir rendu sa confiance, mais cet événement
« n'a pas étouffer les mauvais desseins dans le cœur
« des méchants, il seroit impossible qu'on ne revienne
« pas à nous si l'on connoissoit notre véritable ma-
« nière de penser, mais malgré cette securité du mo-
« ment, je suis loins de me livrer a une confiance
« aveugle ; je pense qu'au fond le bon bourgeois et le
« bon peuple ont toujours été bien pour nous, mais il
« n'y a entre eux nul accord, et il n'en faut pas at-

(1) Mémoire joint à la lettre de Marie-Antoinette à Léopold II. *Revue rétrospective*, 2ᵉ série, vol. II.
(2) M. de Mercy.

« tendre ; le peuple, la multitude sent par instinct et
« par interêt le besoin de s'attacher à un chef unique,
« mais ils n'ont pas la force de se débarrasser de tous
« les tirans de populace qui les opprime, n'ayant point
« d'unité, et ayant à lutter contre des scélérats bien
« d'accord qui se donnent d'heure en heure le mot
« d'ordre dans les clubs ; et puis on les travaille sans
« cesse, on leur glisse avec perfidie des soupçons con-
« tre la bonne foi du Roi, et l'on viendra ainsi à bout
« de soulever de nouveaux orages ; si cela arrive
« comme je le crains, car, encore une fois, je ne me
« laisse pas prendre à cette ivresse du moment, les
« malheures seront encore plus grands, car il sera
« alors plus difficile de reconquérir la confiance per-
« due et le peuple qui se croiroit trompé tourneroit
« contre nous.

« C'est un motif de plus de redoubler de soins pour
« profiter du moment s'il est possible ; il le faut puis-
« que l'autorité royale échappe et que la confiance pu-
« blique est le seul frein a opposé aux envahissements
« du corps législatif. Mais comment profiter de la
« confiance du moment ? la est la difficulté ; je pense
« qu'un premier point essentiel est de régler la con-
« duite des émigrants. Je puis répondre des frères du
« Roi, mais non de M. de Condé. Les emigrants ren-
« trant en armes en France tout est perdu, et il seroit
« impossible de persuader que nous ne sommes pas de
« connivence avec eux. L'existance d'une armée d'e-
« migrants, sur la frontière, suffit même pour entre-
« tenir le feu et fournir aliment aux accusations con-

« tre nous; il me semble qu'un congrès faciliteroit le
« moyen de les contenir. J'en ai fai' lire ma pensée a
« M. de M..., pour qu'il vous en parlât, mon cher
« frère; cette idée d'un congrès me sourit beaucoup, et
« seconderoit les efforts que nous faisons pour main-
« tenir la confiance : cela d'abord, je le répète, con-
« tiendroit les emigrants, et, d'un autre côté, feroit
« icy une impression dont j'attends du bien; je remets
« cela à vos lumières supérieures; on est de cet avis
« auprès de moi, et je n'ai pas besoin de m'étendre
« sur ce point, ayant tout fait expliquer à M. de M...

« Adieu, mon cher frère; nous vous aimons, et ma
« fille m'a chargé particulièrement d'embrasser son
« bon oncle.

« Marie-Antoinette (1). »

Tels sont les plans, tels sont les vœux de la Reine dans leur révélation la plus intime, dans leur confession la plus entière! C'est là toute la pensée, tout le cœur de cette Reine qui a porté si longtemps dans l'histoire la peine de l'émigration ! Mais quel historien osera désormais l'accuser contre tous les faits, contre toutes les preuves? Qui l'accusera encore après ces deux lettres, documents inconnus et précieux, où se voit l'abîme qui a toujours séparé la politique de la Reine de la politique de Coblentz!

« Ce 14 mai 1791.

« Ma chère sœur, j'ai déchiffrée la lettre du comte

---

(1) Lettre autographe signée, communiquée par M. le marquis de Biencourt.

« d'Art.; elle m'afflige beaucoup; je vais vous la trans-
« crire ici, et vous verrez combien le meilleur cœur
« peut s'égarer. Les mouvements des emigrants sur
« la frontière sont une calamité, je suis désespérée
« qu'il prenne à contrepied nos avis et nos prières.
« Le Roi va lui écrire; vous feriez sagement, vous
« pour qui il a tant d'amitié, de lui écrire aussi pour
« nous aider a prévenir de nouveaux malheurs, et
« l'éloigner de M. de Condé. Voici sa lettre :

« J'ai reçu votre lettre du 20 mars, ma chère sœur;
« le peu d'habitude que j'ai de cette manière d'écrire,
« m'obligeant à estre fort laconique, je vous laisse
« deviner combien je suis sensible aux marques de
« votre amitié, mais en même temps combien je suis
« affligé de voir que vous différiez de jour en jour à
« me procurer votre confiance, surtout quand les cir-
« constances sont si pressantes. Je mérite peut-estre
« moins de réticence de votre part, mais ce dont je
« suis certain, c'est que votre intérêt exigeroit que je
« fusse mieux instruit.

« Tout porte à me prouver que vous avez un plan.
« Je crois même connoître à fond les détails de ce
« qu'on vous propose, et les personnes qu'on em-
« ploye. Eh ! ma sœur, le Roi se défie-t-il de moi ? Je
« n'ajoute qu'un mot sur cet article, il peut estre per-
« mis de se servir de ses propres ennemis pour sortir
« de captivité, mais on doit se refuser à tout marché,
« à toute convention avec les scélérats, et surtout on
« doit bien calculer si les vrais serviteurs, les vrais
« amis surtout, pourront consentir aux conditions

« qu'on auroit acceptées. Au nom de tout ce qui vous
« est cher, souvenez-vous de ce peu de mots, et
« croiez que je suis bien instruit. Vous paroissez vous
« plaindre de mon silence et de l'ignorance où vous es-
« tes de mes projets ; mes reproches seroient mieux
« fondés que les vôtres, mais je sais ce que je dois à
« mon roi, et je me regarderois comme coupable si,
« sans l'en instruire, j'avois changé mes vues et mes
« projets. Au surplus je ne crains pas de répéter ce
« que je regarde comme ma profession de foi : je vi-
« vrai et mourrai s'il le faut, pour défendre les droits
« de l'autel et du trône, et pour rendre au roi sa li-
« berté et sa juste autorité. La déclaration du 23 juin
« ou la teneur des cahiers sont des bases dont je ne
« m'écarterai jamais. J'employerai tous les moyens
« qui sont en mon pouvoir pour décider enfin nos al-
« liés à nous secourir avec des forces assez impo-
« santes pour attérer nos ennemis, et pour prévenir
« tous les projets criminels. Je combinerai les res-
« sources de l'intérieur avec les appuis du dehors, et
« mes efforts et mes soins se porteront également
« d'un bout du roiaume à l'autre, et je préparerai tou-
« tes les provinces suivant leurs moyens à seconder
« une explosion générale. J'arresterai, je contiendrai
« tout éclat factice, mais je seconderai avec autant
« d'ardeur que de dévouement les entreprises qui me
« paroitront assez solides pour en imposer à nos enne-
« mis et pour me donner la juste espérance d'un vrai
« succès. Enfin, je servirai également mon roi, et ma
« patrie, en agissant avec prudence, suite et fermeté. »

« Voici la partie de la lettre que vous ne connois-
« siez pas, ma chère sœur; je vous embrasse. Quand
« revenez-vous ?

« Marie-Antoinette (1). »

Et, cette lettre envoyée à Madame Élisabeth, la
Reine écrit aussitôt au comte d'Artois :

« Ce 14 mai 1791.

« J'ai vu avec beaucoup de peine, mon cher frère,
« ce que vous me dites de mon prétendu manque de
« confiance; j'aime à penser que vous changerez d'o-
« pinion après la lettre que le Roi vous a écrite, et
« qu'il vous fera tenir avec celle-ci. Non, mon cher
« frère, nous sommes loin d'avoir cessés de vous re-
« garder comme le meilleur des parents. Vous dittes
« que notre intérêt exigeroit que vous fussiez plus
« instruit; mais à quoi bon nos confidences, si vous
« vous refusez à complaire aux désires que nous vous
« avons si vivement exprimés, et qui sont si confiden-
« tiels ? Je vous repette qu'il est tout à fait dans l'inté-
« rêt du salut de votre frère que vous vous sépariez
« de M. de Condé. Les armements des émigrants sont
« ce qui irrite le plus autour de nous, et tant qu'il en
« sera ainsi, les affaires ne pourront pas prendre une
« meilleure tournure; les plus honnêtes gens ont hor-
« reur de la guerre civile, et les méchants qui ont un
« si grand intérêt à tout envenimer, poussent des cris
« affreux qui menacent d'une catastrophe. Je vous

---

(1) Lettre autographe signée, communiquée par M. Chambry.

« en conjure, mon cher frère, réfléchissez à ce que je
« vous écris, à ce que vous a écrit le Roi. Ce que
« vous ferez de contraire nous causera un véritable
« désespoir. Mes enfants se portent assez bien, et la
« bonne Elisabeth, qui est pour nous comme un ange,
« doit vous écrire par la même occasion.

« Adieu, je vous aime de tout mon cœur.

« MARIE-ANTOINETTE (1). »

La lourde responsabilité, l'énorme tâche, l'écrasant labeur pour une femme : porter, dans la tempête, la fortune d'un Roi, et disputer au destin ces lambeaux d'une monarchie, l'héritage d'un fils ! Vaincue, rester debout ; désespérée, vouloir encore ; se refuser aux larmes, et se forcer à la pensée ; calculer, combiner, proposer, résoudre, émouvoir, persuader, combattre sans repos, combattre devant soi et autour de soi, combattre la versatilité du Roi toujours prête à s'échapper (2), combattre la voix de l'émigration dans la voix de la sœur du Roi qui se penche à son oreille, reconquérir chaque jour Louis XVI sur lui-même et sur Madame Élisabeth !

Madame Élisabeth était un homme aussi, mais non un homme d'État comme la Reine. Il y avait du guerrier dans cette jeune femme qui devait mourir en héros.

(1) Copie de lettre autographe communiquée par M. le marquis de Biencourt.
(2) Le comte de la Marck au comte de Mercy. *Revue rétrospective*, 2ᵉ série, vol. II.

Dans cette douce fille de Dieu, égarée sur les marches d'un trône, dans cette vierge de charité, toute aux autres, toute au bonheur de ses amis, dont la piété semble une tendresse, dont la vie est une bonne œuvre, il semble qu'il coure ce jeune sang du duc de Bourgogne, ce sang à qui il a fallu un Fénelon pour le vaincre. Madame Élisabeth est l'homme des Tuileries qui conseille les partis violents, les risques extrêmes. Sous l'outrage des événements, la révolte de sa conscience a entraîné son cœur à ces sévérités sans merci dont le Jéhovah de l'Écriture frappe les peuples rebelles. Trêve, accommodement, diplomatie avec le nouveau pouvoir, Madame Élisabeth les repousse dès le commencement de la Révolution, prête au martyre, mais prête au combat, priant le Dieu des armées, et se demandant s'il n'est pas imposé aux Rois de mourir pour la royauté. Il y a longtemps que, bravant l'horreur des mots, Madame Élisabeth déclarait nettement :

« Je regarde la guerre civile comme nécessaire.
« Premièrement je crois qu'elle existe, parce que
« toutes les fois qu'un royaume est divisé en deux
« partis, toutes les fois que le parti le plus faible
« n'obtient la vie sauve qu'en se laissant dépouiller,
« il est impossible de ne pas appeler cela une guerre
« civile. De plus l'anarchie ne pourra jamais finir
« sans cela : plus on retardera, plus il y aura de
« sang répandu. Voilà mon principe ; si j'étois roi, il
« seroit mon guide (1). »

(1) Lettre à madame de Bombelles. Éloge historique de Madame Élisabeth, par Ferrand. *Paris*, 1814.

Oui, la guerre, le jeu des épées, le jugement de Dieu, l'ensevelissement d'une monarchie dans son drapeau, ou sa victoire au soleil, une victoire qui la ramène en triomphe à tous ses droits d'hier, Madame Élisabeth ne sait pas d'autre issue ni d'autre salut ; et il faut lire dans son style garçonnier et dans ses *grogneries* de bonne humeur, le mépris qu'elle fait des espérances de la cour. trompées par la mort de Mirabeau :

« 3 avril 1791.

« Mirabeau a pris le parti d'aller voir dans l'autre
« monde si la révolution y étoit approuvée. Bon Dieu !
« quel réveil que le sien !... Depuis trois mois il s'é-
« toit montré pour le bon parti ; on espéroit en ses
« talens. Pour moi, quoique très-aristocrate, je ne
« puis regarder sa mort que comme un trait de la
« Providence sur ce royaume. Je ne crois pas que ce
« soit par des gens sans principes et sans mœurs
« que Dieu veuille nous sauver. Je garde pour moi
« cette opinion parce qu'elle n'est pas politique (1). »

Madame Élisabeth n'a pas varié. Confirmée, fortifiée par la marche des événements dans la logique de ses instincts, elle n'attend plus rien aujourd'hui pour la France et le Roi, que de la France étrangère, de l'épée des princes, du comte d'Artois. En cela, ses amitiés et ses sympathies conspirent avec ses idées. Le comte d'Artois a pour Madame Élisabeth ces grâces d'un cœur étourdi et d'une jeunesse un peu vive

(1) Lettre à madame de Raigecourt. *Éloge de Madame Élisabeth.*

dont les femmes les plus pieuses ne laissent pas que d'être touchées. Ignorante des intrigues, moins éclairée que la Reine sur le secret et le fond des hommes et des choses, il lui sourit de voir en ce frère, dont le nom revient si souvent sous sa plume, en ce frère qu'elle aurait suivi, s'il n'avait fallu pour le suivre abandonner le Roi, le restaurateur de la liberté et du trône de Louis XVI. Effrayée dans ses croyances monarchiques par *les gens d'affaires* de la Reine, par ce *vieux renard* de Mercy, tous ses efforts, et toute son habileté se tournent sans bruit et dans l'ombre à amener un rapprochement entre la Reine et Coblentz :

« Pour parler plus clairement, rappelle-toi la posi-
« tion où s'est trouvé ce malheureux père (1); l'acci-
« dent qui le mit dans le cas de ne pouvoir plus régir
« son bien, le jeta dans les bras de son fils (2). Le
« fils a eu, comme tu sais, des procédés parfaits
« pour ce pauvre homme, malgré tout ce que l'on a
« fait pour le brouiller avec sa belle-mère (3). Il a
« toujours résisté ; mais il ne l'aime pas (elle). Je ne
« le crois pas aigri, parce qu'il en est incapable ;
« mais je crains que ceux qui sont liés avec lui, ne
« lui donnent de mauvais conseils. Le père est pres-
« que guéri ; ses affaires sont remontées, mais comme
« sa tête est revenue, dans peu il voudra reprendre
« la gestion de son bien ; et c'est là le moment que je
« crains. Le fils qui voit des avantages a les laisser

(1) Le Roi. — 2) Le comte d'Artois. — (3) La Reine.

« dans les mains où elles sont, y tiendra : la belle-
« mère ne le souffrira pas; et c'est ce qu'il faudroit
« éviter, en faisant sentir au jeune homme que, même
« pour son intérêt personnel, il doit ne pas prononcer
« son opinion sur cela, pour éviter de se trouver dans
« une position très-fâcheuse. Je voudrois donc que tu
« causasses de cela avec la personne dont je t'ai parlé;
« que tu la fisses entrer dans mon sens, sans lui dire
« que je t'en ai parlé, afin qu'elle pût croire cette idée
« la sienne, et la communiquer plus facilement. Il doit
« mieux sentir qu'un autre les droits qu'un père a sur
« ses enfants puisque pendant longtemps il l'a expé-
« rimenté. Je voudrois aussi qu'il persuadât au jeune
« homme de mettre un peu plus de grâce vis à vis de
« sa belle-mère, seulement de ce charme qu'un homme
« sait employer quand il veut et avec lequel il lui per-
« suadera qu'il a le désir de la voir ce qu'elle a tou-
« jours été. Par ce moyen, il s'évitera beaucoup de
« chagrin et jouira paisiblement de l'amitié et de
« la confiance de son père. Mais tu sais bien que ce
« n'est qu'en causant paisiblement avec cette per-
« sonne, sans fermer les yeux et alonger ton visage
« que tu lui feras sentir ce que je dis. Pour cela, il
« faut que tu sois convaincue toi-même. Relis donc
« ma lettre, tâche de la bien comprendre, et pars de
« là pour faire ma commission. On te dira du mal
« de la belle-mère : je le crois exagéré (1). »

Sans doute, il y a longtemps que la Reine a triom-

---

(1) Lettre à madame de Raigecourt. *Éloge de Madame Élisabeth.*

phé dans le cœur de Madame Élisabeth de l'influence de madame de Marsan ; il y a longtemps que Madame Elisabeth s'est rendue à la bonté de sa belle-sœur, à tant de vertus devenues sérieuses dans le malheur. La communion des périls a jeté les deux femmes dans les bras l'une de l'autre ; elles s'aiment, et la vie de chacune est à l'autre. Mais ici il s'agit de plus que de l'affection et du dévouement ; il s'agit pour Madame Élisabeth d'un dogme et d'une foi de son esprit : la restauration de la maison de Bourbon par un Bourbon, cette contre-révolution par un prince français, qui était précisément dans la pensée plus libre et plus étendue de la Reine, la ruine des princes eux-mêmes, et la ruine du Roi.

Le Roi ! la Reine ne voit que lui pour le salut. Elle le met en avant toujours, et seul, non tant pour les intérêts personnels du Roi que pour la garde et la dignité de la royauté. La crainte d'un amoindrissement du Roi est la crainte permanente de Marie-Antoinette, et parmi tant d'inquiétudes, celle de ses inquiétudes qui ne cesse de veiller. Elle n'est préoccupée que de sauver le Roi de la reconnaissance d'une délivrance, que de sauver d'une servitude l'avenir de la monarhie. La déclaration d'une régence en faveur de Monsieur, d'une lieutenance générale en faveur du comte d'Artois, la victoire de l'émigration enfin, telles sont les alarmes de cette Reine, dont le désir éclate à chaque phrase que le Roi *fasse quelque chose de grand.*

VI

Le 20 juin. — La Reine enchaînée par la faiblesse du Roi. — La seconde fédération. — Démarche du général Dumouriez, démarche de M. de la Fayette auprès de la Reine. — Outrages et insultes aux Tuileries. — La nuit du 9 au 10 août. — La Reine au 10 août. — La Reine au *Logographe*, aux Feuillants. — Départ pour le Temple.

Quelques jours avant que le Roi n'opposât son *veto* à la déportation des prêtres et à la formation d'un camp de 20,000 hommes ; quelques jours avant le 20 juin, la députation de la colonie de Saint-Domingue, ravagée par les nègres, disait à la Reine par la bouche de son président : « Madame, dans un grand malheur nous avons besoin d'un grand exemple ; nous venons chercher celui du courage près de Votre Majesté. »

Le 20 juin était venu. La moitié de la journée s'était passée au château comme les autres journées ; à attendre. Il était quatre heures et demie quand une clameur annonce le peuple : c'est Octobre qui revient ! Le Roi fait ouvrir la porte royale. Cours, escaliers, en un instant tout est inondé d'une foule qui se précipite et monte. Le Roi, la Reine, la famille royale, sont dans la chambre du Roi, serrés, résignés, écoutant les coups de hache dans la porte d'entrée des appartements. Les deux enfants pleurent (1). La Reine est à essuyer leurs larmes. Le chef de la deuxième légion de la garde nationale, Aclocque, saisissant le Roi à bras le corps, le conjure de se montrer au peuple (2). Louis XVI sort. Madame Élisabeth, qui le veillait de l'œil, le suit. La reine, ses enfants un peu consolés et pleurant moins haut, se retourne. Le roi n'est plus là. Refoulant aussitôt son cœur de mère, Marie-Antoinette veut suivre son mari. « *N'importe !* dit-elle d'une voix frémissante, *ma place est auprès du Roi !* » et, se dégageant des prières qui l'entourent, elle s'avance vers la mort d'un pas de Reine. Un gentilhomme l'arrête par le bras, un autre lui barre le passage. Quelques gardes nationaux accourent. Ils assurent la Reine de la sûreté du Roi. Cependant le palais mugit : des cris de mort arrivent, comme par bouffées, à l'oreille de la Reine. De la salle des gardes, le fracas sourd, le cliquetis, la victoire, marchent et s'avancent. Les gardes nationaux n'ont que le temps d'entraîner la Reine dans la salle du Conseil. Vite, ils poussent devant

---

(1) Pièces justificatives sur les événements du 20 juin 1792. Déclaration du sieur Lecrosnier.

(2) Rapport du chef de la deuxième légion.

elle la grande table (1). Ainsi, entre la Reine et le fer qui la cherche, il n'y a plus que ce morceau de bois où se sont agités les destins de la monarchie! Une poignée de gardes nationaux défend la table. Tout autour de la salle, la foule roule. Ce sont des armoires qu'on enfonce, des meubles qu'on brise, des rires : « Ah! le lit de M. Véto! Il a un plus beau lit que nous, M. Véto (2)! » Bientôt les rires sont des éclats. Les portes de la salle du conseil, brisées, vomissent le peuple... La Reine est debout, Madame est à sa droite, se pressant contre elle. Le Dauphin, ouvrant de grands yeux comme les enfants, est à sa gauche (3). Madame de Lamballe, madame de Tarente, mesdames de la Roche-Aymon, de Tourzel et de Mackau (4) sont çà et là, autour de la Reine, sans place, sans rang, comme le dévouement. Les hommes, les femmes, les piques et les couteaux, les cris et les injures, tout se rue contre la Reine. De ces cannibales, l'un lui montre une poignée de verges avec l'écriteau : *Pour Marie-Antoinette;* l'autre lui présente une guillotine; l'autre une potence et une poupée de femme; l'autre, sous les yeux de la Reine, qui ne baissent point leur regard, avance un morceau de viande en forme de cœur qui saigne sur une planche. « Vive Santerre! » crie soudain la foule. « Tenez! les voilà! » dit d'une voix rauque le gros homme, poussant son troupeau

(1) Le Cri de la douleur, ou journée du 20 juin, par l'auteur du *Domine salvum fac regem.*
(2) Déclaration du sieur Guibout.
(3) Rapport de l'événement arrivé au château des Tuileries, le 20 juin 1792.
(4) Mémoires de madame Campan, vol. II.

devant lui, et montrant la Reine et le Dauphin. Une femme, l'ordure à-la bouche, tend, avec un geste de mort, deux bonnets rouges à la Reine. Le général Wittingthoff en pose un sur la tête de la mère, un sur la tête du fils, et tombe évanoui (1). La foule grossissante presse les gardes nationaux contre la table. Les femmes poussent les femmes auprès de la Reine, pour lui cracher des injures au visage. « *M'avez-vous jamais vue? Vous ai-je fait quelque mal?* leur dit la Reine. *On vous a trompées... je suis Française... j'étais heureuse quand vous m'aimiez* (2)! » Et voilà qu'à cette voix si douce et si triste, le tumulte s'est tu pour écouter. Tout à coup touchées, ces femmes s'apprivoisent et rentrent dans leur sexe. La fureur tombe, la bouche se ferme sur l'outrage commencé. L'émotion, la pitié rouvrent les cœurs. L'humanité reconquiert cette populace: elles pleurent, ces femmes! « Elles sont saoules! » dit Santerre en haussant les épaules (3); et lui-même approche, s'accoude familièrement à la table... Mais quand il fut face à face avec cette majesté de la douleur, lui aussi il redevint homme. Il vit que le Dauphin suait sous son bonnet rouge, et d'un ton brusque: « Otez le bonnet à cet enfant: voyez comme il a chaud (4)! » Pauvre enfant! qui demain, à une prise d'armes au château, dira à sa mère. « *Maman, est-ce qu'hier n'est pas fini* (5)? »

(1) Le Cri de la douleur. — (2) Mémoires de madame Campan, vol. II.
(3) Copie du Rapport du chef de la quatrième légion (Mandat).
(4) Pièces justificatives. — Rapport de l'événement.
(5) Le Cri de la douleur.

Le lendemain du 20 juin, le Roi eut une conversation avec Pétion ; et comme il se plaignait de l'insuffisance des mesures prises, et demandait que la conduite de la municipalité fût connue par toute la France : « Elle le sera, répondait Pétion, et sans les mesures prudentes que la municipalité a prises, il aurait pu arriver des événements beaucoup plus fâcheux, *non pas pour votre personne*, parce que vous devez bien savoir qu'elle sera toujours respectée, mais..... » Pétion s'arrêta : la Reine était-là ; il n'avait osé dire : la Reine (1) !

Quelque temps après le 20 juin, la Reine laissait échapper : *Ils m'assassineront ! Que deviendront nos pauvres enfants !* et elle fondait en pleurs. Madame Campan, voulant lui donner une potion antispasmodique, la Reine la refusait en lui disant que les maladies de nerfs étaient la maladie des femmes heureuses (2).

La Reine disait vrai : elle n'avait plus de ces maladies. Le malheur l'en avait guérie. Les maux de sa vie, de cette vie de larmes, de luttes, d'inquiétudes, semblaient l'avoir dérobée aux maux de son corps. Sa santé s'affermissait dans ces épreuves, dans cette fièvre et cette activité douloureuse de sa tête et de son cœur ; et elle s'étonnait de cette force que Dieu donne aux faibles pour souffrir.

(1) Histoire de Marie-Antoinette, par Montjoye. 1814, vol. II.
(2) Mémoires de madame Campan, vol. II.

Elle avait repris sa vie; mais ses jours n'étaient plus qu'alarmes, ses nuits n'étaient plus qu'alertes. Tout bruit menaçait; toute heure craignait les faubourgs. Un homme d'ailleurs dans le château et un couteau suffisaient... Il fallait changer les serrures de la Reine, puis faire quitter à la Reine son appartement du rez-de-chaussée; et la Reine, en prêtant l'oreille, eût pu entendre rôder l'assassinat dans les corridors. Tout le mois de juillet, les femmes de la Reine, malgré ses ordres, n'osaient dormir, n'osaient se coucher (1).

Par moments, il y avait encore chez la Reine des révoltes, des espérances, des projets; mais ces mouvements, ces élans, ces lueurs étaient sans suite et sans durée. Le Roi était à côté de la Reine; il lui ôtait toute illusion, et jusqu'au courage de penser à l'avenir. Comment espérer, pourquoi tenter seulement de décider à un coup hardi, à une grande entreprise, à l'audace de la défense, ce Roi dont la patience était le seul héroïsme? Et la Reine retombait bientôt des agitations et des rêves de sa volonté dans une résignation désolée. Enchaînée par la faiblesse de son mari, elle pleurait sur cette faiblesse; mais, jalouse de l'autorité et de la dignité de la personne royale, elle repoussait l'idée de montrer ce que peuvent une « femme et un enfant à cheval. » Elle refusait de rien tenter, de rien oser par elle-même, de peur de cacher le Roi, de le voiler, de le diminuer; et se formant aux vertus

(1) Mémoires de madame Campan, vol. II.

de Louis XVI, elle attendait, répétant « que les devoirs d'une Reine qui n'est pas régente sont de rester dans l'inaction et de *se préparer à mourir* (1). »

Arrivait la seconde fédération. La Reine partait pour le champ de Mars, ne croyant pas revoir les Tuileries (2). On tremblait au château ; mais la Reine revenait le soir, et son retour inespéré était salué par ces mots : « Dieu soit loué ! la journée du 14 est passée (3). »

Une démarche tentée auprès de la Reine, pour son salut, par un de ses ennemis, allait être plus fatale à la Reine que tout ce que cet ennemi avait tenté contre elle. La Fayette, tremblant pour la fortune de ses idées, voyant sa charte constitutionnelle compromise, voyant les périls de ce gouvernement impossible qui met le Roi au-dessous des lois et le fait responsable des actes de ministres imposés, inquiet et affligé de tout ce qui a lieu et de tout ce qui se prépare, blessé dans l'amour-propre de ses théories par la journée du 20 juin, étonné aussi et honteux, il faut le dire, des complicités où les révolutions entraînent un honnête homme, la Fayette quitte l'armée, se présente à l'Assemblée, rappelle le 20 juin, déclare que la Constitution a été violée aux yeux de la nation tout entière, demande que les auteurs et fauteurs d'un pareil crime soient recherchés et punis, et, sortant de l'Assemblée, sollicite une entrevue de la Reine (4).

(1) Mémoires de madame Campan, vol. II.
(2) Histoire de la Révolution de France, par Bertrand de Molleville, vol. VIII.
(3) Histoire de Marie-Antoinette, par Montjoye, vol. II.
(4) Mémoires secrets et universels sur les malheurs et la mort de la Reine de France, par Lafont d'Aussonne. *Paris*, 1815.

La Révolution, le malheur, une expérience des hommes et des choses chèrement achetée, avaient fini par commander à la Reine la prudence, la défiance même. En repassant sa vie, l'histoire de ces dernières années, Marie-Antoinette avait appris à redouter les piéges et les trahisons. Puis, si Marie-Antoinette, renonçant à ses antipathies, oubliant de misérables griefs dans de telles catastrophes, pardonnait sans effort à ses ennemis personnels, elle ne surmontait que difficilement ses préventions contre les hommes qu'elle jugeait avoir trahi la royauté. Elle doutait de ces remords qui venaient si tard, et l'heure lui semblait passée où le salut du trône pouvait être encore à la disposition de révolutionnaires arrêtant la Révolution au point où s'arrêtaient leurs ambitions, leurs vœux, leurs idées, leurs consciences. Pouvait-elle voir le dévouement dans ces services offerts sous condition à la royauté, dans ce retour des hommes de 1789, de 1790, de 1791, dépassés par les circonstances, et se rapprochant du Roi bien moins pour le sauver que pour sauver leurs systèmes ? Un seul l'avait touchée ; c'avait été Barnave. Mais Barnave s'était donné, son dévouement avait été gratuit ; et ce n'avait point été le triomphe de ses principes qu'il avait cherché dans le sacrifice de sa personne.

Avant M. de la Fayette, le général Dumouriez, effrayé de cette révolution tombée « jusqu'à la canaille des désorganisateurs, » avait demandé une entrevue à la Reine ; et la Reine l'avait laissé se traîner à ses pieds. C'est en vain que, baisant le bas de sa robe, humilié, prosterné devant la Reine, il l'avait suppliée de se laisser sauver (1); Marie-Antoinette avait refusé de se confier au général de la Révolution. Mais contre M. de la Fayette, quelles répugnances plus grandes encore chez la Reine! C'était le volontaire d'Amérique oublieux des applaudissements qu'elle avait donnés à son courage ; c'était l'ancien noble, tourné contre la monarchie ; c'était cet homme, aux ordres de sa popularité, toujours présent aux plus mauvais jours de la vie de la Reine, la Fayette, qui dormait au 6 octobre! la Fayette, ce complice de l'arrestation de Varennes, qui avait consenti à se faire le geôlier de la Reine! la Fayette, que la Reine avait toujours rencontré, et qui avait partout poursuivi la Reine, à Versailles, à Paris, dans ses malheurs, dans sa vie, dans sa chambre!.... Marie-Antoinette avait dit « *qu'il valait mieux périr que de devoir son salut à l'homme qui leur avait fait le plus de mal,* » et elle se refusait à être sauvée par M. de la Fayette (2).

Alors les choses se précipitaient. L'insulte autour du palais n'avait plus de pudeur, et la menace perdait toute honte. Sous ces fenêtres de la Reine, où l'on avait tiré des fusées et chanté la mort de Marlborough le jour de la nouvelle de la mort de son frère Léopold (3), la *Vie de Marie-Antoinette* était criée, des estampes infâmes étaient montrées aux passants. Le jardin des Tuileries fermé, la terrasse des Feuillants était donnée au peuple par l'Assemblée, et de là, ce que vo-

---

(1) Mémoires de madame Campan, vol. II. — (2) *Id., ib.*
(3) Journal de la cour et de la ville, 20 mars 1792.

missaient contre la Reine les hommes et les femmes était si monstrueux, que la Reine était par deux fois obligée de se retirer. Elle ne pouvait plus sortir avec ses enfants... Souvent, précipitant son pas, la voix frémissante, elle effrayait ses femmes, en voulant descendre au jardin pour haranguer l'outrage : « *Oui,* — s'écriait-elle en parcourant sa chambre, — *je leur dirai : Français, on a eu la cruauté de vous persuader que je n'aimais pas la France..., moi, mère d'un Dauphin ! moi !...* » Puis bien vite l'illusion de toucher un peuple d'insulteurs l'abandonnait (1).

Ce supplice dura sept mois. Lisez cette lettre déchirante de la Reine à madame de Polignac, le 7 janvier 1792, alors que ce supplice commence :

« Je ne peu résister au plaisir de vous embrasser,
« mon cher cœur, mais ce sera en courant, car l'oc-
« casion qui se présente est subite, mais elle est sûre
« et elle jettera ce mot à la poste dans un gros paquet
« qui est pour vous ; nous sommes surveillés comme
« des criminels, et, en vérité, cette contrainte est hor-
« rible a supporter ; avoir sans cesse a craindre pour
« les siens, ne pas s'approcher d'une fenêtre sans être
« abreuvée d'insultes, ne pouvoir conduire a l'air de
« pauvres enfants, sans exposer ces chers innocentes
« aux vociférations ; qu'elle position, mon cher cœur !
« Encore si l'on avoit que ses propres peines, mais
« trembler pour le Roi, pour tout ce qu'on a de plus
« cher au monde, pour les amies présentes, pour les

(1) Mémoires de madame Campan, vol II.

« amies absentes, c'est un poid trop fort à endurer ;
« mais je vous l'ai déjà dit, vous autres me soutennez.
« Adieu, mon cher cœur, espérons en Dieu qui voit
« nos consciences et qui sait si nous ne sommes pas
« animé de l'amour le plus vrai pour ce pays. Je vous
« embrasse,

« MARIE-ANTOINETTE. »

« Le 7 janvier. » (1)

La Reine arrivait à ne plus pouvoir porter ses douleurs ; elle arrivait à désirer la fin de cette épouvantable existence.

Le 9 août, entre onze heures et minuit, la Reine entend le tocsin de l'Hôtel de ville.

La Reine sait tout ; elle a lu les rapports, elle a interrogé les émissaires : elle sait le complot des fédérés, les rassemblements secrets dans un cabaret de la Râpée, la convocation extraordinaire des sociétés, la convocation des quarante-huit sections, la Commune de Paris réunie en assemblée générale, Pétion, Danton, Manuel commandant à la Commune ; les commissaires nommés pour mettre les faubourgs sur pied. Elle sait que la moitié de la garde nationale est du parti des Jacobins (2) ; elle sait que la Pipe et la fille

---

(1) Louis XVII, par A. de Beauchesne, 1853, vol. I.
(2) Mémoires de madame Campan, vol. II.

Audu attendent leur monde, et que Nicolas est allé prendre son costume du 20 juin... (1). La Reine attendait. Le jour suprême est enfin venu : la Reine est prête.

La Reine descend chez le Dauphin : il dort. Un coup de fusil part dans la cour des Tuileries : « *Voilà le premier coup de feu*, dit-elle, *malheureusement ce ne sera pas le dernier* (2) ! » Et elle monte chez le Roi avec Madame Elisabeth. Pétion entre : « Monsieur, lui dit Louis XVI, vous êtes le maire de la capitale; et le tocsin sonne de toutes parts ! Veut-on recommencer le 20 juin ? — Sire, répond Pétion, le tocsin retentit malgré ma volonté ; mais je me rends de ce pas à l'Hôtel de ville, et tout ce désordre va cesser. » Et Pétion va pour sortir : « *Monsieur Pétion*, dit aussitôt la Reine, *le nouveau danger qui nous menace a été organisé sous vos yeux, nous ne pouvons pas en douter. Dès lors vous devez au Roi la preuve que cet attentat vous répugne. Vous allez signer, vous allez signer comme maire l'ordre à la garde nationale parisienne de repousser la force par la force; et,* ajoute la Reine, *vous resterez auprès de la personne du Roi.* » Pétion devient rouge, s'incline devant le regard de la Reine, et signe l'ordre (3). La Reine a sauvé l'honneur du Roi : il pourra du moins mourir, la loi d'une main, l'épée de l'autre !

---

(1) Rapport à M. d'Hervilly. Le 8 août 1792. Huitième recueil des Pièces justificatives de l'acte énonciatif des crimes de Louis Capet, réunies par la commission des Vingt et un.

(2) Mémoires de madame Campan, vol. II.

(3) Mémoires secrets et universels sur la reine de France, par Lafont d'Aussonne. 1825.

Au point du jour, le commandant général des gardes nationales, Mandat, vient informer le Roi qu'il est appelé à l'Hôtel de ville, par les représentants de la Commune, pour entrer en négociations. La Reine supplie Mandat de ne pas quitter le Roi ; mais le Roi demande à Mandat de se rendre à l'invitation de la Commune. Mandat part en disant : « Je ne reviendrai pas (1) ! » Dans une heure, sa tête sera promenée sur une pique !

Un décret de l'Assemblée arrive au château, qui mande Pétion auprès d'elle. La Reine conjure le Roi d'annuler ce décret attentatoire. Elle lui représente qu'en perdant cette garantie, il ne lui reste plus qu'à transiger. Louis XVI obéit à l'Assemblée, et laisse partir Pétion.

A quatre heures la Reine sort de la chambre du Roi, et dit à ses femmes *« qu'elle n'espère plus rien. »* Cependant elle presse les ordres secrets, elle hâte l'arrivée des bonnes sections ; elle songe à tout, et jusqu'à faire garnir par les officiers de bouche les buffets de la galerie de Diane. Elle veut montrer et elle montre à ceux qui l'entourent un visage serein, et sa parole échappe à ses angoisses : *« Quel temps magnifique !* dit-elle à M. de Lorry en s'approchant d'une croisée du Carrousel, *quel beau jour nous allions avoir sans tout ce tumulte* (2) ! »

A cinq heures et demie, la Reine parcourait avec

---

(1) Mémoires inédits du comte François de la Rochefoucauld. Louis XVII par A. de Beauchesne, 1853.
(2) Mémoires secrets et universels, par Lafont d'Aussonne.

le Roi et les enfants les salons et les galeries où, depuis le soir, trois cents gentilshommes, dont beaucoup étaient des vieillards et d'autres des enfants, attendaient l'heure de donner leur sang : « Vive la Reine! vive le Roi! » un seul cri partait de tous les cœurs. La Reine alors déterminait le Roi à descendre au jardin, et à parcourir les rangs des sections de la garde nationale. « *Tout est perdu!* » disait la Reine à la rentrée du Roi (1); mais, voyant des grenadiers des Filles-Saint-Thomas venir prendre place dans les appartements au milieu des rangs de la noblesse, elle recouvrait un moment son courage et l'énergie de sa parole. Comme un commandant de la garde nationale osait demander l'éloignement des gentilshommes armés : « *Ce sont nos meilleurs amis,* s'écrie la Reine avec chaleur, *notre meilleur appui. Mettez-les à l'embouchure du canon et ils vous montreront comme on meurt pour son Roi!* » Et se tournant vers les grenadiers des Filles-Saint-Thomas : « *N'ayez point d'inquiétude sur ces braves gens, ils sont vos amis comme les nôtres ; nos intérêts sont communs; ce que vous avez de plus cher, femmes, enfants, propriétés, dépend de cette journée* (2)*!* »

La grande et solennelle minute dans l'histoire! Le cœur battait à ces courtisans impatients de mourir. Le peuple approchait... Une députation du directoire du département est annoncée. Le procureur général syndic

---

(1) Mémoires de madame Campan, vol. II.
(2) Lettre de M. Aubier, ci-devant gentilhomme de la chambre de Louis XVI, à M. Mallet du Pan. Histoire de la Révolution de France, par M. Bertrand de Molleville, vol. IX.

de la commune, Rœderer, demande à parler au Roi sans autres témoins que sa famille : « Sire, dit-il, Votre Majesté n'a pas cinq minutes à perdre ; il n'y a de sûreté pour elle que dans l'Assemblée nationale ! » Et en quelques mots émus il peint la situation, la défense impossible, la garde nationale mal disposée, les canonniers déchargeant leurs canons. Le marchand de dentelles de la Reine, administrateur du département, prenant la parole pour appuyer Rœderer : « *Taisez-vous, monsieur Gerdret,* dit la Reine ; *il ne vous appartient pas d'élever ici la voix : taisez-vous, Monsieur... laissez parler monsieur le procureur général syndic.* » Et, se tournant vivement vers Rœderer : « *Mais, Monsieur, nous avons des forces... — Madame, tout Paris marche* (1). » Mais la Reine n'écoute plus Rœderer. Elle parle au Roi, elle parle au père du Dauphin, elle parle à l'héritier du trône de Henri IV et de Louis XIV, elle parle à l'honneur de Louis XVI, elle parle à son cœur..... le Roi reste muet. Rœderer insiste auprès de lui sur le péril de toute sa famille. La Reine combat vainement Rœderer avec ce qui lui reste de voix et de forces. « Il n'y a plus rien à faire ici, » murmure le Roi, et, élevant la voix : « Je veux que sans plus tarder on nous conduise à l'Assemblée législative. Je le veux. — *Vous ordonnerez, avant tout, Monsieur, que je sois clouée aux murs de ce palais !* » s'écrie la Reine d'un ton de révolte (2)... Mais les femmes qui l'entou-

---

(1) Chronique de cinquante jours, du 20 juin au 10 août 1792, par Rœderer. 1832.
(2) Mémoires secrets et universels, par Lafont d'Aussonne.

rent, la princesse de Taronto, madame de Lamballe, Madame Elisabeth, la supplient avec des pleurs; et la Reine fait au Roi le sacrifice de sa dernière volonté. « *Monsieur Rœderer, Messieurs,* fait-elle en se retournant vers la députation, *vous répondez de la personne du Roi, de celle de mon fils?* — Madame, répond Rœderer, nous répondons de mourir à vos côtés. » — « *Nous reviendrons!* » dit la Reine, en essayant de consoler ses femmes désolées; et, accompagnée de madame de Lamballe et de madame de Tourzel, elle suit le Roi.

Dans le trajet à pas lents du palais aux Feuillants, elle pleure, elle essuie ses larmes, et pleure encore. A travers la haie des grenadiers suisses et des grenadiers de la garde nationale, la populace l'entoure et la presse de si près que sa montre et sa bourse lui sont volées (1). Arrivée vis-à-vis le café de la Terrasse, c'est à peine si la Reine s'aperçoit qu'elle enfonce dans des tas de feuilles. « Voilà bien des feuilles, dit le Roi; elles tombent de bonne heure cette année ! » Au bas de l'escalier de la Terrasse, hommes et femmes, brandissant des bâtons, barrent le passage à la famille royale. « Non ! — clame la foule, — ils n'entreront pas à l'Assemblée ! Ils sont la cause de tous nos malheurs; il faut que cela finisse ! A bas ! à bas ! » La famille royale passe enfin (2). A l'entrée du corridor des Feuillants, plein de peuple, un homme enlève à la Reine le Dauphin qu'elle tenait à la main, et le prend dans ses bras. La Reine pousse un cri. « N'ayez

(1) Mémoires de madame Campan, vol. II.
(2) Chronique de cinquante jours.

pas peur ; je ne veux pas lui faire de mal ; » et l'homme rend l'enfant à sa mère aux portes de la salle. Entrés dans l'Assemblée, la Reine et la famille royale s'asseyent sur les siéges des ministres. « Je suis venu ici pour épargner un grand crime, » dit le Roi, monté au fauteuil à la gauche du président. La Reine a fait asseoir le Dauphin auprès d'elle. « Qu'on le porte à côté du président ! — crie une voix, — il appartient à la nation ! L'Autrichienne est indigne de sa confiance ! » Un huissier vient prendre l'enfant, pleurant d'effroi et s'attachant à sa mère (1). Mais la Constitution défend à l'Assemblée de délibérer devant le Roi : la famille royale est menée dans la loge grillée de fer, derrière le fauteuil du président, la loge du *Logographe*. Un roi, une reine, leurs enfants, leur famille, leurs derniers ministres, leurs derniers serviteurs, s'entassent dans dix pieds brûlés de soleil. Au dehors ce sont les hurlements de joie des promeneurs de têtes ; puis un feu roulant de mousqueterie ; puis le canon... ; dans l'Assemblée, à quelques pas, sous les yeux de cette Reine qui eût voulu mourir en Roi, ce sont les députations de la Commune, les orateurs des faubourgs, les motions de déchéance, les égorgeurs sanglants vidant leurs poches sur le bureau ; et bientôt le décret lu par Vergniaud : « Le peuple français est invité à former une Convention nationale... Le chef du pouvoir exécutif est suspendu... »

Le soir, à sept heures, enfoncée dans l'ombre de

---

(1) Lettre de M. Aubier.

cette prison étouffante, soutenue depuis le matin seulement par quelques gouttes d'eau de groseille, abîmée dans les larmes, trempée de sueur, son fichu mouillé, son mouchoir en eau, il y avait, portant sur ses genoux la tête de son fils endormi, une malheureuse femme qui avait été la reine de France... Elle demandait un mouchoir : nul de ceux qui l'avaient suivie jusque-là ne pouvait lui en donner un qui n'eût pas étanché le sang de ses derniers défenseurs (1) !

Le tourment de cette séance ne finissait qu'à deux heures du matin. La Reine était conduite aux cellules, préparées et meublées à la hâte, dans l'ancien couvent des Feuillants, au-dessus des bureaux de l'Assemblée. A la lueur des chandelles fichées dans les canons de fusil et montrant le sang des piques, elle passait dans ce peuple qui savait déjà le refrain :

« Madame Véto avait promis
De faire égorger tout Paris... »

Tremblant pour son fils effrayé, la Reine le prenait des mains de M. d'Aubier, et lui parlait à l'oreille ; et l'enfant montait l'escalier en sautant de joie. « Maman, — disait le pauvre enfant, — m'a promis de me coucher dans sa chambre, parce que j'ai été bien sage devant ces vilains hommes. »

La famille royale couchée, les cris demandant la

(1) Mémoires inédits du comte François de la Rochefoucauld.

mort de la Reine ; les cris « Jetez-nous sa tête ! » arrivaient jusqu'aux oreilles du Roi (1).

Le lendemain matin, la Reine, désespérée, tendait les bras à quelques-unes de ses femmes qui accouraient lui offrir leurs services : « *Nous sommes perdus,* leur disait-elle, *tout le monde a contribué à notre perte.* » Et comme le Dauphin entrait dans sa chambre avec Madame : « *Pauvres enfants! qu'il est cruel de ne pas leur transmettre un si bel héritage, et de dire : Il finit avec nous!* » Puis la Reine parlait des Tuileries, demandait les morts, s'inquiétait des personnes qu'elle aimait, de la princesse de Tarente, de la duchesse de Luynes, de madame de Mailly, de madame de la Roche-Aymon et de sa fille (2).

Linge, vêtements, tout manquait à la Reine, tout manquait aux siens. Elle était obligée d'accepter pour le Dauphin les vêtements du fils de l'ambassadrice d'Angleterre, la comtesse de Sutherland (3); elle faisait la grâce à M. d'Aubier d'accepter un rouleau de 50 louis.

Le lendemain du 10 août, et les deux jours qui suivaient, la Reine était obligée de subir le spectacle de l'Assemblée, d'entendre les pétitions *demandant les têtes des Suisses !*...

Un matin qu'elle était ramenée au *Logographe*, voyant dans le jardin des curieux dont la mise était propre et la figure humaine, la Reine fit un salut. Un

---

(1) Lettre de M. Aubier. — (2) Mémoires de madame Campan, vol. II.
(3) Mémoires de madame Campan, vol. II.

de ces hommes lui cria : « Ce n'est pas la peine de prendre tes airs de tête gracieux; tu n'en auras pas longtemps (1) ! »

L'Assemblée se lassait enfin de l'humiliation des vaincus. Elle les rendait à la prison, et la Reine partait pour le Temple avec un soulier brisé dont son pied sortait : « *Vous ne croyiez pas*, disait-elle en souriant, *que la Reine de France manquerait de souliers* (2) ! »

(1) Lettre de M. Aubier. — (2) *Id., ib.*

VII

La Reine au deuxième étage de la petite tour du Temple. — Séparation de madame de Lamballe. — Le procureur de la Commune du 10 août, Manuel. — L'espionnage autour de la Reine. — Souffrances de la Reine. — Le 3 septembre au Temple. — La vie de la Reine au Temple. — Outrages honteux. — La Reine séparée de son mari. — La Reine dans la grosse tour. — Drouet et la Reine. — Délibérations de la Commune sur les demandes de la Reine. — Procès du Roi. — Dernière entrevue de la Reine et du Roi. — Nuit du 20 au 21 janvier 1793.

Le 13 août, au soir, des lampions s'allument au Temple et l'illuminent toute la nuit en signe de réjouissance (1) : la Révolution a écroué la monarchie.

Au deuxième étage de la petite tour, la Reine est couchée, Madame Royale auprès d'elle, dans l'ancien appartement du garde des archives de l'ordre de Malte. Madame de Lamballe est à côté de la Reine dans l'espèce d'antichambre qui sépare la chambre de la Reine

(1) Dernières années du règne et de la vie de Louis XVI, par François Hüe. Paris, Imprimerie royale, 1814.

de la chambre où sont logés le Dauphin, madame de Tourzel et la dame Saint-Brice (1). La longue nuit, cette première nuit au Temple, courte seulement pour les enfants lassés !

Cinq jours se passent. Le 18 août, comme la famille royale dînait dans la chambre du Roi, deux officiers municipaux notifient au Roi qu'en vertu d'un arrêté de la Commune, toutes les personnes de service entrées au Temple avec lui vont sortir sous bonne et sûre garde. A cinq heures, Manuel vient au Temple. La Reine parle à Manuel, Manuel promet de faire suspendre l'arrêté. Tout à coup, dans la nuit du 19, deux commissaires de la municipalité viennent procéder à l'enlèvement de toutes les personnes qui ne sont pas membres de la famille Capet. MM. Hüe et Chamilly descendent de chez le Roi dans la chambre de madame de Lamballe : ils trouvent la Reine et ses enfants, Madame Elisabeth, madame de Lamballe, madame et mademoiselle de Tourzel, enlacés et confondant leurs pleurs (2)...

Derniers embrassements ! premières larmes de séparation de la Reine, qui déjà conquièrent la pitié autour d'elle ! Oui, déjà dans ces geôliers que la Révolution a triés parmi les fils de sa fortune et de son génie, parmi les plus purs et les plus durs, il en est d'ébranlés, il en est de touchés. Ils avaient juré le stoïcisme en entrant au Temple : ils oublient leur serment, le seuil du Temple franchi. A cette séduction de la grâce, que la Reine exerçait hier, il s'est joint la dignité d'une

(1) Dernières années du règne et de la vie de Louis XVI, par François Hüe.
(2) *Id.*, *ib.*

grande douleur ; et la Reine est encore la Reine dans la tour du Temple : elle pleure, et les geôliers redeviennent des hommes.

Le procureur général de la Commune du 10 août, ce républicain avant la république qui avait écrit au Roi : *Sire, je n'aime pas les rois ;* cet ennemi de la Reine, qui s'était fait le porte-voix des préventions de la révolution contre la Reine dans sa fameuse *Lettre à la Reine,* Manuel craint et fuit le regard de la Reine, lorsqu'il lui apprend qu'elle va être enlevée à l'amitié de madame de Lamballe, aux soins de madame de Tourzel ; Manuel se surprend à promettre à la Reine un sursis... Je le sais, Manuel résistera ; il rougira de cette défaite de lui-même ; il voudra briser cet enchantement qui l'enveloppe ; il se retrempera dans les plaisanteries de la révolution ; il fera rire la Commune avec des risées sur *l'attirail embarrassant que traîne une famille royale, et qu'il faut balayer.* Il parlera, avec la joie et le ressentiment d'un homme qui a son orgueil à venger, il parlera des pleurs de la Reine, des pleurs de *cette femme altière que rien ne pouvait fléchir ;* et il ajoutera, comme pour s'arracher aux tentations, en mettant l'insulte entre la Reine et lui : « J'ai dit, entre autres choses, à la femme du Roi, que je voulais lui donner pour son service des femmes de ma connaissance ; elle m'a répondu qu'elle n'en avait pas besoin, qu'elle et sa sœur sauraient se servir réciproquement. Et moi de répondre : Fort bien, madame, puisque vous ne voulez pas accepter de ma main des femmes pour votre ser-

21

vice, vous n'avez qu'à vous servir vous-mêmes, vous ne serez pas embarrassées sur le choix... (1). » Ce fut la dernière révolte et la dernière fanfaronnade de Manuel. Il ne lui arriva plus de se calomnier : il s'abandonna, il se donna tout entier à ces pleurs de « la femme du Roi. »

Manuel était une de ces natures tendres et sensibles dont la pente est vers les faibles, vers les opprimés, vers les vaincus. C'était une de ces âmes d'enfant, que les révolutions enivrent de théories et d'utopies ; un de ces hommes qui, loin des émotions, dans le cabinet, se roidissent et s'exaltent, se commandent un caractère, se fabriquent un cœur romain, et, se poussant et s'entraînant à la barbarie sereine des idées, à l'impitoyable rigueur des principes, prêchent, avec une plume sans merci, une justice et une morale de marbre. Mais ce n'est qu'échafaudage : tout croule ; et il se trouve que cet homme, tout à coup rendu à ses faiblesses et à ses miséricordes, a les entrailles les plus humaines, la sensibilité la plus facile et la plus ouverte au prestige d'une grande infortune. Manuel est enchaîné, il est soumis ; Manuel, qui l'eût prévu ? sera le correspondant de la Reine ! Manuel sera l'homme qui subira, tête baissée, les éclats et l'indignation de la Reine aux massacres de Septembre et d'Orléans (2); Manuel sera le noble cœur qui, pendant le procès de la Reine, seul et dans un coin du greffe

---

(1) Mémoires de Weber, concernant Marie-Antoinette. *Baudouin*, 1822, vol. II.
(2) Maximes et pensées de Louis XVI et d'Antoinette. *Hambourg*, 1802.

de la Conciergerie, enfoncé dans d'infinies tristesses, et las de la vie, dédaignera de cacher aux bourreaux la protestation et le deuil de sa douleur (1) !

Après l'enlèvement « nous restâmes tous quatre sans dormir, » dit simplement Madame (2). Hélas! d'autres séparations attendaient la famille royale, dont celle-ci n'est que le commencement.

La Reine n'a plus de femmes ; la Reine se sert elle-même ; la Reine habille le Dauphin, qu'elle a pris dans sa chambre (3), et elle sera trop heureuse d'avoir, à la fin d'août, Cléry pour la peigner (4).

Mais le supplice de sa vie nouvelle n'est pas là. Ces misères ne la touchent pas, parmi tant de misères. Il est un autre tourment de chacune de ses heures : avec Hüe entrent dans sa chambre, pour tout le jour, les municipaux de service auprès d'elle ; le dévouement ouvre au soupçon et à l'espionnage. La femme n'est seule, la mère n'est libre qu'en ces moments, pris sur son sommeil, qui précèdent huit heures. Tout le reste des longues heures du jour, l'oreille de Denys et les yeux de la Commune sont dans la chambre de Marie-Antoinette. Pas un geste, pas une parole, pas un coup d'œil, pas une caresse,

(1) Quelques Souvenirs, ou Notes fidèles sur mon service au Temple, par M. Lepitre. *Paris, Nicolle*, 1817.
(2) Récit des événements arrivés au Temple, par Madame Royale, fille du Roi, à la suite du Journal de Cléry. *Paris, Baudouin*, 1825.
(3) Dernières années, par Hüe. — (4) Journal de Cléry.

rien qui n'ait ses témoins et ses délateurs! pas une seconde où Marie-Antoinette se possède, où Marie-Antoinette possède sa famille; toujours ces hommes épiant ses yeux, ses lèvres, son silence! Toujours ces hommes la poursuivant jusque dans la chambre où elle se sauve pour changer de robe! C'est là le supplice, le supplice qui sans cesse recommence sans finir. La nuit, la nuit même, dans l'antichambre où couchait tout à l'heure madame de Lamballe, les municipaux veillent, et la Reine est espionnée dans le sommeil même (1).

Hüe parvient à déjouer cette surveillance; et, redescendu du grenier de la tour, après le passage des colporteurs, il apprend à la dérobée la criée du jour à la Reine : un jour le supplice de l'intendant de la liste civile, Laporte ; un jour le supplice du journaliste royaliste, Durosoy... (2).

La Reine n'est pas désespérée encore. Elle croit encore à la France et à la Providence. Son imagination travaille dans l'insomnie et la fièvre : ses illusions tressaillent au moindre bruit. Elle écoute, elle attend, et il lui semble que l'épreuve de ce mauvais rêve va tout à coup finir.

Marie-Antoinette n'a point eu les préparations, elle n'aura que plus tard les détachements de sa compagne

---

(1) Dernières années, par Hüe. — Journal de Cléry.
(2) Dernières années, par Hüe.

de captivité, Madame Élisabeth, qui au retour de Varennes habituait déjà son courage à l'avenir, en lisant des *Pensées sur la Mort* (1). Marie-Antoinette sera longue à accepter le malheur, et à se familiariser, comme Madame Élisabeth, avec la résignation. Plus rapprochée qu'elle de l'humanité, elle n'échappera qu'avec effort aux faiblesses et aux révoltes de son sexe. Sensible et vulnérable, par les tendresses et les délicatesses de sa nature, aux moindres blessures, elle épuisera toutes les amertumes du martyre. Moins maîtresse de son sang et de son caractère que cette Madame Élisabeth, qui ne désarme les injures que par ce mot chrétien : « *Bonté divine* (2) ! » la Reine frémira, elle s'indignera ; et repoussant l'outrage, elle le boira jusqu'à la lie. Dans son corps même, la Reine sera plus torturée : les émotions déchirantes seront, pour son tempérament nerveux, de plus mortelles secousses.

Longtemps l'espérance alla et vint dans la pauvre femme, mobile et changeante, essuyant tout à coup ses larmes, tout à coup replongée dans son chagrin ; parfois revenant à la jeunesse de son esprit, et s'oubliant à baptiser *la Pagode* un commissaire craintif qui ne répondait à ses questions que par un signe de tête (3) ; puis retombant et s'affaissant. Marie-Antoinette espérait encore, le jour où M. de Malesherbes s'offrit pour défendre le roi ; et, les lendemains de ce jour, elle

---

(1) Dernières années, par Hüe.
(2) Six journées passées au Temple (par Moille). **Paris, Dentu**, 1820.
(3) Quelques Souvenirs, par Lepitre.

n'avait pas encore la force de renoncer au tourment de l'espoir (1).

La Reine appartenait encore à la terre. Elle y était liée par son mari, par son fils; et il faudra la mort de son mari, l'enlèvement de son fils, pour que, du haut de toutes les douleurs humaines, Marie-Antoinette s'élève à ces visions du ciel, à ces communications de Dieu qui agenouillent tout à coup, dans la journée, Madame Élisabeth au pied de son lit, à côté des commissaires qu'elle ne voit pas, loin du monde qu'elle n'entend plus !

La famille royale dînait chez le Roi, le 3 septembre. La Reine avait oublié l'embarras et la rougeur de Manuel, lorsqu'elle lui avait demandé où était madame de Lamballe, et qu'il lui avait répondu en balbutiant : « *A l'Hôtel de la Force* (2). » Tout à coup, ce bruit, ce sont les tambours; ces cris, c'est le peuple. La famille royale sort précipitamment de table, et descend dans la chambre de la Reine. Cléry entre si pâle, que la Reine lui dit : « *Pourquoi n'allez-vous pas dîner ?* — Madame, je suis indisposé. » Les municipaux parlent bas dans un coin de la chambre. Au dehors les cris grandissent; les injures contre la Reine montent et arrivent distinctes à l'oreille. Un municipal et quatre hommes du peuple débouchent dans la chambre : le peuple veut les prisonniers à la fenêtre..... Les mal-

---

(1) Maximes et pensées de Louis XVI et d'Antoinette.
(2) Dernières années, par Hüe.

heureux ! ils y allaient !.... Le municipal Mennessier se jette sur la fenêtre, tire les rideaux, repousse la Reine... Le Roi demande, il interroge : « Eh bien ! dit un des hommes, puisque vous voulez le savoir, c'est la tête de madame de Lamballe qu'on veut vous montrer (1) ! »

La Reine n'a pas un cri ; elle ne s'évanouit pas. Morte d'horreur, elle demeure debout, pétrifiée, immobile, semblable à une statue. Elle n'entend plus le peuple, elle ne voit plus ses enfants. De tout le jour, elle n'a ni une parole ni un regard (2), comme si derrière les rideaux cette tête aux blonds cheveux sanglants était toujours à la regarder !

Puis la vie monotone et lente de la prison recommença.

A huit heures, le service du Roi fait, hier Hüe, aujourd'hui Cléry descendait chez la Reine, et la trouvait levée, ainsi que le Dauphin. Les municipaux entrés, le Dauphin montait chez le Roi ; et pendant qu'au-dessus d'elle le Roi donnait des leçons de latin et de géographie à son fils, la Reine faisait l'éducation religieuse de sa fille. Elle lui apprenait ensuite à chanter ; ou bien, elle guidait son crayon sur les modèles de tête envoyés au Temple par M. Van Blaremberg (3).

La Reine, jusqu'à midi, avait un bonnet de linon et une robe de basin blanc. A midi, elle mettait une robe

---

(1) Journal de Cléry. — (2) Récit de Madame.
(3) Dernières années, par Hüe.

de toile fond brun à petites fleurs, son unique parure de la journée jusqu'à la mort du Roi (1).

A deux heures, on dînait tous ensemble chez le Roi ; et comme le Roi essayait quelquefois de s'échapper après le dîner pour aller lire et travailler, la Reine le retenait à une partie de trictrac ou de cartes. Mais le jeu même, souvent quel rappel et quelle menace ! et que de fois la Reine en sortait tremblante et effrayée de présages ! Comme ce jour où, dans un piquet à écrire, elle avait conduit le Roi à ses deux dernières cartes, deux as, du choix desquels dépendait un capot. Le Roi, après avoir hésité, jeta la bonne carte. Des larmes vinrent aux yeux de la Reine. Le Roi comprit, et répondit à sa femme par un sourire de résignation (2).

Le roi sorti, la Reine prenait l'aiguille avec Madame Élisabeth. Une grande tapisserie occupa d'abord la Reine, dont toutes les heures de royauté, dérobées à la représentation, avaient été données à de grands ouvrages de femmes, à une énorme quantité de meubles, à des tapis, à des tricots de laine (3).

Le Roi rentré, la Reine faisait quelque lecture à haute voix. Mais quel livre ne lui apportait pas la blessure et la douleur soudaine de rapprochements imprévus ? La Reine se rejeta sur les pièces de théâtre (4) ; mais là, que de réveils du passé ! C'est la gaieté, c'est le plaisir de ses belles années, c'est sa salle de spec-

---

(1) Six journées au Temple (par Moille), 1820.
(2) *Id., ib.*
(3) Récit de Madame. — (4) Dernières années, par Hüe.

tacle, c'est sa jeunesse ! Il est partout, ce supplice du souvenir. Dans le peu de musique laissé sur le mauvais clavecin qui sert aux leçons de sa fille, il est un morceau intitulé « La Reine de France. » *Que les temps sont changés!* murmure la Reine en le feuilletant (1).

A huit heures, le Dauphin soupait dans la chambre de Madame Élisabeth. La Reine venait présider au souper de son fils. Lorsque les municipaux s'éloignaient un peu, et ne pouvaient entendre l'enfant, elle lui faisait réciter une petite prière. Le Dauphin couché, la mère, ou Madame Élisabeth, cette autre mère, le veillaient à tour de rôle. A neuf heures, Cléry servait le souper chez le Roi et portait à manger à celle des deux princesses qui restait auprès du Dauphin. Le Roi descendait auprès du lit de son fils, pressait, après quelques moments, la main de sa femme et la main de sa sœur, embrassait sa fille et remontait. Les princesses se couchaient (2); et la Reine avait encore vécu un jour.

Ainsi les jours succédaient aux jours. La veille était le lendemain, le lendemain était la veille. Hors une prière pour madame de Lamballe, que la Reine ajoute aux prières de son fils (3), Septembre ne change rien dans la tour. Le temps n'y change qu'une chose : la Reine quitte sa tapisserie pour ravauder; car la misère du linge est venue à la famille royale. Le Dauphin couche dans des draps troués (4), et la Reine veille,

---

(1) Quelques Souvenirs, par Lepitre.
(2) Journal de Cléry. — Dernières années, par Hüe. — (3) Journal de Cléry.
(4) Dernières années, par Hüe.

avec Madame Élisabeth, pour raccommoder l'un des deux habits du Roi pendant qu'il est couché (1); ou bien sa redingote, cette redingote couleur de ses beaux cheveux, couleur *cheveux de la Reine* (2).

Dans les premiers temps, la Reine descendait au jardin et faisait jouer ses enfants dans l'allée des marronniers. Mais, au bas de la tour, les deux geôliers, Risbey, et ce Rocher, l'insulteur de la famille royale au 10 août des Tuileries à l'Assemblée, lui lançaient au visage la fumée de leurs pipes (3); autour d'eux, à cheval sur les chaises apportées du corps de garde, les gardes nationaux applaudissaient, riaient et faisaient au passage de la Reine une haie de risées et d'insolences. Dans le jardin où Santerre et les commissaires promenaient la famille royale, les soldats s'asseyaient et se couvraient devant la Reine. Les canonniers, dansant en ronde, la poursuivaient avec le *Ça ira* et les chants de la Révolution (4). Les ouvriers qui remplissaient le jardin se vantaient tout haut d'abattre, avec leur outil, la tête de la Reine..... (5).

Quand la Reine remontait, les Marseillais chantaient sur l'air qui berça son fils :

« Madame à sa tour monte,
« Ne sait quand descendra... (6) »

La Reine resta quelques jours sans descendre ; mais

---

(1) Journal de Cléry. — (2) Six journées passées au Temple (par Moille).
(3) Dernières années, par Hüe. — (4) Journal de Cléry.
(5) Récit de Madame.
(6) Fragments historiques sur la captivité de la famille royale à la tour du

les enfants avaient besoin d'air, d'espace, de jeux. Ils souffraient, ils étouffaient. La Reine s'arma de son courage de mère, traversa les mauvaises paroles, et redescendit au jardin.

Aussi bien, là-haut comme en bas, l'outrage et la menace entourent la Reine. Si le jardin a ses hommes, la tour a ses murs. Les charbonnages et les inscriptions y répètent comme un refrain : *Madame Veto la dansera* (1) !

L'écho même y apporte l'injure et le rire des stupidités immondes et des pamphlets cannibales, les ordures des Boussemard, le *Ménage royal en déroute*, la *Tentation d'Antoinette et de son Cochon*..... Mais ne faisons pas à cette fange l'honneur de la remuer.

Il est au-dessous de tous ces outrages à la Reine un outrage honteux, que nul peuple, nul temps n'avait encore osé contre la pudeur d'une femme : il n'y a de garde-robe pour les princesses que la garde-robe des municipaux et des soldats (2) !

Dix-huit jours après le 3 septembre, la rue clame encore. Les prisonniers se souviennent et tressaillent: mais non ; aujourd'hui ce n'est point une tête au bout d'une pique : c'est la République.

Pendant que le municipal Lubin proclamait sous la tour, d'un voix de stentor, l'abolition de la royauté,

---

Temple, recueillis par M. de Turgy, à la suite des Mémoires historiques sur Louis XVII, par Eckard, 3ᵉ édition. *Paris*, 1818.

(1) Journal de Cléry. — (2) Journal de Cléry.

Hébert et Destournelles, de garde dans la chambre de la Reine, épiaient ces fronts d'où tombait une couronne : ils n'y purent rien lire. La Reine imita l'indifférence du Roi qui ne leva pas les yeux du livre qu'il lisait.

Que dis-je encore? le Roi, la Reine! Il n'y a plus de Roi, il n'y a plus de Reine, il n'y a plus de famille royale au Temple : il y a Louis Capet, il y a Marie-Antoinette. Madame Élisabeth, c'est Élisabeth, Madame Royale, c'est Marie-Thérèse, le Dauphin, c'est Louis-Charles ; et quand le linge enfin accordé aux prisonniers arrive au Temple, la République prend la main de la Reine, et la force à démarquer cette couronne dont les ouvrières avaient surmonté ses chiffres (1).

Plus donc sur eux tous que la couronne de leur Dieu, la couronne d'épines! Mais, pour la porter, ils sont une famille, ils ne sont qu'un cœur. Ils passent le jour ensemble, ils souffrent côte à côte, ils retiennent leurs larmes d'un même effort; la sœur vit dans le frère, le mari dans la femme, la mère dans ses enfants. Leur force et leur patience sont là, dans ce rapprochement et dans cette communion, dans ce partage journalier de tout leur courage et de toute leur âme. Et qu'importe l'espionnage assis à leur côté? Ils se voient : en une telle situation, c'est se parler.

Une fois, c'était au premier jour de la captivité, un colporteur qui passait avait crié un décret ordonnant

---

(1) Journal de Cléry.

de séparer le Roi de sa famille. Au cri du colporteur, la Reine avait éprouvé un saisissement dont elle avait eu peine à se remettre (1). Ce n'était alors qu'une menace. Le 29 septembre, c'est un arrêt. La Commune a résolu : « Louis et Antoinette seront séparés. Chaque prisonnier aura un cachot particulier. » Et les municipaux emmènent coucher le Roi dans la grosse tour du Temple, adossée à la petite tour (2).

Le lendemain à dix heures, Cléry entre avec les municipaux chez la Reine. La Reine pleurait, entourée de ses enfants et de Madame Élisabeth en pleurs. Elle se précipite vers Cléry; et ce sont mille questions sur le Roi. Elle va aux municipaux, les supplie d'une voix entrecoupée : « Être avec le Roi au moins pendant quelques instants du jour... à l'heure des repas... » Elle les implore avec ses larmes, avec ses sanglots, avec des cris, si belle, si furieuse de passion, qu'elle arrache à un municipal : « Eh! bien, ils dîneront ensemble aujourd'hui, demain... »; si douloureuse et si désespérée que Simon se croit un moment des larmes, et bougonne assez haut : « Je crois que ces b......... de femmes me feraient pleurer (3)! »

Les jours suivants, la Commune toléra que la Reine prît ses repas avec le Roi, à la condition que pas une de ses paroles ne serait dite assez bas pour échapper à l'oreille des commissaires (4).

La Reine attendit trois semaines la consolation

---

(1) Dernières années, par Hüe. — (2) Journal de Cléry.
(3) Journal de Cléry. — (4) Récit de Madame.

d'habiter la grosse tour, la tour qu'habitait son mari. Elle se flattait de le quitter moins, le sachant, même absent, à quelques pieds au-dessous d'elle. Elle ne savait pas encore la torture d'être si loin de ceux qu'on aime, lorsqu'on en est si près ! Le 26 octobre enfin, les municipaux procèdent au transfèrement des femmes dans la grosse tour. La Reine monte l'escalier d'une des tourelles. Elle passe devant le corps de garde du premier étage ; elle passe devant la porte du logement de son mari. Elle a franchi sept guichets, elle est au troisième étage ; une porte de chêne s'ouvre, puis une porte de fer : c'est sa nouvelle prison, trente pieds carrés divisés en quatre pièces par des cloisons en planches ; d'abord une antichambre dont le papier, des pierres de taille grossièrement ombrées, fait un cachot (1) ; à gauche la chambre des Tison ; à gauche la chambre de Madame Élisabeth ; et en face la Reine, sa chambre. Un jour sombre et sans soleil descend de la fenêtre grillée et masquée par un soufflet, sur le carrelage à petits carreaux, et sur le papier vert à grands dessins fond blanc (2). Un lit à colonnes et une couchette à deux dossiers s'adossent aux angles des cloisons. Une commode en acajou fait face au lit. Un canapé est de côté dans l'embrasure de la fenêtre. Sur la cheminée, il y a une glace de quarante-cinq pouces et une pendule : cette pendule, qui devait mesurer le temps à la

---

(1) Lettre sur la prison du Temple et sur les deux enfants de Louis XVI, pour servir de supplément aux Mémoires de Cléry.

(2) Histoire de Marie-Antoinette, par Montjoye. *Paris*, 1814, vol. II.

veuve de Louis XVI, représentait la Fortune et sa roue (1)!

Le soir même de l'entrée de la Reine dans la grosse tour, son fils lui est enlevé pour la nuit. De ce jour, il couchera auprès du Roi (2). La Reine ne va plus avoir ces soins familiers, cette charge bien-aimée du lever et du coucher d'une petite créature, tout ce petit service adorable qui distrayait et occupait son chagrin. La Reine n'aura plus auprès d'elle, dans ses nuits sans sommeil, le gentil sommeil de son fils, et ce sourire des beaux rêves d'un enfant qui fait oublier aux mères qu'elles ne dorment pas...

La Reine vit plus séparée des siens dans ce nouveau logis. Elle vit plus éloignée du bruit de la rue; et le silence de la nuit ne lui apporte plus cet air de *Pauvre Jacques*, chanté autour du Temple par des voix amies. Les courtes promenades au jardin ne lui donnent plus ces joies, la joie de tout un jour, le bonheur de croire reconnaître une figure aimée qu'elle n'espérait plus revoir, un dévouement qu'elle croyait n'avoir point échappé à Septembre (3). Aujourd'hui, plus une seule fenêtre ouverte sur tout l'enclos du Temple : la terreur semble avoir muré les maisons.

La Reine vit dans les tracas d'une suspicion incessante et stupide, qui lui retire encre, plume, pa-

---

(1) Archives nationales. Louis XVII; par A. de Beauchesne, 1853, vol. II.
(2) Journal de Cléry.
(3) Mémoires historiques sur Louis XVII; par Eckard.

pier; qui voit dans des modèles de dessin les portraits des souverains coalisés, dans les lectures de l'Histoire de France qu'elle fait à ses enfants, une incitation à la haine de la France (1). L'insulte se taisant, la Reine est insultée par les perquisitions et les inquisitions. L'ignorance, la défiance, la sottise blessent, à tous les moments du jour, ce grand esprit étonné d'être blessé de si bas. Elle vit, essuyant les défiances et les familiarités de tailleurs de pierres et de savetiers montés pour la première fois dans l'histoire au rôle de tourmenteurs de reine. Échappe-t-elle aux municipaux? Elle retombe, elle le sait, sous l'œil de ce ménage, le patelinage et la délation, les Tison, ces Tison, au masque de pitié, que la Commune a placés le 15 octobre entre elle et les demandes des prisonnières, pour les approcher plus près de la confiance qu'ils ont mission de trahir (2) !

Le 1er novembre, la famille était rassemblée chez le Roi. Drouet, le maître de poste de Sainte-Menehould, entre et va s'asseoir auprès de la Reine. Un mouvement d'horreur échappe à la Reine. Drouet venait avec deux autres membres de la Convention, Chabot et Duprat, demander à la famille royale si elle se trouvait bien, si elle ne manquait de rien. Au moment du départ, Drouet remonta seul au troisième étage. Il demanda à la Reine par deux fois, et en insistant d'une voix émue, si elle avait à formuler quelque plainte. La Reine lui jeta pour toute réponse un

---

(1) Mémoires historiques sur Louis XVII, par Eckard.
(2) Journal de Cléry.

regard froid, et, muette, alla s'asseoir avec sa fille sur le canapé. Drouet attendit, puis salua (1). Quand il fut sorti : « Pourquoi donc, ma sœur, — dit la Reine à Madame Élisabeth, — l'homme de Varennes est-il remonté ? Est-ce parce que c'est demain le jour des Morts ?... (2). »

Le jour des Morts ! triste jour, qui est le jour de votre naissance, Marie-Antoinette !... Sinistre pronostic, qui jetait son inquiétude à vos plus riantes pensées, à vos plus jeunes années (3) !

Le Roi tombait malade vers la mi-novembre ; après le Roi, le Dauphin. La mère n'avait pu obtenir que le lit de son fils fût transporté dans sa chambre pendant la maladie de Louis XVI. Elle demandait de descendre passer la nuit auprès de son fils malade. Sa demande était repoussée (4); et déjà une barbarie hypocrite commençait à mettre entre la maladie des prisonniers et l'appel d'un médecin, entre l'ordonnance des médicaments et leur délivrance, entre la demande et l'accord des nécessités de la vie et de la santé, les formalités, les apostilles, les considérants, les notes de Tison au conseil du Temple, les délibérations du conseil, les renvois au conseil général de la Commune, les délibérations et les arrêtés de la Commune. Tous besoins de la Reine, toutes choses, les choses de l'habillement, du boire, du manger, et cette eau de Ville-d'Avray, la seule eau que son estomac

---

(1) Récit de Madame. — (2) Louis XVII, par A. de Beauchesne, vol. I.
(3) Maximes et Pensées de Louis XVI et d'Antoinette.
(4) Journal de Cléry.

peut supporter, et jusqu'au plus intime de la toilette d'une femme (1), tout passe sous ce contrôle ; et le corps tout entier de la Reine est soumis à ce conseil, à cette Commune, qui lui refuseront un jour, contre le froid de l'hiver, une couverture piquée (2)!

Au commencement de décembre, la tristesse de la Reine était devenue plus sombre, plus inquiète, plus tremblante. Elle s'agitait sous le pressentiment, sous les secrètes alarmes de l'avenir : l'ombre d'un grand malheur était devant elle. Autour d'elle, tout était menace : menace, le visage contraint de Cléry ; menace, l'insolence et la gaieté des commissaires ; menace, la surveillance resserrée ; menace, la défense à Turgy, à Chrétien, à Marchand, de communiquer avec le valet de chambre du Roi, et bientôt de sortir du Temple ; menace, le doublement des commissaires par la nouvelle Commune, héritière de la Commune du 10 août.

Le 7 décembre, pendant le déjeûner, le Roi apprenait à la Reine, en quelques mots dérobés à l'attention des commissaires, que le mardi il serait conduit à la Convention ; que le mardi son procès commencerait, et qu'il aurait un conseil. C'est Cléry qui la veille, profitant du moment où il déshabillait son maître, lui avait jeté furtivement ces nouvelles à l'oreille. Et, comme si la république voulait annoncer d'avance à la famille du Roi l'issue de son procès, une

---

(1) Catalogue de lettres autographes du 12 mars 1855.
(2) Détention de Louis XVI et de sa famille au Temple. *Revue rétrospective*, 2ᵉ série, vol. IX, 1837.

députation de la commune, à peine l'affreuse nouvelle apprise par le Roi à la Reine, venait enlever aux prisonniers « toute espèce d'instruments tranchants ou autres armes offensives et défensives, en général tout ce dont on prive les autres prisonniers présumés criminels. » Tout fut enlevé, de ce qui peut dérober au bourreau, tout, et les ciseaux de la Reine; et l'on vit une Reine, qui reprisait son linge, cassant son fil avec ses dents.... (1).

Quelles paroles pour dire l'agonie de la Reine pendant le procès du Roi? Comme dans la Convention, « la mort! » dans la tour répond à « la mort! » La mort! disent les visages à la Reine; la mort! disent les murs; la mort! dit l'écho; la mort! dit le papier; la mort! disent les journaux de la révolution, oubliés par la Révolution sur la commode de la Reine (2). Toute consolation, toute espérance, toute illusion, lui sont défendues; le peu qui lui restait de force lui a été retiré : elle n'a pas vu le Roi depuis qu'il a été ramené de la Convention! Et, pour que nulle angoisse ne manque aux angoisses de Marie-Antoinette, la maladie va de son fils à sa fille, et dans son cœur d'épouse déchire son cœur de mère.

Il y avait des jours où la Reine n'avait plus de paroles et où elle regardait ses enfants avec un air de pitié qui les faisait tressaillir; il y avait des nuits où elle n'avait plus de sommeil et où elle restait sans se coucher, berçant son insomnie avec son désespoir (3). Il se

(1) Journal de Cléry. — (2) Récit de Madame. — (3) *Id., id.*

trouva des hommes pour ajouter à ces douleurs, et pendant ces jours il fallut à la Reine subir les grossièretés d'un Mercereau, la nuit les chansons d'un Jacques Roux (1).

Et la torture d'ignorer, de ne pouvoir suivre de la pensée un accusé si cher, l'accusation, les débats, les incidents ; la torture de ne rien savoir d'une telle cause que ce que lui en apprennent les papiers montés de la fenêtre du Roi ou bien la façon des plis du linge du Dauphin. (2)

Parfois, brisée et frémissante, la Reine se réveillait et entrait en des révoltes où éclatait la majesté de ses infortunes. L'âme et le sang de Marie-Thérèse lui montaient à la face ; et le regard en feu, bravant tous les regards, furieuse de ce courroux suprême qui saisit les grands cœurs poussés à bout par le destin, elle interrogeait la Commune sur la loi, sur le code qui permet d'arracher le mari à sa femme, et elle commandait qu'on la réunît à Louis XVI (3) !

La Convention avait refusé au Roi qu'elle jugeait de voir sa famille, elle n'osa refuser au condamné de l'embrasser la veille de sa mort.

C'est dans la salle à manger du Roi que l'entrevue aura lieu : le ministre de la justice l'a décidé. La salle est prête ; la table rangée, les chaises au fond ; sur la table une carafe et un verre. Louis XVI a songé à

---

(1) Quelques Souvenirs, par Lepitre. — (2) Journal de Cléry.
(3) Maximes et Pensées de Louis XVI.

tout : la Reine peut s'évanouir. A huit heures la porte s'ouvre. La Reine tenant son fils par la main, Madame et Madame Élisabeth, se précipitent dans les bras du Roi. La Reine veut entraîner le Roi vers sa chambre : « Non, dit le Roi, je ne puis vous voir que là. » Ils passent dans la salle à manger. Les municipaux sont à leur poste derrière la porte vitrée et la cloison en vitrage ; ils ne peuvent entendre, mais ils espionnent de l'œil cette douleur, la plus grande peut-être dont Dieu ait infligé le spectacle à des hommes ! D'abord des sanglots. La Reine est assise à la gauche du Roi, Madame Élisabeth à sa droite, Madame Royale presque en face, le Dauphin debout entre ses jambes. Le Roi parle. Après chaque phrase du Roi, la Reine, Madame Élisabeth, les enfants fondent en sanglots. Au bout de quelques minutes la voix du Roi reprend ; au bout de quelques minutes les sanglots recommencent. Tous se penchent : c'est le Roi qui bénit sa femme, sa sœur, ses enfants. La petite main du Dauphin se lève : c'est le Roi qui fait jurer à son fils de pardonner à ceux qui font mourir son père (1). Puis plus de parole : rien qu'un sanglot de toute cette famille..... (2).

Un quart d'heure après, il était dix heures un quart, le roi se lève. D'une main la Reine lui saisit le bras, et de l'autre prend la main du Dauphin. Madame Élisabeth, Madame s'attachent au Roi, et l'on fait ainsi

---

(1) Journal de Cléry.
(2) Mémoires de M. l'abbé Edgeworth de Firmont, recueillis par C. Sney Edgeworth. *Paris, Gide,* 1817.

quelques pas, enchaînés les uns aux autres. A la porte les femmes retrouvent de nouvelles larmes et de nouveaux gémissements : « Je vous assure, dit le Roi, que je vous verrai demain à huit heures. — *Pourquoi pas à sept heures?* fait la Reine en suffoquant. — Eh bien, oui, à sept heures... Adieu ! » Ils s'embrassent et ne peuvent finir... « Adieu ! » et le Roi s'arrache des bras de la Reine. « Adieu ! » (1). Madame se trouve mal dans l'escalier; et la Reine, soutenant sa fille, tout à coup se retourne vers les municipaux, et d'une voix terrible : « *Vous êtes tous des scélérats* (2) ! »

La nuit du 20 au 21 janvier, toute la nuit, Madame entendit sa mère, qui ne s'était pas déshabillée, trembler sur son lit de douleur et de froid (3). Marie-Antoinette appelle à chaque heure cette heure de sept heures, l'heure promise aux embrassements suprêmes. Elle est inquiète de ce bruit, mais ce n'est que le bruit de Paris qui s'éveille. La porte s'ouvre... ce n'est encore qu'un livre qu'on vient chercher pour la messe du Roi. Quels siècles, les minutes ! quelle éternité, cette heure, jusqu'à ces fanfares de trompettes... Le Roi est parti (4) !

Alors, au troisième étage de la tour, trois femmes pleurent et prient, tandis qu'un pauvre enfant, échappé

---

(1) Journal de Cléry.
(2) Maximes et Pensées de Louis XVI et d'Antoinette.
(3) Récit de Madame. — (4) Journal de Cléry.

de leurs bras, mouillé de leurs larmes, crie aux commissaires : « Laissez-moi passer! je vais demander au peuple qu'il ne fasse pas mourir papa roi (1)! »

Quelques heures après, des salves d'artillerie apprennent à Marie-Antoinette que ses enfants n'ont plus de père...

(1) Maximes et Pensées de Louis XVI et d'Antoinette

VIII

Portrait de Marie-Antoinette au Temple. — État de son âme. — Les dévouements dans le Temple et autour du Temple : Turgy, Cléry, les commissaires du Temple. — M. de Jarjayes. — Toulan. — Projet d'évasion de la Reine. — Billets de la Reine. — Le baron de Batz. Sa tentative au Temple. — Marie-Antoinette séparée de son fils.

Le lendemain de la mort de Louis XVI, il y a, sur le registre des arrêtés du Temple, ces lignes :

« *Marie-Antoinette demande pour elle un habillement complet de deuil, et pour sa famille, le plus simple* (1). » Un habillement de deuil ! la Révolution l'accordera-t-elle ? Elle délibère. Le 23, la Commune se risque à arrêter qu'il sera fait droit à la demande de Marie-

---

(1) Demandes de Marie-Antoinette à la Commune de Paris, avec les arrêtés que la Commune a pris sur ses demandes. *De l'imprimerie de la Feuille de Paris.*

Antoinette : le deuil du mari, du père, du frère, sera permis à la veuve, aux enfants, à la sœur.

La veuve est dans les habits de deuil dus aux générosités de la République. Elle a sur la tête un bonnet de femme du peuple dont les tuyaux pleurent et tombent sur ses épaules. Entre les tuyaux et la coiffe court un voile noir. Un grand fichu blanc est croisé sur son cou avec une méchante épingle. Un petit châle noir, liseré de blanc, se noue à la naissance de sa robe noire.

Sur son front, le long de ses tempes, courent, échappées du bonnet, des mèches de cheveux d'un blond qui grisonne et s'en va blanchissant. Son front est fier encore, et ses sourcils n'ont pas baissé leur arc impérial. Les larmes ont rougi ses paupières, les larmes ont gonflé ses yeux ; son regard a perdu son rayon ; il est fixe. Le bleu de ses yeux n'a plus d'éclairs, plus de caresses ; il est vitrifié, froid, presque aigu. La belle ligne aquiline du nez est devenue une arête décharnée, sèche et dure ; et l'on croirait que l'agonie a pincé ces narines qui frémissaient de jeunesse. Les lèvres ne s'épanouissent plus, et le sourire a pour jamais quitté cette bouche décolorée qui plisse et rentre. L'animation et le sang ont abandonné ce masque immobile ; et à voir celle qui fut la Reine de France, il semble qu'il vous apparaisse une de ces grandes et pâles figures de macération et de mortification, une de ces saintes de Port-Royal, dont les pinceaux jansénistes de Philippe de Champagne nous ont transmis la face rigide et crucifiée.

Le malheur a fait l'âme de la Reine semblable à son visage. Il n'est plus de sourire, il n'est plus de rayon non plus au-dedans d'elle. Tout s'y est éteint, mais tout s'y est pacifié ; tout y est désolé, mais tout aussi y est recueilli dans une sérénité morne. De la princesse, de la femme, il ne reste plus qu'une veuve. Les amertumes ne la touchent plus, les outrages passent au-dessous d'elle, les cruautés n'atteignent que sa pitié. Pour elle l'avenir est sans terreur : il n'est plus que promesse ; et Marie-Antoinette s'approche de la mort, ainsi que d'une patrie et d'un rendez-vous, avec un tranquille et pieux désir.

Elle prie et s'abîme dans la prière ; elle se plonge et s'absorbe dans la *Journée du Chrétien ;* elle immole son cœur devant cette image du cœur de Marie sanglant et traversé de glaives (1). Son âme ne prête plus l'oreille à la terre ; son âme va s'élevant, se dégageant chaque jour, et comme essayant ses ailes... Mais Dieu permit que Marie-Antoinette fût encore tentée par l'espérance, comme s'il eût voulu montrer que les mères ne sont jamais prêtes à mourir.

Pendant que la Reine, enfoncée dans sa douleur, s'enfermait dans sa prison et ne voulait plus descendre au jardin, pour ne pas passer devant la porte par laquelle était sorti Louis XVI (2), de nobles dévouements veillaient autour de la prison de la Reine.

---

(1) Bulletin du tribunal révolutionnaire, 2ᵉ partie, nᵒ 28.
(2) Récit de Madame.

Des femmes ne craignaient pas d'entretenir des correspondances avec le Temple, de pousser aux plans de salut de la famille royale, d'accueillir chez elles, à toute heure du jour et de la nuit, tous les dévouements et tous les courages, s'obstinant à rester à leur poste malgré les prières et les ordres du Temple. Il était des femmes, comme cette marquise de Sérent, qui, interrogée par les comités, répondait « qu'en qualité de dame d'une princesse prisonnière, son devoir était de veiller à tout ce qui pouvait lui être nécessaire, et que la mort l'empêcherait seule de remplir un devoir aussi sacré (1). »

Il était des hommes guettant le Temple et l'occasion, briguant de se risquer, prêts à mourir. Un gentilhomme du Dauphiné, M. de Jarjayes, était de ceux-là. Nommé maréchal de camp par le Roi, chargé en 1791 de la direction du dépôt de la guerre, bientôt sans fonctions, il n'avait pas émigré, pour se tenir au service de la cour. Sa femme, madame de Jarjayes, était femme de la Reine, sa première femme en survivance. Après Varennes, elle avait obtenu de rester aux Tuileries. M. de Jarjayes, à qui cela facilitait l'entrée habituelle du château, mérita de la Reine l'honneur de missions secrètes au-dedans et au-dehors, auprès de Monsieur, en Piémont, et auprès de Barnave, auquel il portait les lettres de la Reine. Au 10 août, M. de Jarjayes avait accompagné la famille royale dans la loge du *Logographe*.

---

(1) Mémoires sur Louis XVII, par Eckard.

Le Roi mort, la Reine au Temple, il resta : il attendait (1).

Dans la prison même, le dévouement était auprès de la Reine. Un officier de bouche de l'ancienne cour, l'homme qui avait déjà sauvé la vie à la Reine aux journées d'octobre, en lui ouvrant la porte secrète des petits appartements, Turgy avait trouvé la grille du Temple ouverte quelques jours après le 10 août, et, de sa pleine autorité, avec la bonne fortune de l'audace, s'était installé au service de la famille royale. Ce fut le premier qui donna aux hôtes du Temple, non les nouvelles du dehors, mais quelques lambeaux de ces nouvelles. Aidé de Chrétien et de Marchand, employés comme lui à l'office du Temple, et comme lui jouant obscurément leur tête, il avait une adresse merveilleuse pour substituer, dans un tournant d'escalier, dans un passage noir, au bouchon d'une carafe de lait d'amande vérifié par les municipaux, un autre bouchon couvert d'avis écrits avec du jus de citron ou un extrait de noix de galle. Puis il transmettait au dehors, sur le même bouchon, la réponse de la Reine ou de Madame Elisabeth. Il avait encore concerté avec les prisonniers une correspondance muette par signes et par gestes. Avec le mouvement de ses doigts, le port de sa tête, le jeu de sa serviette, il entreprit de leur dire les batailles, la marche des armées, l'Autriche, l'Angleterre, la Sardaigne et la Convention. Mais cette langue mimée prêtait à trop de contre-sens. Turgy, qui

(1) Mémoires de M. le baron Goguelat. Précis des tentatives qui ont été faites pour arracher la Reine à la captivité du Temple. *Paris, Baudouin*, 1823.

était homme d'expédients, imagina alors des pelotes de fil ou de coton cachées dans les bouches de chaleur du poêle ou dans le panier aux ordures. Autorisé à sortir du Temple deux ou trois fois par semaine pour les approvisionnements, Turgy voyait Hüe ; il voyait la duchesse de Sérent ; il était le lien des correspondances entre la tour et le dehors, et confirmé dans son zèle par le témoignage que le Roi lui rendait le 21 janvier, il bravait le murmure des dénonciations (1).

Mais Turgy n'était qu'un serviteur fidèle au malheur de ses maîtres ; d'autres vont le lui disputer en courage, qui n'ont servi que la Révolution.

Seul honneur de ces temps, cette séduction des hommes de la Révolution par la pitié ! seule consolation de cette abominable histoire, qu'il se soit fait autour de la Reine, dans la plus dure des prisons, sous la plus impitoyable des terreurs, une contagion de respect qui s'enhardit jusqu'aux bons offices et jusqu'aux dangers mortels de la sensibilité ! Ces hommes à qui la Révolution a donné le mandat d'être aveugles, d'être sourds, d'être muets sous peine de mort, bravent la mort dès qu'ils sont entrés dans la familiarité de cette infortune. Ceux-là qui avaient l'insulte à la bouche et le chapeau sur la tête, se taisent, se découvrent et s'inclinent devant ces larmes de Marie-Antoinette, devant ces larmes de Reine ! Ç'avait été Manuel ; ç'avait été Cléry qui, le 26 octobre, abjurait son passé et se livrait tout entier au Roi et à la Reine (2) ; ce sont tant

---

(1) Fragm. historiq. sur la captivité de la famille royale, par M. de Turgy.
(2) Récit de Madame.

de commissaires, tout à coup touchés, dont l'air, la tenue, la parole, les caresses aux enfants, les yeux mouillés, plaignent et courtisent les chagrins de la Reine. « Maman, crie joyeusement le Dauphin dès qu'il reconnaît une de ces figures qui lui ont souri, c'est Monsieur un tel ! » Et la Reine est sûre d'avoir quarante-huit heures de respect, de compassion, peut-être même de cette rare flatterie qui s'incline plus bas devant les rois sans couronne. Elle aura dans sa chambre ce commissaire qui reprend le Dauphin de placer en Asie Lunéville, « cette ville, — lui dit-il, — où ont régné vos ancêtres ; » ou Lebœuf, qui voudrait lui faire accorder les *Aventures de Télémaque;* où Moille, qui ne consent pas à se couvrir devant la famille royale ; ou Lepitre, qui apporte à la Reine l'hommage de ses romances et la pièce de l'*Ami des lois;* ou l'épicier Dangé, qui embrasse le Dauphin en le promenant sur la plate-forme de la Tour ; ou l'administrateur de la police de Paris, Jobert ; ou le maître maçon Vincent, ou l'architecte Bugneau, ou Michonis (1), quelqu'un de ces commissaires enfin qui trahissent leur mission pour ne pas trahir l'humanité.

Il savait comment vont les cœurs de la pitié à l'intérêt, de l'intérêt au dévouement, ce commissaire si effrayé à sa première visite du charme de la Reine, qu'il donna sa démission, n'osant retourner au Temple (2).

---

(1) Bulletin du tribunal criminel révolutionnaire, 2ᵉ série, n° 96 et 97. Affaire de Michonis et autres. — Mémoires sur Louis XVII, par Eckard. — Quelques Souvenirs, par Lepitre. — Six journées passées au Temple, par Moille.
(2) Maximes et Pensées de Louis XVI et d'Antoinette.

Bientôt des commissaires se rendaient comme Manuel, et de l'attendrissement passaient aux imprudences et aux complicités ; bientôt même de plus aventureux osaient concevoir de sauver la famille royale, et semblaient prendre pour devise cette devise donnée par la Reine pour la bague d'un commissaire : *Poco ama ch' il morir teme* (1).

Le 2 février 1793, un homme se présente chez M. de Jarjayes, et lui demande un entretien secret. Voix, costume, façons, tout chez cet homme sent la Révolution. M. de Jarjayes le regarde et s'inquiète, quand l'homme se jette à ses pieds. Ce qu'il veut, c'est l'indulgence, la confiance de M. de Jarjayes ; ce qu'il est venu offrir, c'est son repentir ; ce qu'il est venu chercher, c'est l'aide de M. de Jarjayes pour sauver les prisonniers du Temple. M. de Jarjayes se défie et repousse l'offre. L'homme alors tire de sa poche un chiffon de papier, et M. de Jarjayes lit ces mots, en huit petites lignes, de la main de la Reine :

« Vous pouvez prendre confiance en l'homme qui vous parlera de ma part, en vous remettant ce billet. Ses sentiments me sont connus ; depuis cinq mois il n'a pas varié. Ne vous fiez pas trop à la femme (2) de l'homme qui est enfermé ici avec nous : je ne me fie ni à elle ni à son mari. »

L'homme était Toulan (3).

Il se rencontre parfois, dans les révolutions, de ces individus qui puisent comme une insolence de cou-

---

(1) Quelques Souvenirs, par Lepitre.
(2) La femme Tison. — (3) Mémoire de M. de Goguelat.

rage dans l'insolence des événements. Enhardis, égayés presque par la grandeur du péril, la folie de l'entreprise, l'invraisemblance du salut, ils vont à des aventures, ils cherchent des dangers qui semblent plus appartenir à la fiction qu'à la vie, au roman qu'à l'histoire. Né à Toulouse vers 1761, établi à Paris, en 1787, libraire et marchand de musique, nommé membre de la Commune du 10 août, continué dans la municipalité dite provisoire, et devenu chef de bureau de l'administration des biens des émigrés (1), Toulan, « ce petit jeune homme, » est un de ces cœurs sans peur et sans surprise, qui trompent longtemps la mort en se jouant d'elle. Cervelle de Gascon, tête chaude, une fécondité inventive et que rien ne décourageait le faisait inépuisable en ruses, en inventions, en stratagèmes. Puis la nature l'avait armé d'une gaieté de si bon aloi et de si belle venue, si franche, si épanouie, qu'elle désarmait tous les soupçons en leur riant au nez ; grand comédien par là-dessus, qui, gardant le rôle de ses anciennes opinions auprès des comités et des conseils de la Révolution, rudoyait les tièdes avec la langue salée et les grosses plaisanteries du sans-culottisme. De sang-froid, et maître de lui, sous cette verve, cette vivacité et cet entrain de son caractère, prêt à tout et sachant attendre, ardent et patient, obstiné et madré, Toulan avait tous ces dons et toutes ces vertus qui mènent un complot au succès. Mais il était plus qu'un conspirateur hardi et habile :

---

(1) Mémoires sur Louis XVII, par Eckard, note 17.

il était un de ces beaux et purs dévouements sur lesquels aime à se reposer et dans lesquels se réjouit le souvenir des hommes ; un de ces dévouements au-dessus de l'or, au-dessus de la récompense, au-dessus même de l'espoir de la rémunération, et que paye un mot, ce nom de *Fidèle* que les prisonnières du Temple ont donné à Toulan (1). Et dans la reconnaissance de la Reine pour Toulan, quel étonnement, quel respect, si j'ose dire, quand elle compte, jusqu'à Toulan, tous ces dévouements dans la garde nationale, tous ces dévouements dans l'Assemblée qui mendiaient la liste civile (2), quand elle reconnaît de combien est moins grand un homme de génie qui se vend qu'un homme de cœur qui se donne !

Toulan s'est voué à sauver les prisonniers du Temple ; il croit pouvoir les sauver et il apporte son plan à M. de Jarjayes. M. de Jarjayes put bientôt juger l'homme. La Reine avait témoigné à Toulan le désir d'avoir les souvenirs que Louis XVI lui avait légués, et que le conseil du Temple avait retirés des mains de Cléry pour les mettre sous scellés. C'était un anneau nuptial, un cachet et un paquet de cheveux. Presque aussitôt ce désir exprimé, Toulan apportait à la Reine ce paquet de cheveux, l'anneau d'alliance portant *M. A. A. 19 aprilis 1770*, et ce cachet montrant à côté des armes de France la tête du Dauphin casquée. Toulan avait brisé les scellés, substitué des objets à peu près pareils, reposé les scellés. Jamais un désir

---

(1) Fragments historiques, par Turgy.
(2) Dernières années, par Hüe.

de Reine de France, commandant l'impossible, n'avait été plus vite et mieux servi. Ces reliques devaient parvenir plus tard, par des mains amies, à Monsieur et au comte d'Artois, avec ces deux billets de la Reine, le premier à Monsieur, le second au comte d'Artois :

« Ayant un etre fidele, sur lequel nous pouvons
« compter, j'en profite, pour envoyer a mon frere et
« ami, ce dépot qui ne peut etre confie qu'entre ses
« mains, le porteur vous dira par quel miracle nous
« avons pu avoir ces precieux gages, je me reserve de
« vous dire moi même un jour le nom de celui qui
« nous est si utile, l'impossibilite ou nous avons été
« jusqu'a present de pouvoir nous donner de nos nou-
« velles, et l'exces de nos malheurs nous fait sentir
« encore plus vivement notre cruelle separation puisse-
« telle n'etre pas longue, je vous embrasse en atten-
« dant comme je vous aime et vous savez que c'est de
« tout mon cœur.   M : A : »

« Ayant trouvé enfin un moyen de confier à notre
« frère un des seul gage qui nous reste de l'etre que nous
« chérissons et pleurons tous j'ai cru que vous seriez
« bien aise d'avoir quelque chose qui vient de lui, gar-
« dez-le, en signe de l'amitié la plus tendre avec laquelle
« je vous embrasse de tout mon cœur.   M : A : » (1).

Le billet de la Reine lu, M. de Jarjayes, voulant agir avec certitude, avait demandé à Toulan s'il pouvait le faire entrer au Temple et parler un instant à la Reine. Toulan déclarait la démarche difficile, non

---

(1) Mémoires historiques sur Louis XVII, par Eckard.

impossible, et rapportait bientôt à M. de Jarjayes ce billet de la Reine :

« Maintenant si vous etes décidé a venir ici il seroit
« mieux que ce fut bientot; mais mon dieu prenez
« bien garde d'etre reconnu, surtout de la femme qui
« est enfermée ici avec nous. »

M. de Jarjayes, déguisé, est introduit au Temple par Toulan. Il voit la Reine, il lui parle. La Reine lui dit d'examiner les plans de Toulan; puis, s'oubliant, et ne pensant qu'aux autres, elle recommande à M. de Jarjayes de lui donner des nouvelles de tous ceux qui sont restés fidèles; et, M. de Jarjayes à peine sorti du Temple, la Reine lui écrit, tremblant encore d'émotion et de peur :

« Prenez garde a m^{de} archi elle me paroit bien
« liée avec l'homme et la femme dont je vous parle
« dans l'autre billet.

« Tachez de voir m^{de} th. on vous expliquera pour
« quoi. comment est votre femme, elle a le cœur trop
« bon pour n'etre pas bien malade. »

A quelques jours de là, M. de Jarjayes recevait cette lettre de la Reine :

« Votre billet m'a fait bien du bien je n'avois aucun
« doute sur le Nivernois, mais j'etois au desespoir qu'on
« put seulement en penser du mal. écoutez bien les
« idées qu'on vous proposera : examinez les bien, dans
« votre prudence; pour nous nous nous livrons avec
« une confiance entiere. mon dieu que je serois heu-
« reuse, et surtout de pouvoir vous compter au nombre
« de ceux qui peuvent nous être utile ! vous verrez le

« nouveau personnage, son exterieur ne previent pas
« mais il est absolument necessaire et il faut l'avoir.
« t... [oulan] vous dira ce qu'il faut faire pour cela.
« tachez de vous le procurer et de finir avec lui avant
« qu'il revienne ici. si vous ne le pouvez pas voyez
« m^r de la borde de ma part, si vous n'y trouvez pas de
« l'inconvénient, vous savez qu'il a de l'argent à moi. »

Le nouveau personnage, dont parlait la Reine, était un commissaire que Toulan voulait qu'on gagnât à prix d'argent. M. de Jarjayes, répugnant à répandre le secret, ne s'adressait pas à M. de Laborde, et offrait à la Reine de faire lui-même la somme.

« En effet, — répondait la Reine à M. de Jarjayes,
« — je crois qu'il est impossible de faire aucune de-
« marche en ce moment près de M. de la b.... toutes
« auroient de l'inconvenient : il vaut mieux que ce
« soit vous qui finissiez cette affaire par vous même,
« si vous pouvez. j'avois pense a lui pour vous eviter
« l'avance d'une somme si forte pour vous. »

Le commissaire était acheté, payé.

« T.... m'a dit ce matin que vous aviez fini avec le
« comm.... combien un ami tel que vous m'est pre-
« cieux! » écrivait la Reine, qui se laissait aller à l'illusion ; et tout aussitôt, craignant d'être ingrate, elle mandait à M. de Jarjayes :

« Je serois bien aise que vous pussiez aussi faire quel
« que chose pour t... il se conduit trop bien avec
« nous pour ne pas le reconnoitre (1). »

(1) Mémoire de M. Goguelat.

Mais Toulan ne voulut rien accepter, rien qu'une boîte d'or dont la Reine se servait : boîte fatale qui devait le perdre ! Sa femme la montra ; et Toulan monta à l'échafaud, où déjà était monté la Reine (1).

Voici quel était le plan de Toulan :

Des habits d'homme étaient préparés pour la Reine et Madame Élisabeth, et apportés, à diverses reprises, sous leurs pelisses, dans leurs poches, par Toulan et Lepitre. Deux douillettes devaient achever de tromper sur la taille et la démarche des prisonnières. Ajoutez des écharpes et des cartes d'entrée semblables à celles des commissaires. Pour Madame Royale et le Dauphin, on les eût sortis du Temple ainsi : un allumeur de réverbères entrait tous les jours, à cinq heures et demie, au Temple, accompagné de deux enfants qui l'aidaient à allumer dans la tour, et sortait avant sept heures. Un costume pareil à celui de ces enfants, une carmagnole, une vieille perruque, de gros souliers, un sale pantalon, un mauvais chapeau, déguisaient le Dauphin et Madame Royale, déshabillés et rhabillés dans la tourelle voisine de la chambre de la Reine où Tison et sa femme n'entraient jamais. Vers six heures trois quarts, le tabac d'Espagne, prodigué par Toulan aux époux Tison, et renfermant ce jour-là un narcotique, plongeait l'homme et la femme dans un sommeil de huit heures. La Reine, vêtue en homme, montrant de loin sa carte à la sentinelle rassurée par la vue de son écharpe, sortait du Temple avec Lepitre, et

(1) Mémoire de M. Goguelat.

se rendait rue de la Corderie, où M. de Jarjayes devait l'attendre. Quelques minutes après sept heures, les sentinelles relevées dans la tour, un commis du bureau de Toulan, dévoué comme lui, du nom de Ricard, arrivait à la porte de la Reine, costumé en allumeur, sa boîte de fer-blanc au bras; frappait, et recevait le Dauphin et Madame Royale des mains de Toulan, qui le grondait tout haut de n'être pas venu lui-même arranger les quinquets; et les enfants allaient rejoindre leur mère. Madame Élisabeth, sous le même déguisement que la Reine, sortait la dernière avec Toulan.

Les fugitifs avaient au moins cinq heures devant eux. La Reine eût demandé le matin qu'on ne servît qu'à neuf heures et demie son souper, servi d'ordinaire à neuf heures; on eût frappé, refrappé, interrogé la sentinelle, qui, relevée à neuf heures, n'eût rien su; on serait descendu à la salle du conseil; on serait remonté avec les deux autres commissaires; on eût frappé de nouveau, appelé les sentinelles précédentes, enfin envoyé chercher un serrurier. Le serrurier eût trouvé les portes fermées en dedans; et avant qu'on n'eût enfoncé les deux portes, l'une de chêne à gros clous, l'autre de fer; avant que les commissaires n'eussent visité les appartements, les tourelles, n'eussent réveillé Tison et sa femme; avant qu'un procès-verbal n'eût été rédigé; avant que le conseil de la Commune ne l'eût examiné; avant que la police, le maire, les comités de la Convention n'eussent résolu des mesures, la famille royale eût été loin avec des passeports bien en règle.

Il n'y avait eu, dans ce plan, de discussion que sur un point. Toulan avait proposé pour la fuite une berline attelée de six chevaux, devant laquelle il eût couru à franc étrier; mais la Reine tenait pour trois cabriolets : dans le premier, le Dauphin, M. de Jarjayes et elle; dans le second, Madame Élisabeth avec Toulan; dans le troisième, l'autre commissaire et Madame Royale. La Reine se rappelait Varennes. Elle craignait la curiosité sur la route, l'indiscrétion des postillons; trois voitures légères n'exigeaient chacune qu'un cheval; il était possible de relayer sans recourir à la poste; de se réunir en cas d'accident dans deux voitures. L'avis de la Reine prévalut. Où irait-on? On n'était pas encore fixé à la fin de février. On pensa un moment à la Vendée qui commençait à se soulever; mais la Vendée était loin. On se rejeta sur la Normandie, d'où l'on pouvait gagner la mer et l'Angleterre (1).

Des restrictions apportées à la délivrance des passeports, le bruit de la fermeture des barrières, arrêtaient toute tentative dans les premiers jours de mars. Puis, si bien gardé que soit le secret d'un complot, il s'en répand toujours quelque chose; et Toulan, malgré son sang-froid, restait assez sot à cette brusque apostrophe d'une tricoteuse avec laquelle il plaisantait : « Toi, tu es un traître, tu seras guillotiné! » Une défiance mal dissimulée de la Commune écartait Toulan et Lepitre de la surveillance du Temple jusqu'au 18 mars. Cette fois les dernières mesures étaient arrêtées et l'exécu-

---

(1) Quelques Souvenirs, par Lepitre.

tion du projet fixée au prochain jour de garde de Toulan. Le 26, comme on nommait à la Commune les commissaires pour le Temple, le fabricant de papiers peints Arthur monte à la tribune et dénonce Toulan et Lepitre comme « entretenant avec les prisonnières du Temple des conversations à voix basse et comme s'abaissant à exciter la gaieté de Marie-Antoinette. » Toulan répond aussitôt et se justifie par des plaisanteries. Hébert, sans appuyer sur la dénonciation, demande le scrutin épuratoire et la radiation de Lepitre et de Toulan sur la liste des commissaires. Arrivent les fêtes de Pâques ; les municipaux ne se soucient guère d'aller les passer dans une prison. Toulan se fait proposer avec Lepitre par un de ses collègues et leurs deux noms sont écrits, quand Lechénard les fait rayer. Une municipalité nouvelle s'organise ; Toulan et Lepitre ne sont pas réélus (1). Toulan ne se décourage pas, quand un coup imprévu menace ses projets.

La république avait logé auprès des prisonnières, dans leur appartement, derrière un vitrage, un couple d'espions : l'homme et la femme Tison. Ces malheureux, qui essayaient de s'approcher de la confiance de la Reine et de Madame Élisabeth, avec le patelinage et l'hypocrisie, pour la livrer et la vendre, passant leur vie à épier et faisant soupçon de tout derrière de faux semblants de pitié, les Tison avaient au fond d'eux comme une espèce de cœur : ils avaient

---

(1) Quelques Souvenirs, par Lepitre.

une fille et l'aimaient (1). C'était avec cela que la Révolution les maniait et les tenait ; c'était en leur montrant et en leur retirant cette fille que la Commune jouait d'eux comme d'animaux affamés ou repus. Privés de la voir, exaspérés, ils déclaraient le 20 avril, sans qu'il fût besoin de les pousser, « que la veuve et la sœur du dernier tyran avaient gagné quelques officiers municipaux, qu'elles étaient instruites par eux de tous les événements, qu'elles en recevaient les papiers publics, et que par leur moyen elles entretenaient des correspondances. » Et la femme Tison montrait d'un air de triomphe la goutte de cire que Madame Élisabeth avait laissée par mégarde tomber sur son chandelier en cachetant une lettre à l'abbé Edgeworth. Rien pourtant n'était encore désespéré. Les nouveaux commissaires, remplaçant les commissaires suspects, étaient à la dévotion de Toulan ; Follope jetait au feu la dénonciation de la femme Tison contre Turgy (2), et du dehors Toulan pouvait encore conduire la tentative..... Qu'arriva-t-il? De quelles mesures nouvelles de surveillance le Dauphin et Madame furent-ils entourés? L'allumeur de quinquets cessa-t-il d'amener au Temple ces deux enfants qui montraient comme une conspiration de la Providence pour le salut des enfants de la Reine? Nul des témoins de ce temps ne nous l'apprend ; un seul fait est constant : la Reine peut fuir encore, ses enfants ne peuvent plus la suivre.

(1) Récit de Madame. — (2) Mémoires sur Louis XVII, par Eckard.

C'est alors que la Reine écrit à M. de Jarjayes ce dernier billet :

« Nous avons fait un beau rêve, voilà tout ; mais
« nous y avons beaucoup gagné, en trouvant encore
« dans cette occasion une nouvelle preuve de votre
« entier devouement pour moi. Ma confiance en vous
« est sans bornes ; vous trouverez, dans toutes les oc-
« casions, en moi du caractere et du courage ; mais
« l'interet de mon fils est le seul qui me guide, et
« quelque bonheur que j'eusse éprouvé a être hors
« d'ici je ne peux pas consentir a me separer de lui.
« Au reste je reconnois bien votre attachement dans
« tou; ce que vous m'avez dit hier. Comptez que je
« sens la bonté de vos raisons pour mon propre inte-
« ret, et que cette occasion peut ne plus se rencon-
« trer, mais je ne pourrois jouir de rien en laissant
« mes enfans, et cette idée ne me laisse pas même de
« regret (1). »

Le grand cœur qui si vite et avec si peu d'effort se détache d'un espoir où ne sont pas ses enfants ! D'une mère romaine vous n'auriez une autre lettre ; et que de graces en ce dernier cri, en ce dernier chant de la tendresse maternelle ! L'héroïsme y est doux comme une caresse, le sacrifice comme un sourire.

En dépit de la fatalité, Toulan se dévouera et luttera jusqu'au bout. Lors de la dénonciation de Tison, il n'est pas absent comme Lepitre, Moille, Brunot ; il

(1) Mémoire de M. Goguelat.

fait face à l'accusation, il fait face à Hébert, et il réclame avec une effronterie magnifique l'apposition immédiate des scellés chez lui. Un mandat d'arrêt est lancé contre lui ; il ne s'en soucie pas. On l'arrête ; il prie ceux qui l'arrêtent de le mener chez lui pour prendre quelques effets ; ils poseront du même coup les scellés. En chemin il rencontre son ami Ricard et l'engage à venir prendre quelques papiers lui appartenant qui se trouvent sur son bureau. Ricard à compris Toulan. Arrivés chez Toulan, une discussion s'engage, à propos des papiers, entre Ricard et les commissaires. Toulan, qui est passé dans un cabinet voisin pour se laver les mains, lâche une fontaine ; le bruit de l'eau qui coule, le bruit de la voix de Ricard qui récrimine avec fracas, empêchent les commissaires d'entendre une porte dérobée s'ouvrir doucement : Toulan est libre (1) ; mais, libre, il ne se sauve pas de Paris. Il court louer une chambre dans une maison voisine du Temple, où Turgy a de fréquents rendez-vous avec lui, et d'où il rapporte au Temple les nouvelles du dehors. La Reine à la Conciergerie, Toulan avertira et renseignera Madame Élisabeth en sonnant du cor à la fenêtre, et si hautement que Madame Élisabeth sera obligée de le rappeler à la prudence (2).

La Reine appréciait dignement cet homme, quand, pour le remercier de tout ce qu'il avait tenté, de tout ce qu'il osait encore, elle ne trouvait rien de mieux

(1) Mémoires sur Louis XVII, par Eckard, note 17.
(2) Fragments historiques de M. de Turgy.

que de le faire entrer dans ses bonheurs de mère : « *Dites à Fidèle,* écrivait-elle, *que je vois mon fils tous les jours* (1). »

Il ne restait plus à la Reine que Dieu et le baron de Batz.

Un royaliste est à Paris, une main sur Paris, une main sur la France, enveloppant la Révolution. Dénoncé, recherché, poursuivi, traqué, il embrasse la Vendée, Lyon, Bordeaux, Toulon, Marseille, et son nom fait pâlir Robespierre. Cet homme est un Protée, Catilina et Casanova brouillés dans un seul homme pour l'épouvante d'une tyrannie. La tête et la plume aux intrigues, le bras aux coups de main; il est un diplomate et un aventurier. Cet homme est partout, et où il n'est pas, il menace. Il a des agents dans les sections, dans les municipalités, dans les administrations, dans les prisons, dans les ports de mer, dans les places frontières. Il est ici et là, hier une ombre, aujourd'hui un éclair, trouvant les lois comme des toiles d'araignées, passant à travers les règlements, les consignes, les barrières, avec de faux passeports, de faux certificats de résidence, de fausses cartes civiques. Il surgit et disparaît tout à coup dans les foules, stupéfaites de l'avoir vu. Il passe dans la rue, dans les maisons d'arrêt, dans les cafés, dans les or-

---

(1) Fragments historiques de M. de Turgy.

gies des conventionnels, semant les paroles ou l'or, entraînant les dévouements, racolant les vénalités, achetant les individus, achetant des bureaux en masse, achetant le département de Paris, achetant la police, marchandant la Révolution ; imprenable, insaisissable, glissant des mains, échappant, en plein boulevard, à un peuple en armes ; servi par des miracles, sauvé par des amis, confidents de tous ses plans, qui préfèrent mourir que de le trahir (1).

Cet homme allait bientôt arracher ce cri à la Terreur qui a peur, cette lettre du comité de surveillance de la Convention à l'accusateur public : « Le comité t'enjoint de redoubler d'efforts pour découvrir l'infâme *Batz*... Ne néglige dans tes interrogatoires aucun indice ; n'épargne aucune promesse pécuniaire ou autre ; demande-nous la liberté de tout détenu qui promettra de le découvrir ou de le livrer mort ou vif ; répète qu'il est hors la loi, que sa tête est mise à prix ; que son signalement est partout ; qu'il ne peut échapper ; que tout sera découvert, et qu'il n'y aura pas de grâce pour ceux qui, ayant pu l'indiquer, ne l'auront pas fait. C'est te dire que nous voulons à tout prix ce scélérat. » La Révolution ira jusqu'à promettre 300,000 livres de la tête de M. de Batz. La Révolution recommandera à l'accusateur public de supprimer, dans le réquisitoire contre ses coaccusés, les détails des grands projets de Batz, et d'en dire seulement le

---

(1) Rapport fait au nom des comités réunis de salut public et de sûreté générale sur la conspiration de Batz, par Élie Lacoste. — *Mémoires sur Louis XVII*, par Eckard.

fond sans en indiquer les moyens (1), craignant de révéler comment un homme avait lutté avec elle et l'avait mise en péril.

Rien cependant, aux premiers jours de la Révolution, n'annonçait un pareil homme dans ce grand sénéchal d'Albret, député aux états généraux par la noblesse de sa province. Il ne s'était fait remarquer que par ses connaissances en matière de finances, son opposition à la création des assignats, ses importants rapports sur la dette, en qualité de président de la section du comité de liquidation. Le 12 et le 15 septembre 1791, il protestait contre les opérations de l'Assemblée nationale. Puis sa trace se perd. « Retour et parfaite conduite de M. de Batz, à qui je redois 512,000 livres, » il n'est que cette phrase d'un journal de Louis XVI, à la date du 1ᵉʳ juillet 1792, pour nous dire que l'oblation de la fortune et de la vie de M. de Batz à la cause royale est commencée. Après le 10 août, M. de Batz rejoint les princes. Le procès du Roi le rappelle à Paris. Il ne peut enlever le Roi du Temple; mais, le 21 janvier, c'est M. de Batz qui, sur le passage du Roi, s'élance avec trois amis, criant : « A nous, ceux qui veulent sauver le Roi ! » Désolé de n'avoir point eu le bonheur de sauver Louis XVI, comme un de ses aïeux avait sauvé Henri IV, M. de Batz reportait son cœur et sa pensée sur la famille du Roi (2).

M. de Batz, qui avait à sa disposition la fortune,

---

(1) Mémoires sur Louis XVII, par Eckard. Pièces justificatives, 6, 7, 8 et 9.
(2) *Id.*, *ib.*, note 11.

sous ses ordres le dévouement des plus grands noms de France ; M. de Batz, avec sa petite armée, les Rochefort, les Saint-Maurice, les Marsan, les Montmorency, les Pons, les Sombreuil, avec cet autre lui-même, son aide-de-camp, le marquis de la Guiche, si bien caché et si hardi sous le nom de Sévignon ; avec l'aide et le courage des Roussel, des Devaux, des Cortey, des Michonis, M. de Batz reprenait après Toulan l'œuvre de délivrance.

Cortey, l'épicier de la rue de la Loi, le logeur ordinaire du baron de Batz, était capitaine de la force armée de la section Lepelletier. Il s'était fait, sans doute par les conseils et pour les plans de M. de Batz, l'ami intime de Chrétien, le juré au tribunal révolutionnaire, qui avait placé Cortey dans le petit nombre de commandants à qui l'on confiait la garde de la Tour, lorsque leur compagnie faisait partie du détachement de service au Temple. Le municipal était choisi d'avance : c'était Michonis, qui, plus heureux que Toulan, avait échappé aux dénonciations. La coïncidence d'une garde de Michonis avec une garde de Cortey fut la base du plan de M. de Batz, dont le succès devait être assuré par le concours d'une trentaine d'hommes de la section dont les sympathies et la vigueur n'étaient point douteuses.

Le jour arrive où Cortey et Michonis sont en fonction tous les deux au Temple. Batz est entré dans la prison au milieu du détachement de Cortey. Le service est distribué de façon que les trente hommes doivent être en faction aux postes de la Tour et de l'escalier, ou bien en patrouille de minuit à deux heures du matin. Michonis s'est assuré du service de la garde de nuit dans l'appartement de la Reine. De minuit à deux heures, dans ces deux heures où les postes les plus importants seront occupés par les hommes de Batz, les princesses, cachées dans de longues redingotes, et placées l'arme au bras dans une patrouille qui enveloppera le Dauphin, sortiront du Temple, conduites par Cortey qui seul peut, en sa qualité de commandant du poste de la Tour, faire ouvrir la grande porte pendant la nuit.

Il est onze heures. Le moment approche. L'émotion vient au plus brave, lorsque tout à coup Simon accourt, essoufflé et inquiet : « Si je ne te voyais pas ici, dit-il à Cortey qu'il a reconnu, je ne serais pas tranquille. » Ce mot éclaire M. de Batz ; une tentation soudaine le prend de tuer Simon, et de risquer l'évasion à force ouverte. Mais le bruit d'une arme à feu causera un mouvement général. Il n'est point le maître des postes de la Tour et de l'escalier ; et, s'il échoue, que fera-t-on de la famille royale ? Michonis a remis ses fonctions à Simon avec un calme imperturbable. Il se prépare à se rendre à la Commune, qui le mande. Mais déjà, sous le prétexte d'un bruit entendu au dehors, Batz, à la tête d'une patrouille, s'est élancé dans la rue, en se promettant une revanche (1).

Simon avait gardé la Reine à la Révolution contre

---

(1) Mémoires historiques sur Louis XVII.

M. de Batz ; la Tison l'avait gardée contre Toulan, et voilà que déjà sur celle-ci la main de Dieu s'est appesantie, avec des signes éclatants et terribles.

Un jour, la Tison se mit à parler toute seule. Cela fit rire Madame ; et sa mère la regardait complaisamment, tout heureuse d'entendre le rire de sa fille. Pauvre enfant! c'était d'une folle qu'elle riait! La Tison depuis longtemps languissait et ne voulait plus sortir. La maladie qui s'emparait tout à coup du Dauphin l'inquiétait et la troublait comme un reproche. Aujourd'hui elle est folle. Elle parle tout haut de ses fautes, de ses dénonciations, d'échafaud, de prison, de la Reine. Elle s'accuse, elle s'injurie. Elle croit morts ceux qu'elle a dénoncés. Tous les jours, elle attend les municipaux accusés par elle, et, ne les voyant pas revenir, elle se couche dans les larmes. Ses nuits sont remplies d'épouvante ; et elle réveille les prisonnières avec les cris que lui arrachent d'affreux rêves. Elle se traîne tout le jour aux genoux de la Reine, pleurant et suppliant : « Je suis une malheureuse... Je demande pardon à Votre Majesté... Je suis la cause de votre mort! » Sa fille, la Tison ne la reconnaît plus! D'horribles convulsions la prennent : huit hommes peuvent à peine la contenir et l'emporter dans une chambre du palais du Temple. Deux jours après, on la transporta à l'Hôtel-Dieu, où elle mourut, n'ayant plus rien d'humain que le remords!

La Reine avait relevé la repentie ; elle l'avait entourée de soins et de consolations. Elle avait pardonné à cette *fouilleuse*, à cette femme qui, la nuit du 21 janvier, l'entendant pleurer avec Madame Élisabeth, était venue pieds nus écouter couler ses larmes ! et cette malheureuse sortie du Temple : — « *Est-elle bien soignée?* » — demandait la Reine à Turgy dans un billet (1).

Les projets, les tentatives d'enlèvement, Batz vivant et libre, les informations du Comité de sûreté générale, les bruits et les craintes de la rue, les prédictions du *Mirabilis liber* « de la restauration de la couronne des lys, et de la destruction des fils de Brutus par le jeune captif; » l'intérêt du parti girondin pour la tour du Temple, et les subites miséricordes de son éloquence (2), avaient exaspéré la Convention. Toutes les douleurs de la Reine allaient être couronnées par une suprême douleur. Dans ce cœur, où tout est plaie, la République a trouvé la place d'une blessure nouvelle, et plus profonde que toutes.

Le 3 juillet, à dix heures du soir, les municipaux entrent chez la Reine. La Reine, Madame Élisabeth, Madame, se sont levées au bruit des guichets. Le Dauphin s'éveille. Les municipaux viennent signifier à la Reine l'arrêté du Comité de salut public sanctionné par la Convention :

« Le Comité de salut public arrête que le fils de Capet sera séparé de sa mère. »

La Reine a couru au lit de son fils, qui crie et se

---

(1) Fragments de Turgy. — Récit de Madame.
(2) Mémoires sur Louis XVII, par Eckard.

réfugie dans ses bras. Elle le couvre, elle le défend de tout son corps; elle se dresse contre les mains qui s'avancent, et les municipaux voient que cette mère ne veut pas livrer son fils! Ils la menacent d'employer la force, de faire monter la garde... « *Tuez-moi donc d'abord!* » dit la Reine...

Une heure, une heure! ce débat dura entre les larmes et les menaces, entre la colère et la défense entre ces hommes qui donnaient l'assaut à cette mère, et cette femme qui les défiait de lui arracher son enfant! A la fin, les municipaux, las de leur honte, menacent la Reine de tuer son fils : à ce mot, le lit est libre. Madame Élisabeth et Madame habillent l'enfant : il ne restait plus à la Reine assez de force pour cela! Puis, couvert des pleurs et des baisers de sa mère, de sa tante et de sa sœur, le pauvre petit, fondant en larmes, suit les municipaux : il va de sa mère à Simon!

Au moins la Commune accorda à la Reine de pleurer en paix. Il n'y eut plus de municipaux chez elle. Les prisonnières furent nuit et jour enfermées sous les verrous. Trois fois par jour, des gardes apportaient les repas, et éprouvaient les barreaux des fenêtres. Madame Élisabeth et Madame faisaient les lits et servaient la Reine, si accablée qu'elle se laissait servir.

La Reine ne vivait plus que quelques heures par jour : les heures où elle guettait son fils par un jour de souffrance, au faîte d'un petit escalier tournant montant de la garde-robe aux combles. Au bout de quelques jours, elle avait découvert bien mieux : une petite fente dans les cloisons de la plate-forme de la Tour, où l'enfant montait se promener. Le temps et le monde n'étaient plus que cela pour la Reine : cette cloison et ce moment qui lui montraient son *petit* (1) !

Quelquefois des commissaires lui donnaient des nouvelles du pauvre enfant ; quelquefois Tison : car ce Tison a hérité des remords de sa femme ; il cherche à réparer son passé par les attentions et les services, et il semble à la Reine lavé de tout le mal qu'il lui a fait, quand il accourt lui apprendre que son fils est en bonne santé et qu'il joue au ballon... Hélas ! bientôt Madame Élisabeth priait Tison et les municipaux de ne plus dire à la Reine ce qu'ils apprenaient du martyre et de l'éducation de son fils : « Ma mère, dit Madame, en savait ou en soupçonnait bien assez... »

(1) Récit de Madame.

IX

Marie-Antoinette à la Conciergerie. — Le concierge Richard. — Impatiences de la Révolution. — Vaine recherche de pièces contre la Reine. — Espérances du parti royaliste. — L'œillet du chevalier de Rougeville. — Le concierge Bault. — Discours de Billaud-Varennes. — Lettre de Fouquier-Tinville.

Le 2 août 1793, la Reine couchait à la Conciergerie.

Il n'y avait plus eu qu'outrages pour les derniers jours de la Reine au Temple. A mesure qu'elle approchait du tribunal révolutionnaire, l'insulte autour d'elle était devenue plus grossière, plus sauvage, et l'injure avait atteint bientôt les extrêmes limites de la brutalité. Le municipal Bernard, retirant le siége d'un des enfants de la Reine, disait : « Je n'ai jamais vu donner ni table ni chaise à des prisonniers, la paille est assez bonne pour eux; » ou bien un poëte, couvert encore de la livrée et des bienfaits de la cour, Dorat-Cubières, commandait d'acheter à la Reine un peigne de corne :

« Le buis serait trop bon (1) ! » Dans la bouche des derniers visiteurs, la parole n'était plus que jurons (2).

Le 1ᵉʳ août, à deux heures du matin, la Commune, arrachant les trois femmes au sommeil, signifiait à Marie-Antoinette le décret de la Convention :

« Marie-Antoinette est envoyée au tribunal extraordinaire ; elle sera transportée sur-le-champ à la Conciergerie. »

La Reine se tait, et se met à faire un paquet de ses vêtements. Madame Élisabeth et Madame implorent, mais en vain, la grâce de la suivre. La Reine s'habille sans que les municipaux s'écartent. Ils lui demandent ses poches. La Reine les leur donne (3) : c'est tout ce qu'elle a de ceux qu'elle prie au ciel ; c'est tout ce qui lui reste de ceux qu'elle aime sur la terre ! un paquet de cheveux de son mari et de ses enfants, la petite table de chiffres où elle apprenait à compter à son fils, un portefeuille où est l'adresse du médecin de ses enfants, des portraits des princesses de Hesse et de Mecklenbourg, les amies de son enfance, un portrait de madame de Lamballe, une prière au sacré cœur de Jésus, une prière à l'Immaculée Conception (4). Il ne lui est laissé qu'un mouchoir et un flacon, pour le cas où elle se trouverait mal. La Reine embrasse sa fille, l'exhorte au courage, lui demande d'avoir bien soin de sa tante et de lui obéir comme à une seconde mère, et finit en lui répétant les instruc-

---

(1) Fragments de Turgy. — (2) Récit de Madame.
(3) Récit de Madame.
(4) Bulletin du tribunal criminel révolutionnaire, 2ᵉ partie, n° 28.

tions de pardon que lui a données son père. Madame reste muette de saisissement et de frayeur. La Reine se jette alors dans les bras de Madame Élisabeth, et lui recommande ses enfants. Madame Élisabeth, la tenant embrassée, lui murmure quelques mots à l'oreille. La Reine part sans retourner la tête, sans jeter un dernier regard à sa sœur, à sa fille, craignant que sa fermeté ne l'abandonne (1). Elle est partie, laissant aux murs de sa prison son cœur dans cette inscription, la taille de ses deux enfants :

27 mars 1793, quatre pieds dix pouces trois lignes. Trois pieds deux pouces (2).

Comme la Reine sortait de la tour sans se baisser, elle se frappa la tête au guichet. On lui demanda si elle s'était fait du mal. « *Oh! non — dit-elle — rien à présent ne peut plus me faire du mal...* (3). »

Les municipaux, parmi lesquels était Michonis, accompagnent Marie-Antoinette du Temple à la Conciergerie. Arrivée à la Conciergerie, Marie-Antoinette obtient de passer la nuit dans la chambre du concierge Richard.

Le lendemain, la miséricorde de Richard, soutenue, enhardie par l'approbation muette et l'appui secret de quelques officiers de la municipalité, trompait les or-

---

(1) Récit de Madame.
(2) Lettre sur la prison du Temple et sur les deux enfants de Louis XVI. Paris, les Marchands de nouveautés.
(3) Récit de Madame.

dres de Fouquier, et la Reine était installée, non dans un cachot, mais dans une chambre dont les deux fenêtres donnaient sur la cour des femmes. C'était une assez grande pièce carrelée, l'ancienne salle du Conseil, où les magistrats des cours souveraines venaient, avant la Révolution, recevoir, à certains jours de l'année, les réclamations des prisonniers. Au mur, comme si les choses avaient autour de la Reine une âme et une parole, le vieux papier montrait des fleurs de lys s'en allant en lambeaux et s'effaçant sous le salpêtre. Une cloison, au milieu de laquelle s'ouvrait une grande baie, séparait la pièce dans toute sa largeur en deux chambres presque égales, éclairées chacune par une fenêtre sur la cour. La chambre du fond fut la chambre de la Reine; l'autre chambre, dans laquelle ouvrait la porte, devint la chambre des deux gendarmes qui y passaient le jour et la nuit, séparés seulement de la Reine par un paravent déplié en travers de la baie.

Tout le mobilier de la chambre de Marie-Antoinette était une couchette de bois, à droite, en entrant, en face la fenêtre; et une chaise de paille, dans l'embrasure de la fenêtre, sur laquelle la Reine passait presque toute la journée à regarder dans la cour des vivants aller et venir, à saisir au passage, dans les conversations à haute voix près de sa fenêtre, les nouvelles que lui jetaient les prisonnières (1).

La Reine à la Conciergerie, voisine de Fouquier, promise au bourreau, les tortures honteuses et misé-

(1) Histoire de Marie-Antoinette, par Montjoye, vol. II.

rables ne la respectaient point encore. La Reine n'avait pu emporter son linge mis sous scellé au Temple; et Michonis écrivait, le 19 août, aux officiers municipaux composant le service du Temple : « Citoyens collègues, Marie-Antoinette me charge de lui faire passer quatre chemises et une paire de souliers non numérotés, dont elle a un pressant besoin (1). » Ces quatre malheureuses chemises, demandées par Michonis, bientôt réduites à trois, ne seront délivrées à la Reine que de dix jours en dix jours. La Reine n'a plus que deux robes, qu'elle met de deux jours l'un : sa pauvre robe noire, sa pauvre robe blanche, pourries toutes deux par l'humidité de sa chambre... (2) Il faut s'arrêter ici, les mots manquent.

Longs jours, longs mois, les jours et les mois qui s'écoulèrent entre l'entrée de la Reine à la Conciergerie et son procès; attente douloureuse où la Reine, hors de la vie, toute à la mort, ne se reposait pas encore dans la mort! Elle priait. Elle lisait. Elle tenait son courage prêt. Elle occupait son imagination. Elle demandait à Dieu de ne pas la faire attendre, aux livres de la faire patienter. Mais quels livres, dont la fable ne soit petite et l'intérêt médiocre, auprès du roman de ses infortunes? Quelles lectures pourront, à force d'horreur, arracher un moment à son présent la Reine de France à la Conciergerie? « *Les aventures les plus épouvantables!* » — c'est l'expression même de Marie-

---

(1) Archives nationales. *Revue rétrospective*, 2ᵉ série, vol. II.
(2) *Récit exact des derniers moments de la captivité de la Reine*, par la dame Bault. *Paris*, 1817.

Antoinette, lorsque, par Richard, elle demande des livres à Montjoye ; et rien n'est capable de distraire son agonie que l'histoire de Cook, les voyages, les naufrages (1), les horreurs de l'inconnu, les tragédies de l'immensité, les batailles poignantes de la mer et de l'homme.

Une déception, un retard arrêtaient bientôt l'impatience de la Révolution, « la grande joie du père Duchesne de voir que la Louve autrichienne va être à la fin raccourcie (2). » L'accusation avait beau chercher, il lui était impossible de trouver une preuve écrite contre la Reine. Longtemps avant la journée du 10 août, la Reine, plus prudente que le Roi, ne s'était jamais couchée sans avoir brûlé tous les papiers capables de compromettre ses amis (3). Les seuls papiers qui eussent pu la compromettre avaient été détruits ou perdus à la suite de la suppression du tribunal du 17 août, chargé de l'instruction des procès d'Affry et Cazotte. Cependant les rêves de Marat ne pouvaient suffire. Héron, l'espion à tout faire du Comité de sûreté générale, promettait d'accabler l'accusée de preuves par écrit. Le Comité attendait et espérait. Héron ne lui apportait que cette dénonciation : « Je déclare que Vaudreuil, grand fauconnier du ci-devant roi, en 1784 et 1785, a tiré pour cinq cent quatre-vingt mille livres de lettres de change sur Pascaud, lorsqu'il jouait à la banque que tenait la Reine au château de

---

(1) Histoire de Marie-Antoinette, par Montjoye, vol. II.
(2) Le Père Duchêne, n° 268.
(3) Dernières années de captivité, par Hüe.

Versailles. Ce Pascaud et la Reine, ainsi que Vaudreuil, ont coopéré au plan de la banqueroute générale, dans lequel plan a entré le massacre des citoyens à la maison de Réveillon(1). » Aussitôt reçue, la dénonciation était adressée au citoyen Laignelot « chargé de la direction de l'accusation de la ci-devant Reine. » Laignelot, malgré tous ses désirs, n'en pouvait rien faire. Héron tirait alors de son imagination un ramas d'atrocités, et le soumettait à Marat. Marat, quoique indulgent en pareille matière, trouvait le travail de Héron d'une absurdité telle qu'il ne cachait pas à Héron que le comité le jetterait au feu. Il consentait pourtant à le reprendre, à lui donner une nouvelle forme. Son factum retravaillé par Marat, Héron le présente au Comité de sûreté générale : le Comité croit qu'il y a des pièces derrière des affirmations si positives; il arrête sur-le-champ « que le citoyen Héron remettra à l'instant au citoyen Bayle, l'un de ses membres, toutes les pièces qui ont servi à la rédaction de son Mémoire(2). » Héron avait inventé ses calomnies : il n'avait pas une pièce; et le Comité était obligé de renoncer au Mémoire de Héron et de Marat, de chercher ailleurs, et d'attendre encore, malgré les clameurs et les colères enragées qui gourmandaient ses lenteurs : « L'on cherche midi à quatorze heures pour juger la tigresse d'Autriche, et l'on demande des

---

(1) « Cette pièce se trouve au dépôt du ci-devant Comité de sûreté générale de la Convention nationale. » Hist. de Marie-Antoinette, par Montjoye, vol. II.
(2) « Cette pièce se trouve au dépôt du ci-devant Comité de sûreté générale de la Convention nationale. » Histoire de Marie-Antoinette, par Montjoye, vol. II.

pièces pour la condamner, tandis que si on lui rendait justice, *elle devrait être hachée comme chair à pâté:...* (1). »

Tandis que tous ces hommes travaillaient à sa mort, la Reine respirait un moment, et il y avait autour d'elle comme un adoucissement des cœurs et des choses. Elle était entourée de soins, de prévenances, d'attentions, par le citoyen et la citoyenne Richard, braves gens qui ôtaient tout ce qu'ils pouvaient d'inhumain et d'atroce aux consignes de Fouquier. Par eux, la Reine avait un bon lit ; ils apportaient à son petit appétit des mets qui ne lui répugnaient pas ; ils essayaient de lui faire des surprises et de petits plaisirs, courant les marchés, les halles, la Vallée, pour lui trouver un mets, un fruit, un rien, qu'elle aimât ; avouant parfois, pour être mieux servis, pour qui ils achetaient, et trouvant des marchandes comme cette marchande de la halle qui, là-dessus, renverse toute sa boutique, choisit son plus beau melon et le donne à Richard pour sa prisonnière (2). Les gendarmes même ne pouvaient échapper à la pitié ; l'un d'eux renonçait à fumer, voyant, le matin d'une nuit où il n'avait pas quitté sa pipe, la Reine se lever les yeux rouges, et se plaignant doucement d'un grand mal de tête sans lui rien reprocher. D'autres, entrés soudain dans les plus délicates commisérations, et voulant éviter à la Reine le retour de ces crises qui avaient failli la sauver de la guillotine, disaient aux

---

(1) Le Père Duchêne, n° 296. — (2) Récit exact, par la dame Bault.

commissaires : « Surtout, gardez-vous bien de lui parler de ses enfants (1) ! »

Ce repos de la Reine, cette pitié de ses gardiens, rassuraient les amitiés du dehors et les encourageaient à espérer. La princesse Labomiski écrivait vers ce temps à madame du Barry : « La Reine est encore à la Conciergerie ; il est faux qu'on ait le projet de la ramener au Temple ; cependant, je suis tranquille sur son sort (2). » Le million de la comtesse Janson tentait l'incorruptibilité du capucin Chabot (3). Aux émissaires, à l'argent envoyés de Bruxelles par le comte de Mercy, Danton répondait orgueilleusement que la mort de la reine de France n'était jamais entrée dans ses calculs et qu'il consentait à la protéger sans aucune vue d'intérêt personnel (4). Batz tournait autour de la Conciergerie. Un officier de grenadiers des Filles-de-Saint-Thomas, resté toute la journée du 20 juin aux côtés de la Reine, un fidèle du 10 août, un audacieux incorrigible, échappé, avec de la témérité et de l'or, aux massacres de Septembre, échappé de prison une seconde fois et de la même façon après le 31 mai (5), un de ces fous de dévouement qui ne manqueront jamais en France, le chevalier de Rougeville, venait de s'aboucher avec Michonis, l'introducteur de Batz au Temple, à la suite de plusieurs entrevues chez Fontaine, marchand de bois, et chez la

---

(1) Histoire de Marie-Antoinette, par Montjoye, vol. II.
(2) Bulletin du tribunal criminel révolutionnaire, 4ᵉ partie, n° 46.
(3) Mémoires sur Louis XVII, par Eckard.
(4) Mémoires tirés des papiers d'un homme d'État. *Paris*, 1831, vol. II.
(5) Notice sur J. B. C. Hanet-Cléry (par Eckard). *Paris*, 1825.

femme Dutilleul, à Vaugirard. Rougeville est introduit à la Conciergerie par Michonis (1). Michonis, pour dérober aux gendarmes l'émotion de la Reine, lui parle de ses enfants qu'il a vus au Temple. Derrière lui, Rougeville fait à la Reine des signes qu'elle ne paraît pas comprendre; il s'approche alors et lui dit à voix basse de ramasser l'œillet qu'il a laissé tomber auprès du poêle. La Reine le ramasse; Rougeville demande à la Reine : « Le cœur vous manque-t-il ? — *Il ne me manque jamais,* » répond la Reine. Michonis et Rougeville sortent. La Reine lit le billet. « *Il contenait,* a déclaré la Reine, *des phrases vagues : Que prétendez-vous faire ? Que comptez-vous faire ? J'ai été en prison ; je m'en suis tiré par un miracle. Je viendrai vendredi... Il y avait une offre d'argent.* » Le billet déchiré en mille morceaux, la Reine essaya d'y répondre, en marquant avec une épingle sur un morceau de papier : *Je suis gardée à vue, je ne parle, ni n'écris* (2). Un gendarme la surprit, saisit le papier, et le remit à la citoyenne Richard. Des mains de celle-ci il passa dans les mains de Michonis ; mais le complot était ébruité, et Rougeville ne put revenir.

Hélas ! tout manquait. L'heure de Danton était passée ; Chabot finissait par avoir peur de se vendre, et dénonçait la comtesse Janson. Batz ne pouvait réussir à faire parvenir à la Reine une redingote, sous la-

---

(1) Jugement rendu par le tribunal révolutionnaire dans l'affaire Michonis, le 29 brumaire l'an II de la République.

(2) Extrait du second interrogatoire subi par la Reine à la Conciergerie, le 4 septembre 1793. Notice sur J. B. C. Hanet-Cléry.

quelle elle eût quitté la Conciergerie au moment du renouvellement des postes. Il y eut un dernier projet d'évasion ; mais les deux gendarmes de garde chez la Reine devaient être tués : la Reine ne voulut jamais y consentir ; la vie, à ce prix, lui eût semblé trop chère (1).

Richard avait été destitué ; mais, par l'entremise de Dangé, l'administrateur de police agissant de concert avec Hüe et Cléry, Marie-Antoinette retrouvait dans le concierge Bault un autre Richard, des soins pareils ; et la seule chose pour laquelle elle fût difficile, l'eau qu'elle buvait, lui était encore servie bien pure dans une tasse bien propre. Une vieille tapisserie, clouée par Bault contre le mur, la défendait un peu contre l'humidité. Bault se chargeait de transmettre à Fouquier la demande de la Reine d'une couverture de laine : « Tu mériterais d'être envoyé à la guillotine ! » était la réponse de Fouquier. Mais l'industrie de Bault remplaçait la couverture par un matelas de la plus fine laine ; et Bault mettait bientôt la Reine à l'abri de la fumée, des rires et des jurons des gendarmes. Prétextant sa responsabilité, Bault mettait dans sa poche la clef de sa chambre, et renvoyait les deux gendarmes à la porte extérieure (2).

La Reine eut l'idée de léguer un dernier souvenir à ses enfants. Elle n'avait pas d'aiguille ; mais une mère peut ce qu'elle veut : arrachant quelques fils à la tapisserie du mur, elle tressa, avec deux cure-dents,

---

(1) Histoire de Marie-Antoinette, par Montjoye, vol. II. — Mémoires sur Louis XVII, par Eckard.
(2) Récit exact, par la dame Bault.

une espèce de jarretière ; et quand Bault entra, elle la laissa glisser à terre. Bault la ramassa : il avait compris (1).

Autour de la Conciergerie les cris de mort allaient croissant. Les vœux des clubs, des sections, des municipalités, des départements, assaillaient et harcelaient chaque jour le Comité de salut public, honteux d'être encouragé à répandre le sang. Du camp de Belehema, le représentant Garrau, en mission à l'armée des Pyrénées occidentales, mandait à la Convention son indignation de voir Marie-Antoinette vivre encore; et à propos d'une semblable demande de la tête de Marie-Antoinette, formulée dans la même séance, 5 septembre, par la section de l'Université, le représentant Drouet disait : « Eh! bien, soyons *brigands*, s'il le faut!... (2). »

Le Comité de salut public n'avait point besoin de ces aiguillons. Cette série de tentatives pour l'évasion de la mère de Louis XVII, ces complots renaissants, ce parti décimé auquel il reste des héros, ne le laissaient pas sans un certain effroi. Il suivait en frémissant cette longue liste d'espions, de tortionnaires, de bourreaux gagnés aux victimes et complices de leurs douleurs. Il murmurait en rougissant quelques grands noms révolutionnaires compromis tout bas dans des rôles de pitié, et descendus à la clémence (3)... Com-

---

(1) Récit exact, par la dame Bault.
(2) Journal des débats et des décrets, n° 352.
(3) Affaire de l'ex-conventionnel Courtois (par Courtois fils). *Paris, Delaunay,* 1834.

ment garder la Conciergerie mieux que le Temple? Où trouver des geôliers et des municipaux inébranlables? S'il n'avait la certitude, il avait le soupçon de mystérieuses correspondances entre la Conciergerie et le dehors, et il tremblait à tout moment que la corruption ou le dévouement ne lui enlevât cette grande proie. Il fallait en finir et répondre aux dernières victoires de l'Autriche en mettant, selon l'expression de Saint-Just, « l'infamie et l'échafaud dans la famille. »

Le 3 octobre, Billaud-Varennes montait à la tribune. Il restait, disait-il, un décret solennel à rendre : « La femme Capet n'est pas punie ; il est temps enfin que la Convention fasse appesantir le glaive de la loi sur cette tête coupable. Déjà la malveillance, abusant de votre silence, fait courir le bruit que Marie-Antoinette, jugée secrètement par le tribunal révolutionnaire et innocentée, a été reconduite au Temple ; comme s'il était possible qu'une femme couverte du sang du peuple français pût être blanchie par un tribunal *populaire*, un tribunal *révolutionnaire !* Je demande que la Convention décrète expressément que le tribunal révolutionnaire s'occupera *immédiatement* du procès et du jugement de la femme *Capet* (1). »

La proposition de Billaud, « vivement applaudie, » était décrétée à l'unanimité ; et Fouquier recevait l'ordre de poursuivre. Mais la conscience, oui, la conscience de Fouquier lui-même, reculait devant une pa-

---

(1) Journal des débats et des décrets, n° 380.

reille poursuite sans une seule pièce; et Fouquier écrivait le 5 octobre au président de la Convention :

« Paris, ce 5 octobre 1793, l'an II° de la République une et indivisible.

« Citoyen Président,

« J'ai l'honneur d'informer la Convention que le décret par elle rendu le 3 de ce mois, portant que le tribunal révolutionnaire s'occupera sans délai et sans interruption du jugement de la veuve Capet, m'a été transmis hier soir ; mais, jusqu'à ce jour, il ne m'a été transmis aucunes pièces relatives à *Marie-Antoinette;* de sorte que, quelque désir que le tribunal ait d'exécuter les décrets de la Convention, il se trouve dans l'impossibilité d'exécuter ce décret tant qu'il n'aura pas de pièces (1). »

Fouquier dut passer outre ; il dut poursuivre sans pièces : je me trompe, sur les pièces monstrueuses qu'Hébert était allé, le 4 et le 7 octobre, arracher dans la tour du Temple à un enfant contre sa mère!

---

(1) Archives nation. (armoire de fer). Louis XVII, par de Beauchesne, vol. II.

X

Premier interrogatoire de Marie-Antoinette. — Chauveau-Lagarde et Tronçon-Ducoudray, ses défenseurs. — La Reine devant le tribunal criminel extraordinaire. — Acte d'accusation. — Les témoins, les dépositions, les demandes du président, les réponses de la Reine. — Réponse de la Reine à l'accusation d'Hébert. — Épuisement physique de la Reine. — Clôture des débats. — Le procès de la Reine jugé par le *Père Duchêne*. — Marie-Antoinette condamnée et ramenée à la Conciergerie.

Tout à coup Marie-Antoinette est amenée au Palais de Justice et interrogée. C'est un interrogatoire secret qui n'a pour témoins qu'Herman, président du tribunal criminel extraordinaire, l'accusateur public Fouquier, le greffier Fabricius (1). Cependant cette question soudaine n'arrache à la Reine rien d'indigne pour elle-même, rien de compromettant pour les autres. Attaquée à l'improviste, sans conseil, elle ne s'abaisse ni ne se livre ; et de cet interrogatoire, il ne reste aux

(1) La Quotidienne ou la Gazette universelle, jeudi 17 et vendredi 18 octobre 1793.

questionneurs que la colère et la honte de n'avoir su la surprendre, de n'avoir pu l'intimider.

C'est vainement qu'ils ont fait de leur interrogatoire l'écho stupide des stupidités d'un peuple en enfance; vainement qu'ils ont été ramasser leurs accusations parmi les fables et les commérages du marché aux herbes; vainement qu'ils ont promené leurs demandes sur tout ce *Credo* de la sottise et de la peur, des milliards envoyés par Marie-Antoinette à l'empereur d'Autriche, aux balles mâchées par Marie-Antoinette le matin du 10 août! Ils n'ont fait que préparer de nobles réponses à la victime qu'ils tiennent sur la sellette.

Herman et Fouquier accusaient Marie-Antoinette « d'avoir appris à Louis Capet cet art de profonde dissimulation avec laquelle il a trompé trop longtemps le bon peuple français. »

A quoi Marie-Antoinette répondait : « *Oui! le peuple a été trompé; il l'a été cruellement, et ce n'est ni par mon mari, ni par moi.* »

Herman et Fouquier l'accusaient « d'avoir voulu remonter au trône sur les cadavres des patriotes. »

A quoi Marie-Antoinette répondait : « *qu'elle n'avait jamais désiré que le bonheur de la France*, ajoutant : *Qu'elle soit heureuse! mais qu'elle le soit! je serai contente.* »

Il fallait pourtant que ce premier interrogatoire apportât à l'interrogatoire public, à l'accusation, à la condamnation, un fait, une preuve, ou au moins une parole. Bientôt Herman et Fouquier essayaient de faire cette femme coupable, non d'actes, mais d'intentions ; non de conspiration, mais de regret, mais de sentiment, mais de pensée ; et puisqu'il faut ici l'énergie d'une langue plus forte que la nôtre, disons, avec l'orateur grec, qu'ils tordirent sa conscience pour en tirer des crimes.

Herman et Fouquier demandèrent à cette reine : « Pensez-vous que les rois soient nécessaires au bonheur du peuple ? » Mais la Reine répondait : « *qu'un individu ne peut absolument décider telle chose.* »

Ils demandèrent ensuite à cette mère de roi : « Vous regrettez sans doute que votre fils ait perdu un trône ? » Mais la Reine répondait : « *qu'elle ne regrettera jamais rien pour son fils, tant que son pays sera heureux.* »

Ils lui demandaient encore, l'interrogeant comme les Pharisiens interrogeaient le Christ : « quel intérêt elle mettait au succès des armes de la république ? » Mais la Reine répondait : « *que le bonheur de la France est toujours celui qu'elle désire par-dessus tout.* »

L'interrogatoire fini, Herman et Fouquier reculèrent devant les désirs de la révolution. Ils n'osèrent satisfaire à ces voix, à ces vœux, bientôt déchaînés dans un journal, et demandant à la justice de ne plus faire attendre le bourreau ; demandant des jugements semblables à ces jugements de Rome où l'on passait du Capitole à la roche Tarpéienne ; appelant l'exécration publique sur les défenseurs officieux, afin que l'agonie « des assassins du peuple » n'eût plus ni secours, ni pitié, ni longueurs.... (1). Herman et Fouquier demandèrent à la Reine si elle avait un conseil, et, sur sa réponse : « *qu'elle n'en avait pas et qu'elle ne connaissait personne,* » Herman et Fouquier lui désignèrent pour conseils et défenseurs les citoyens Chauveau-Lagarde et Tronçon-Ducoudray (2).

Le lendemain, à l'audience publique, une foule immense s'empresse; la halle emplit les tribunes (3).

Vadier, Amar, Vouland, Moyse Bayle, sont derrière Fouquier-Tinville (4).

La Reine est en robe de deuil; elle est assise, attentive et calme. Parfois, comme échappant au présent et berçant sa pensée, elle laisse courir ses doigts sur les bras de son fauteuil, ainsi que sur un fortepiano (5). Son regard, — c'est tout ce qu'elle a gardé de la couronne, — fait dire aux femmes du peuple : « Vois-tu, comme elle est fière (6) ! »

La Reine a déclaré se nommer « Marie-Antoinette de Lorraine d'Autriche, âgée d'environ 38 ans, veuve du roi de France, née à Vienne, se trouvant, lors de son arrestation, dans le lieu des séances de l'Assemblée nationale (7). »

(1) Journal universel, par Audouin, n° 438.
(2) La Quotidienne, vendredi 18 octobre 1793.
(3) Suite du journal de Perlet, n° 389.
(4) Révélations ou Mémoires inédits de Sénart. *Paris*, 1824.
(5) Révolutions de Paris, par Prudhomme, n° 212.
(6) Journal des débats et décrets, n° 393. — Histoire de Marie-Antoinette, par Montjoye, vol. II.
(7) Bulletin du tribunal criminel révolution. (par Clément), 2e partie, n° 22.

Le greffier donne lecture de l'acte d'accusation (1):

« Antoine-Quentin Fouquier, accusateur public près le tribunal criminel révolutionnaire, établi à Paris par décret de la Convention nationale du 10 mars 1793, l'an deuxième de la République, sans aucun recours au tribunal de cassation, en vertu du pouvoir à lui donné par l'article II d'un autre décret de la Convention du 5 avril suivant, portant que l'accusateur public dudit tribunal est autorisé à faire arrêter, poursuivre et juger, sur la dénonciation des autorités constituées ou des citoyens,

« Expose que, suivant un décret de la Convention du 1er août dernier, Marie-Antoinette, veuve de Louis Capet, a été traduite au tribunal révolutionnaire comme prévenue d'avoir conspiré contre la France; que, par autre décret de la Convention du 3 octobre, il a été décrété que le tribunal révolutionnaire s'occuperoit sans délai et sans interruption du jugement; que l'accusateur public a reçu les pièces concernant la veuve Capet, les 19 et 20 du premier mois de la seconde année, vulgairement dits 11 et 12 octobre courant mois; qu'il a été aussitôt procédé, par l'un des juges du tribunal, à l'interrogatoire de la veuve Capet; qu'examen fait de toutes les pièces transmises par l'accusateur public, il en résulte qu'à l'instar des messalines Brunehaut, Frédégonde et Médicis, que l'on qualifioit autrefois de reines de France, et dont les noms, à jamais odieux, ne s'effaceront pas

---

(1) Bulletin du tribunal criminel, n°s 22 et 23.

des fastes de l'histoire, Marie-Antoinette, veuve de Louis Capet, a été, depuis son séjour en France, le fléau et la sangsue des François; qu'avant même l'heureuse révolution qui a rendu au peuple françois sa souveraineté, elle avoit des rapports politiques avec l'homme qualifié de roi de Bohême et de Hongrie; que ces rapports étoient contraires aux intérêts de la France; que, non contente, de concert avec les frères de Louis Capet et l'infâme et exécrable Calonne, lors ministre des finances, d'avoir dilapidé, d'une manière effroyable, les finances de la France (fruit des sueurs du peuple) pour satisfaire à des plaisirs désordonnés et payer les agens de ces intrigues criminelles, il est notoire qu'elle a fait passer, à différentes époques, à l'empereur, des millions qui lui ont servi et lui servent encore à soutenir la guerre contre la République, et que c'est par ces dilapidations excessives qu'elle est parvenue à épuiser le Trésor national ;

« Que, depuis la révolution, la veuve Capet n'a cessé un seul instant d'entretenir des intelligences et des correspondances criminelles et nuisibles à la France, avec les puissances étrangères et dans l'intérieur de la République, par des agens à elle affidés, qu'elle soudoyoit et faisoit soudoyer par le ci-devant trésorier de la liste ci-devant civile; qu'à différentes époques elle a usé de toutes les manœuvres qu'elle croyoit propres à ses vues perfides, pour opérer une contre-révolution : d'abord ayant, sous prétexte d'une réunion nécessaire entre les ci-devant gardes du corps et les officiers et soldats du régiment de Flandres, ménagé un repas entre ces deux corps, le 1ᵉʳ octobre 1789, lequel est dégénéré en une véritable orgie, ainsi qu'elle le désiroit, et pendant le cours de laquelle les agens de la veuve Capet, secondant parfaitement ses projets contre-révolutionnaires, ont amené la plupart des convives à chanter, dans l'épanchement de l'ivresse, des chansons exprimant le plus entier dévouement pour le trône et l'aversion la plus caractérisée pour le peuple, et de les avoir insensiblement amenés à arborer la cocarde blanche et à fouler aux pieds la cocarde nationale, et d'avoir, par sa présence, autorisé tous ces excès contre-révolutionnaires, surtout en encourageant les femmes qui l'accompagnoient à distribuer les cocardes blanches aux convives ; d'avoir, le 4 du mois d'octobre, témoigné la joie la plus immodérée de ce qui s'étoit passé à cette orgie ;

« En second lieu, d'avoir, conjointement avec Louis Capet, fait imprimer et distribuer avec profusion, dans toute l'étendue de la République, des ouvrages contre-révolutionnaires, de ceux mêmes adressés aux conspirateurs d'outre-Rhin, ou publiés en leur nom, tels que les *Pétitions aux émigrans,* la *Réponse des émigrans, Les émigrans au peuple, Les plus courtes folies sont les meilleures, Le journal à deux liards, L'Ordre, la marche et l'entrée des émigrans ;* d'avoir même poussé la perfidie et la dissimulation au point d'avoir fait imprimer et distribuer, avec la même profusion, des ouvrages dans lesquels elle étoit dépeinte sous des couleurs peu avantageuses, qu'elle ne méritoit déjà que trop en ce temps, et ce, pour donner le change et persuader aux puissances étrangères qu'elle étoit maltraitée des Français, et les animer de plus contre la France; que, pour réussir plus promptement dans ses projets contre-révolutionnaires, elle avoit, par ses agens, occasionné dans Paris et les environs, les premiers jours d'octobre 1789, une disette qui a donné lieu à une nouvelle insurrection à la suite de laquelle une foule innombrable de citoyens et de citoyennes s'est portée à Versailles le 5 du même mois; que ce fait est prouvé d'une manière sans réplique par l'abondance qui a régné le lendemain même de l'arrivée de la veuve Capet à Paris et de sa famille;

« Qu'à peine arrivée à Paris, la veuve Capet, féconde en intrigues de tout genre, a formé des conciliabules dans son habitation; que ces conciliabules, composés de tous les contre-révolutionnaires et intrigans des Assemblées constituante et législative, se tenoient dans les ténèbres de la nuit; que l'on y avisoit aux moyens d'anéantir les droits de l'homme et les décrets déjà rendus, qui devoient faire la base de la Constitution; que c'est dans ces conciliabules qu'il a été délibéré sur les mesures à prendre pour faire décréter la révision des décrets qui étoient favorables au peuple; qu'on a arrêté la fuite de Louis Capet, de la veuve Capet et de toute la famille, sous des noms supposés, au mois de juin 1791, tentée tant de fois et sans succès, à différentes époques; que la veuve Capet convient dans son interrogatoire que c'est elle qui a tout ménagé et tout préparé pour effectuer cette évasion, et que c'est elle qui a ouvert et fermé les portes de l'appartement par où les fugitifs sont passés ; qu'indépendamment de l'aveu de la veuve Capet à cet égard, il est constant, d'après les déclarations de Louis-Charles Capet et de la fille Capet, que la Fayette, favori, sous tous les rapports, de la veuve Capet, et Bailly, lors maire de Paris, étoient présens au moment de cette évasion, et qu'ils l'ont favorisée de tout leur pouvoir ; que la veuve Capet, après son retour de Varennes, a recommencé ses conciliabules ; qu'elle les présidoit elle-même, et que, d'intelligence avec son favori la Fayette, l'on a fermé les Thuileries et privé par ce moyen les citoyens d'aller et venir librement dans les cours du ci-devant château des Thuileries ; qu'il n'y avoit que les personnes munies de cartes qui eussent leur entrée ; que cette clôture, présentée avec emphase par le traître la Fayette comme ayant pour objet de punir les fugitifs de Varennes, étoit une ruse imaginée et concertée dans ces conciliabules ténébreux pour priver les citoyens des moyens de découvrir ce qui se tramoit contre la liberté dans ce lieu infâme ; que c'est dans ces mêmes conciliabules qu'a été déterminé l'horrible massacre qui a eu lieu le 17 juillet 1791, des plus zélés patriotes qui se sont trouvés au Champ-de-Mars ; que le massacre qui avoit eu lieu précédemment à Nancy, et ceux qui ont eu lieu depuis dans les divers autres points de la République, ont été arrêtés et déterminés dans ces mêmes conciliabules ; que ces mouvemens, qui ont fait couler le sang d'une foule immense de patriotes, ont été imaginés pour arriver plus tôt et plus sûrement à la révision des décrets rendus et fondés sur les droits de l'homme, et qui par là étoient nuisibles aux vues ambitieuses et contre-révolutionnaires de Louis Capet et de Marie-Antoinette ; que, la Constitution de 1791 une fois acceptée, la veuve Capet s'est occupée de la détruire insensiblement par toutes les manœuvres qu'elle et ses agens ont employées dans les divers points de la République ; que toutes ses démarches ont toujours eu pour but d'anéantir la liberté, et de faire rentrer les François sous le joug tyrannique sous lequel ils n'ont langui que trop de siècles ; qu'à cet effet, la veuve Capet a imaginé de faire discuter dans ces conciliabules ténébreux, et qualifiés depuis longtems avec raison de cabinet autrichien, toutes les loix qui étoient portées par l'Assemblée législative ; que c'est elle, et par suite de la détermination prise dans ces conciliabules, qui a décidé Louis Capet à apposer son *veto* au fameux et salutaire décret rendu par l'Assemblée législative contre les ci-devans princes, frères de Louis Capet, et les émigrés, et contre cette horde de prêtres réfractaires et fanatiques répandus dans toute la France : *veto* qui a été l'une des principales causes des maux qu'a depuis éprouvés la France ;

« Que c'est la veuve Capet qui faisoit nommer les ministres pervers, et aux places dans les armées et dans les bureaux, des hommes connus de la nation entière pour des conspirateurs contre la liberté ; que c'est par ses manœuvres et celles de ses agens, aussi adroits que perfides, qu'elle est parvenue à composer la nouvelle garde de Louis Capet d'anciens officiers qui avoient quitté leurs corps lors du serment exigé, de prêtres réfractaires et d'étrangers, enfin de tous hommes réprouvés pour la plupart de la nation, et dignes de servir dans l'armée de Coblents, où un très-grand nombre est en effet passé depuis le licenciement;

« Que c'est la veuve Capet, d'intelligence avec la faction liberticide, qui dominoit alors l'Assemblée législative, et pendant un temps la Convention, qui a fait déclarer la guerre au roi de Bohême et de Hongrie, son frère; que c'est par ses manœuvres et ses intrigues, toujours funestes à la France, que s'est opérée la première retraite des François du territoire de la Belgique;

« Que c'est la veuve Capet qui a fait parvenir aux puissances étrangères les plans de campagne et d'attaque qui étoient convenus dans le conseil, de manière que, par cette double trahison, les ennemis étoient toujours instruits à l'avance des mouvemens que devoient faire les armées de la République; d'où suit la conséquence que la veuve Capet est l'auteur des revers qu'ont éprouvés, en différens tems, les armées françoises;

« Que la veuve Capet a médité et combiné avec ses perfides agens l'horrible conspiration qui a éclaté dans la journée du 16 août, laquelle n'a échoué que par les efforts courageux et incroyables des patriotes; qu'à cette fin, elle a réuni dans son habitation, aux Thuileries, jusque dans des souterrains, les Suisses qui, aux termes des décrets, ne devoient plus composer la garde de Louis Capet; qu'elle les a entretenus dans un état d'ivresse, depuis le 9 jusqu'au 10 matin, jour convenu pour l'exécution de cette horrible conspiration ; qu'elle a réuni également, et dans le même dessein, dès le 9, une foule de ces êtres qualifiés de chevaliers du poignard, qui avoient figuré déjà dans ce même lieu, le 23 février 1791, et depuis, à l'époque du 20 juin 1792 ;

« Que la veuve Capet, craignant sans doute que cette conspiration n'eût pas tout l'effet qu'elle s'en étoit promis, a été, dans la soirée du 9 août, vers les neuf heures et demie du soir, dans la salle où les Suisses et autres à elle dévoués travailloient à des cartouches; qu'en même tems qu'elle les encourageoit à hâter la confection de ces cartouches, pour les exciter de plus en plus, elle a pris des cartouches et a mordu des balles (les expressions manquent pour rendre un trait aussi atroce); que le lendemain, 10, il est notoire qu'elle a pressé et sollicité Louis Capet à aller dans les Thuileries, vers cinq heures et demie du matin, passer la revue des véritables Suisses et autres scélérats qui en avoient pris l'habit, et qu'à son retour elle lui a présenté un pistolet, en disant : « Voilà le moment de vous montrer ! » et que, sur son refus, elle l'a traité de lâche; que, quoique dans son interrogatoire la veuve Capet ait persévéré à dénier qu'il ait été donné aucun ordre de tirer sur le peuple, la conduite qu'elle a tenue, le dimanche 9, dans la salle des Suisses, les conciliabules qui ont eu lieu toute la nuit et auxquels elle a assisté, l'article du pistolet et son propos à Louis Capet, leur retraite subite des Thuileries et les coups de fusil tirés au moment même de leur entrée dans la salle de l'Assemblée législative, toutes ces circonstances réunies ne permettent pas de douter qu'il n'ait été convenu, dans le conciliabule qui a eu lieu pendant toute la nuit, qu'il falloit tirer sur le peuple, et que Louis Capet et Marie-Antoinette, qui étoit la grande directrice de cette conspiration, n'ait elle-même donné l'ordre de tirer ;

« Que c'est aux intrigues et manœuvres perfides de la veuve Capet, d'intelligence avec cette faction liberticide dont il a été déjà parlé, et tous les ennemis de la République, que la France est redevable de cette guerre intestine qui la dévore depuis si longtems, et dont heureusement la fin n'est pas plus éloignée que celle des auteurs ;

« Que, dans tous les tems, c'est la veuve Capet qui, par cette influence qu'elle avoit acquise sur l'esprit de Louis Capet, lui avoit insinué cet art profond et dangereux de dissimuler et d'agir, et promettre par des actes publics le contraire de ce qu'il pensoit et tramoit, conjointement avec elle, dans les ténèbres, pour détruire cette liberté si chère aux François et qu'ils sauront conserver, et recouvrer ce qu'ils appeloient « la plénitude des prérogatives royales ; »

« Qu'enfin la veuve Capet, immorale sous tous les rapports, et nouvelle Agrippine, est si perverse et si familière avec tous les crimes, qu'oubliant sa qualité de mère et la démarcation prescrite par les loix de la nature, elle n'a pas craint. . . . .
. . . . »

L'acte d'accusation est lu. Le président a recommandé à l'accusée d'écouter d'une oreille attentive. Les dépositions commencent, ou plutôt commence une histoire de la révolution qui, par la bouche des Lecointre et des Hébert, des Silly et des Terrasson, des Gointre et des Garnerin, impute à la Reine les crimes, le sang, la banqueroute, les massacres, la guerre, la famine, les trahisons, les ruines, les veuves, les orphelins, les défaites, les perfidies, les complots, les hontes, les misères, les deuils, — la révolution ! Ce jour et le lendemain, ils font ainsi remonter le temps à la Reine, la souffletant avec chacun de ses malheurs, avec chacune de leurs victoires, l'arrêtant longuement, comme en des stations de douleurs, aux journées d'octobre, à Varennes, au *veto*, au 10 août, au Temple (1).

Mais dans ce flux de déclamations et de niaiseries, ne cherchez point un fait, ne cherchez point une preuve. Ces deux bons de 80,000 livres signés *Marie-Antoinette*, vus par Tisset chez Septeuil, signés, dit Tisset, du 10 août; ces deux bons dont Olivier Garnerin fait un bon de 80,000 livres en faveur de la Polignac ; ces deux bons qui étaient, au rapport de Valazé, une quittance de 15,000 livres, où sont-ils ? On ne les représente pas ! Cette lettre de Marie-Antoinette, que Didier Jourdeuil affirme avoir vue chez d'Affry : *Peut-on compter sur vos Suisses ? feront-ils bonne contenance lorsqu'il en sera temps ?* où est-elle ? On ne la représente pas ! Et ainsi de tout.

---

(1) Bulletin du tribunal criminel du n° 23 au n° 33.

Passez donc, témoins de vérité et de courage ! Passez, gentilshommes qui vous inclinez devant la martyre et devant votre drapeau ! Passez, nobles cœurs, fils de 89, auxquels 93 n'imposera pas une lâcheté ! Qu'importe, la Tour du Pin, que vous retrouviez pour la ci-devant Reine un salut de Versailles, et que vous la défendiez au péril de votre vie contre l'accusation des massacres de Nancy ? Que font, Bailly, votre ferme parole et votre déclaration sans peur, que « les faits contenus dans l'acte d'accusation sont absolument faux ? » Et vous, Manuel, dont la Reine a craint un moment la déposition (1), que sert votre silence ? Que sert, d'Estaing, que vous n'accusiez pas cette Reine, dont vous déclarez avoir à vous plaindre ?... Il ne s'agit pas de l'innocence de la Reine, et ce n'est pas vous que le tribunal écoute. Les complaisances de ses oreilles sont pour les dépositions qui accusent la Reine d'accaparement de denrées ou encore de complicité dans une fabrique de faux assignats ; pour la déposition de cette ancienne femme de service de la Reine, à qui M. de Coigny aurait dit à Versailles, à propos des fonds envoyés par la Reine à son frère pour faire la guerre aux Turcs : « Il en coûte déjà plus de deux cents millions, et nous ne sommes pas au bout ! » Le murmure de faveur de l'auditoire encouragera cette déposition : que la Reine, voulant assassiner le duc d'Orléans, a été fouillée, trouvée nantie de deux pistolets, et condamnée par son mari à quinze jours d'arrêts. Ce murmure encouragera

---

(1) Journal des débats et des décrets, n° 393.

encore Labenette, ce singe de Marat, affirmant sérieusement que la Reine a successivement envoyé trois hommes pour l'assassiner !

Et qu'étaient les questions posées à la Reine? « Si elle n'avait pas voulu faire assassiner la moitié des représentants du peuple ? Si elle n'avait pas voulu, une autre fois, avec d'Artois, faire sauter l'Assemblée? »

La Reine fut admirable de patience et de sang-froid : elle força sa dignité à l'humilité ; elle défendit l'indignation à sa fermeté ; elle répondit à la calomnie par une syllabe de dénégation, à l'absurde par le silence, au monstrueux par le sublime. La Reine ne consentit à se justifier que pour justifier les autres, et, dans ces longs débats, pas une parole ne lui échappa qui pût mettre un dévouement en péril ou la conscience de ses juges en repos.

Quand le président lui demande : Si elle a visité les trois corps armés qui se trouvaient à Versailles pour défendre les prérogatives royales?

Je n'ai rien à répondre, dit Marie-Antoinette.

Quand le président l'accuse d'avoir fait payer à la France des sommes énormes pour le Petit-Trianon, pour ce Petit-Trianon, dont Soulavie lui-même avoue que la dépense ne dépassait pas 72,000 livres par an en 1788 (1), Marie-Antoinette répond, parlant, au delà de ce tribunal, à la France : *Il est possible que le Petit-Trianon ait coûté des sommes immenses, peut-être plus que je n'aurais désiré ; on avait été entraîné dans les*

---

(1) *Mémoires historiques et politiques,* par Soulavie, vol. VI.

dépenses peu à peu ; du reste, je désire, plus que personne, que l'on soit instruit de ce qui s'y est passé.

Quand le président l'accuse de nier ses rapports avec la femme la Motte : *Mon plan n'est pas la dénégation,* répond Marie-Antoinette, *c'est la vérité que j'ai dite et que je persisterai à dire* (1).

Le président n'avait pas osé toucher à l'accusation sans nom qu'Hébert était allé chercher, le 7 octobre, dans la tour du Temple. Un juré la releva : « Citoyen président, je vous invite de vouloir bien observer à l'accusée qu'elle n'a pas répondu sur le fait dont a parlé le citoyen Hébert, à l'égard de ce qui s'est passé entre elle et son fils. »

Si je n'ai pas répondu, dit la Reine, *c'est que la nature se refuse à répondre à une pareille question faite à une mère.* Et se tournant vers les mères qui remplissent les tribunes : J'EN APPELLE A TOUTES CELLES QUI PEUVENT SE TROUVER ICI (2) !

Immortelle Postérité ! souviens-toi du misérable qui arracha du cœur de Marie-Antoinette ces mots devant lesquels s'agenouillera la mémoire des hommes ! Souviens-toi de cet homme, que blâma Robespierre, et dont rougit Septembre ! Souviens-toi que, violant l'innocence d'une jeune fille, et ses pleurs et ses hontes, Hébert a essayé de lui apprendre à déshonorer sa mère ! Souviens-toi que, menant avec sa main la main d'un enfant de huit ans, il lui a fait signer contre sa mère de quoi calomnier Messaline ! Qu'Hébert te soit voué !

(1) Bulletin du tribunal criminel révolutionnaire, du n° 23 au n° 33.
(2) Bulletin du tribunal criminel révolutionnaire, n° 25.

Ferme à son nom le refuge de tes gémonies, et que l'immortalité le punisse !

Les séances du tribunal commencent à neuf heures du matin et ne finissent que bien avant dans la nuit. Quelle Passion surhumaine ! Malade, affaiblie par une perte continuelle, sans nourriture, sans repos, la Reine doit se vaincre, se dominer, ne pas s'abandonner un instant, roidir à tout moment ses forces défaillantes, contraindre jusqu'à son visage et dominer la nature ! Le peuple demandant à tout moment qu'elle se levât du tabouret pour mieux la voir : *Le peuple sera-t-il bientôt las de mes fatigues ?* murmurait Marie-Antoinette épuisée (1). Un jour, agonisante, à bout de souffrance, elle laissa tomber de ses lèvres, comme une lamentation : *J'ai soif !* Ceux qui étaient à côté d'elle se regardèrent ; nul n'osait porter à boire à la veuve Capet ! Un gendarme, à la fin, eut la pitié d'aller lui chercher un verre d'eau et le courage de le lui offrir. La Reine sortait du tribunal brisée, anéantie. Une nuit qu'elle rentrait dans la prison, elle dit dans la cour de la Conciergerie : *Je n'y vois plus, je n'en peux plus, je ne saurais marcher ;* et, sans le bras d'un gendarme, elle n'eût pu descendre sans tomber les trois marches de pierre qui conduisaient au corridor de sa chambre (2). Le lendemain, cependant, elle retrouvait à l'audience

---

(1) Testament de Marie-Antoinette, veuve Capet. *De l'Imprimerie du Véritable Créole Patriote.*
(2) Histoire de Marie-Antoinette, par Montjoye, vol. II.

l'énergie morale, l'énergie physique, de nouvelles forces, de nouvelles grâces pour de nouvelles tortures.

La Reine est seule contre les accusateurs; elle n'a qu'elle pour se conduire et se défendre. Les défenseurs d'office qui lui ont été nommés n'ont été prévenus que le dimanche 13 octobre, à minuit. Du lundi matin au mardi dans la nuit, ils n'ont avec elle que trois courtes entrevues d'un quart d'heure, entrevues dérisoires, écoutées, surveillées par trois ou quatre personnes (1), et qui n'ont point permis à la Reine de concerter la moindre défense, une réponse même ! La Reine, d'ailleurs, ne pouvait, de premier coup, donner toute sa confiance à des conseils choisis par le tribunal. Elle se rendit pourtant à la convenance de leur intérêt, à la commisération de leurs paroles; et tourmentée par eux, au nom de ses enfants, pour demander un sursis qui leur donnât le temps d'élaborer leur défense, elle finissait par leur céder, et se résolvait à écrire au président de la Convention :

« *Citoyen président, les citoyens Tronçon et Chauveau, que le tribunal m'a donnés pour défenseurs, m'observent qu'ils n'ont été instruits qu'aujourd'hui de leur mission; je dois être jugée demain; et il leur est impossible de s'instruire dans un aussi court délai des pièces du procès et même d'en prendre lecture. Je dois à mes enfants de n'omettre aucun moyen nécessaire pour l'entière justification de leur mère. Mes défenseurs demandent trois*

---

(1) Histoire de Marie-Antoinette, par Montjoye, vol. II.

jours de délai, j'espère que la Convention les leur accordera.

« MARIE-ANTOINETTE (1). »

Le délai ne fut pas accordé ; mais, le mardi 15 octobre, à minuit, le président du tribunal dit aux défenseurs : « Sous un quart d'heure les débats finiront ; préparez votre défense pour l'accusée. »

Un quart d'heure pour préparer leur défense ! Chauveau-Lagarde convint de défendre la Reine de l'accusation d'intelligence avec les ennemis de l'extérieur ; Tronçon-Ducoudray, d'intelligence avec les ennemis de l'intérieur (2).

L'interrogatoire est terminé.

La Reine répond au président, qui lui demande s'il ne lui reste rien à ajouter pour sa défense :

Hier je ne connaissais pas les témoins ; j'ignorais ce qu'ils allaient déposer contre moi. Eh bien ! personne n'a articulé aucun fait positif. Je finis en observant que je n'étais que la femme de Louis XVI, et qu'il fallait bien que je me conformasse à ses volontés (3).

Les débats étaient clos.

Fouquier-Tinville prenait la parole, et répétait son acte d'accusation. Cependant il n'osait répéter l'accusation d'Hébert.

Les défenseurs parlaient, et Chauveau-Lagarde osait

---

(1) Affaire des papiers de l'ex-conventionnel Courtois (par Courtois fils), Paris, Delaunay, 1834.
(2) Histoire de Marie-Antoinette, par Montjoye, vol. II.
(3) Bulletin du tribunal criminel, n° 31.

dans son exorde juger le procès de la Reine : « Je ne suis dans cette affaire embarrassé que d'une seule chose, disait-il : ce n'est pas de trouver des réponses, c'est de trouver des objections (1). »

Les défenseurs rassis, le président Herman prononce ce que la justice révolutionnaire appelait un résumé. Il évoque contre Marie-Antoinette les mânes de tous les morts, il la charge de toutes les allégations sans preuve, et il finit par déclarer que « c'est tout le peuple français qui accuse Marie-Antoinette (2). »

Herman n'a pas osé tout dire. Un autre a mieux et plus crûment résumé l'affaire. Et ce n'est point dans l'acte d'accusation, dans le réquisitoire, dans le résumé du tribunal criminel extraordinaire, qu'il faut aller chercher le dernier mot de ce procès et le dernier mot de la révolution; c'est dans ce numéro du *Père Duchêne* qu'Hébert écrit pendant le ballottage de la tête de la Reine :

« Je suppose......... qu'elle ne fût pas coupable de
« tous ces crimes; n'a-t-elle pas été reine? Ce crime-
« là suffit pour la faire raccourcir; car....... qu'est-ce
« qu'un roi ou une reine? n'est-ce pas ce qu'il y a
« dans le monde de plus impur, de plus scélérat. Ré-
« gner, n'est-ce pas être le plus mortel ennemi de
« l'humanité? Les contre-révolutionnaires que nous

---

(1) Histoire de Marie-Antoinette, par Montjoye, vol. II,
(2) Bulletin du tribunal criminel, n° 32.

« étouffons comme des chiens enragés, ne sont nos
« ennemis que de bricole ; mais les rois et leur race
« sont nés pour nous nuire : en naissant ils sont des-
« tinés au crime, comme telle plante à nous empoi-
« sonner. Il est aussi naturel aux empereurs, aux
« rois, aux princes et à tous les despotes, d'opprimer
« les hommes et de les dévorer, qu'aux tigres et aux
« ours de déchirer la proie qui tombe sous leurs grif-
« fes ; ils regardent le peuple comme un vil bétail
« dont le sang et les sueurs leur appartiennent ; ils ne
« font pas plus de cas de ceux qu'ils appellent leurs
« sujets que des insectes sur lesquels nous marchons
« et que nous écrasons sans nous en apercevoir. Ils
« jouent aux hommes comme nous jouons aux quilles,
« et, quand un monstre couronné est las de la chasse,
« il déclare une guerre sanglante à un autre brigand de
« son acabit, sans sujet et souvent contre ses propres
« intérêts, mais pour avoir un nouveau passe-temps
« pour se désennuyer ; il entend de sang-froid la perte
« d'une bataille ; il regarde d'un œil sec les monceaux
« de cadavres qui viennent de périr pour lui, et il est
« moins affecté que moi......., quand je perds une
« partie de piquet, et qu'un de mes compères m'a
« fait pic, repic et capot. C'est un devoir à tout homme
« libre de tuer un roi, ou ceux qui sont destinés à
« être rois, ou qui ont partagé les crimes des rois.
« Une autorité qui est assez puissante pour détrôner
« un roi commet un crime contre l'humanité si elle
« ne profite pas du moment pour l'exterminer, lui et
« sa b..... de famille. Que diroit-on d'un benêt qui,

« en labourant son champ, viendroit à découvrir une
« nichée de serpens, s'il se contentoit d'écraser la tête
« du père et qu'il fût assez poule mouillée pour avoir
« compassion du reste ; s'il disoit en lui-même : C'est
« dommage de tuer une pauvre mère au milieu de ses
« enfans ; tout ce qui est petit est si gentil! Empor-
« tons ce joli nid à la maison pour divertir mes pe-
« tits marmots? Ne commettroit-il pas, par bêtise,
« un très-grand crime?..... Point de grâce! Au-
« tant qu'il nous tombera sous la main d'empereurs,
« de rois, de reines, d'impératrices, délivrons-en la
« terre (1). »

Les questions soumises au jury sont celles-ci :

« 1° Est-il constant qu'il ait existé des manœuvres et intelligences avec les puissances étrangères et autres ennemis extérieurs de la République ; lesdites manœuvres et intelligences tendant à leur fournir des secours en argent, à leur donner l'entrée du territoire français et à y faciliter le progrès de leurs armes ?

« 2° Marie-Antoinette d'Autriche, veuve de Louis Capet, est-elle convaincue d'avoir coopéré aux manœuvres et d'avoir entretenu ces intelligences ?

« 3° Est-il constant qu'il a existé un complot et conspiration tendant à allumer la guerre civile dans l'intérieur de la République ?

« 4° Marie-Antoinette d'Autriche, veuve de Louis

---

(1) Le Père Duchêne (par Hébert), n° 298.

Capet, est-elle convaincue d'avoir participé à ce complot et conspiration (1) ? »

Les jurés restent une heure aux opinions. Ils rentrent à l'audience avec une déclaration affirmative sur toutes les questions qui leur ont été soumises.

Après un discours du président au peuple pour lui défendre tout signe d'approbation, Marie-Antoinette est ramenée.

La déclaration du jury lui est lue.

Fouquier se lève et requiert la peine de mort contre l'accusée, conformément à l'article 1er de la première section du titre Ier de la deuxième partie du Code pénal, et encore à l'article 2 de la première section du titre Ier de la seconde partie du même Code.

Le président interpelle l'accusée de déclarer si elle a quelques réclamations à faire sur l'application des lois invoquées par l'accusateur.

Marie-Antoinette dit *non* d'un signe de tête.

Le président recueille les opinions de ses collègues, « et, d'après la déclaration unanime du jury, faisant droit sur le réquisitoire de l'accusateur public, d'après les lois par lui citées, condamne ladite Marie-Antoinette, dite Lorraine-d'Autriche, veuve de Louis Capet, à la peine de mort ; déclare, conformément à la loi du 10 mars dernier, ses biens, si aucuns elle a dans l'étendue du territoire français, acquis et confisqués au profit de la République ; ordonne qu'à la requête de

---

(1) Bulletin du tribunal criminel, n° 32. — Gazette des tribunaux et Mémorial des corps administratifs et municipaux, vol. VIII, 1793.

l'accusateur public, le présent jugement sera exécuté sur la place de la Révolution et affiché dans toute l'étendue de la République. »

La Reine demeure impassible. Elle descend du banc le front haut, et ouvre elle-même la balustrade.

Il est quatre heures du matin. On reconduit la condamnée à la Conciergerie (1).

---

(1) Bulletin du tribunal criminel, n° 33. — Testament de Marie-Antoinette, veuve Capet.

XI

Dernière lettre de la Reine à Madame Élisabeth. — Le curé Girard. — Sanson. — Paris le 16 octobre 1793. — La Reine sur la charrette. — Le chemin de la Conciergerie à la place de la Révolution. — Le Mémoire du fossoyeur Joly. — La mort de Marie-Antoinette et la conscience humaine.

La Reine n'est point ramenée à sa chambre, mais au cabinet des condamnés, pratiqué à l'un des angles de l'avant-greffe (1). Elle demande, en arrivant, à Bault de quoi écrire (2), et elle écrit ses adieux à Madame Élisabeth, à ses enfants, à la vie, ce testament royal d'une reine chrétienne, prête à la mort, prête à Dieu, prête à la postérité. Et si des larmes ont taché le papier (3), ce ne sont point des larmes de femme ; ce sont des larmes de mère sur ce pauvre enfant qu'Hébert a fait parler contre l'honneur de sa

(1) Six journées passées au Temple, par Moille. *Paris, Dentu,* 1820.
(2) Récit exact par la dame Bault.
(3) La Dernière Lettre de Marie-Antoinette. *Paris, Courcier,* 1851.

mère, contre l'honneur de Madame Élisabeth, son autre mère! De quel ton de prière Marie-Antoinette supplie Madame Élisabeth de pardonner, de laisser son cœur à ce malheureux enfant qui l'a fait rougir! et depuis qu'il est des créatures humaines attendant le bourreau, quel supplice a tourmenté leurs dernières heures, pareil au supplice de cette dernière pensée d'une mère?

La Reine écrivait :

« 16 octobre, 4 h. 1/2 du matin.

« C'est à vous, ma sœur, que j'écris pour la dernière fois : je viens d'être condamnée non pas à une mort honteuse, elle ne l'est que pour les criminels, mais à aller rejoindre votre frère; comme lui innocente, j'espère montrer la même fermeté que lui dans ces derniers momens. Je suis calme comme on l'est quand la conscience ne reproche rien ; j'ai un profond regret d'abandonner mes pauvres enfans; vous savez que je n'existois que pour eux et vous, ma bonne et tendre sœur, vous qui avez par votre amitié tout sacrifié pour être avec nous, dans quelle position je vous laisse! J'ai appris, par le plaidoyer même du procès, que ma fille étoit séparée de vous. Hélas! la pauvre enfant, je n'ose pas lui écrire; elle ne recevroit pas ma lettre. Je ne sais même pas si celle-ci vous parviendra, recevez pour eux deux ici ma bénédiction. J'espère qu'un jour, lorsqu'ils seront plus grands, ils pourront se réunir avec vous et jouir en entier de vos tendres soins. Qu'ils pensent tous deux à ce que je n'ai cessé de leur inspirer : que les principes et l'exécution exacte de ses devoirs sont la première base de la vie, que leur amitié et leur confiance mutuelle en feront le bonheur; que ma fille sente qu'à l'âge qu'elle a, elle doit toujours aider son frère par les conseils que l'expérience qu'elle aura de plus que lui et son amitié pourront lui inspirer. Que mon fils à son tour rende à sa sœur tous les soins, les services que l'amitié peut inspirer; qu'ils sentent enfin tous deux que, dans quelque position où ils pourront se trouver, ils ne seront vraiment heureux que par leur union. Qu'ils prennent exemple de nous. Combien, dans nos malheurs, notre amitié nous a donné de consolations! et dans le bonheur on jouit doublement quand on peut le partager avec un ami; et où en trouver de plus tendre, de plus cher que dans sa propre famille? Que mon fils n'oublie jamais les derniers mots de son père, que je lui répète expressément : Qu'il ne cherche jamais à venger notre mort. J'ai à vous parler d'une chose bien pénible à mon cœur. Je sais combien cet enfant doit vous avoir fait de la peine ; pardonnez-lui, ma chère sœur : pensez à l'âge qu'il a, et combien il est facile de faire dire à un enfant ce qu'on veut, et même ce qu'il ne comprend pas. Un jour viendra, j'espère, où il ne sentira que mieux tout le prix de vos bontés et de votre tendresse pour tous deux. Il me reste à vous confier encore mes dernières pensées. J'aurois voulu les écrire dès le commencement du procès; mais, outre qu'on ne me laissoit pas écrire, la marche en a été si rapide, que je n'en aurois réellement pas eu le tems.

« Je meurs dans la religion catholique, apostolique et romaine, dans celle de mes pères, dans celle où j'ai été élevée, et que j'ai toujours professée; n'ayant aucune consolation spirituelle à attendre, ne sachant pas s'il existe encore ici des prêtres de cette religion, et même le lieu où je suis les exposeroit trop s'ils y entroient une fois, je demande sincèrement pardon à Dieu de toutes les fautes que j'ai pu commettre depuis que j'existe. J'espère que dans sa bonté il voudra bien recevoir mes derniers vœux, ainsi que ceux que je fais depuis long-tems pour qu'il veuille bien recevoir mon âme dans sa miséricorde et sa bonté. Je demande pardon à tous ceux que je connois, et à vous, ma sœur, en particulier, de toutes les peines que, sans le vouloir, j'aurois pu vous causer. Je pardonne à tous mes ennemis le mal qu'ils m'ont fait. Je dis ici adieu à mes tantes et à tous mes frères et sœurs. J'avois des amis : l'idée d'en être séparée pour jamais, et leurs peines sont un des plus grands regrets que j'emporte en mourant; qu'ils sachent, du moins, que jusqu'à mon dernier moment j'ai pensé à eux. Adieu, ma bonne et tendre sœur, puisse cette lettre vous arriver! Pensez toujours à moi; je vous embrasse de tout mon cœur, ainsi que ces pauvres et chers enfans : mon Dieu! qu'il est déchirant de les quitter pour toujours. Adieu, adieu! je ne vais plus m'occuper que de mes devoirs spirituels. Comme je ne suis pas libre dans mes actions, on m'amènera peut-être un prêtre; mais je proteste ici que je ne lui dirai pas un mot, et que je le traiterai comme un être absolument étranger (1). »

La Reine remet sa lettre à Bault, à Bault qui dira dans la journée à sa femme : « Ta pauvre Reine a écrit; elle m'a donné sa lettre; mais je n'ai pu la remettre à son adresse, il a fallu la porter à Fouquier (2). »

Puis, la Reine songe au spectacle qu'il lui faudra donner dans quelques heures. Elle craint que son corps, épuisé par la fatigue, affaibli par la maladie, ne trahisse son âme, et, voulant avoir la force de son courage, elle demande quelque nourriture : on lui sert un poulet, dont elle mange une aile (3). Elle demande ensuite à changer de chemise : la femme du concierge lui en donne une ; et, s'étant jetée toute vêtue sur le lit, la Reine s'enveloppe les pieds avec une couverture et s'endort (4).

Elle dormait. On entre. « Voilà, lui dit-on, un curé de Paris qui vient vous demander si vous voulez vous confesser. — *Un curé de Paris...*, murmure tout bas la Reine; *il n'y en a guères...*(5). » Le prêtre s'avance. Il dit à la Reine qu'il s'appelle Girard, qu'il est curé de Saint-Landry, dans la Cité, et qu'il lui apporte les

(1) La dernière lettre de Marie-Antoinette. *Paris*, 1851.
(2) Récit exact par la dame Bault.
(3) Six ournées au Temple, par Moille.
(4) Histoire de Marie-Antoinette, par Montjoye, vol. II.
(5) Révolutions de Paris, par Prudhomme, n° 210.

consolations de la religion (1). La Reine s'est confessée à Dieu seul (2). Elle remercie le prêtre assermenté, sans le renvoyer pourtant. Elle descend de son lit ; elle marche dans le cabinet pour se réchauffer, et se plaint de souffrir aux pieds un froid mortel. Girard lui conseille de mettre son oreiller sur ses pieds : la Reine le fait. « Voulez-vous que je vous accompagne ? dit le prêtre. — *Comme vous voudrez*, » répond la Reine (3).

A sept heures, Sanson se présente : « *Comme vous venez de bonne heure, Monsieur,* lui dit la Reine, *ne pourriez-vous pas retarder ?* — Non, Madame, j'ai ordre de venir. » Cependant la Reine était toute prête : elle avait elle-même coupé ses cheveux (4).

La Reine déjeune d'une tasse de chocolat apporté du café voisin de l'entrée de la Conciergerie, et d'un de ces petits pains, appelés alors *mignonette*, si petit que le gendarme Léger n'ose l'éprouver en le goûtant, de peur de le diminuer (5).

Vers onze heures, la Reine est conduite au greffe à travers une haie de gendarmes, rangée depuis la porte du cabinet où elle a couché, jusqu'à la porte du greffe : on lui lie les mains derrière le dos (6).

Dans Paris, à cinq heures du matin, le tambour bat ; le rappel roule dans toutes les sections. A sept

---

(1) Histoire de Marie-Antoinette, par Montjoye, vol. II.
(2) Mémoire au Roi sur l'imposture et le faux matériel de la Conciergerie. *Paris*, 1825.
(3) Révolutions de Paris, par Prudhomme, n° 210. — (4) *Ibid.*
(5) Six Journées au Temple, par Moille. — (6) *Ibid.*

heures, trente mille hommes sont sur pied; des canons aux extrémités des ponts, des places et des carrefours. A dix heures, la circulation des voitures est interdite dans toutes les rues, du Palais jusqu'à la place de la Révolution, et des patrouilles sillonnent Paris (1).

Trois cent mille hommes ne se sont pas couchés (2); le reste s'est éveillé avant le tambour. La cour de la Conciergerie, les abords de la Conciergerie, le grand perron du Parlement, le pavé, la fenêtre, le parapet, la grille, la balustrade, le toit, le peuple a tout envahi; il emplit tout, et il attend.

Onze heures sonnent dans le murmure de cette foule silencieuse. Toutes les têtes, tous les regards, tous les yeux sont en arrêt et dévorent la charrette acculée à quelques pieds des portes, ses roues crottées, sa banquette faite d'une planche, son plancher sans paille ni foin, son fort cheval blanc, et l'homme à la tête du cheval. Les minutes semblent longues. Un bruit sourd court parmi la foule, un officier fait un commandement, la grille s'ouvre : c'est la Reine, en blanc.

Derrière la Reine, tenant les bouts d'une grosse ficelle qui lui retire les coudes en arrière, marche Sanson. La Reine fait quelques pas. Elle est à la petite échelle qui monte au marchepied, trop court. Sanson s'avance pour la soutenir de la main. La Reine le remercie d'un signe, monte seule et veut enjamber la

---

(1) Bulletin du tribunal criminel révolutionnaire, 2e partie, n° 32.
(2) Le Père Duchêne, n° 299. « La plus grande joie de toutes les joies du Père Duchêne après avoir vu de ses propres yeux la tête du *veto* femelle séparée de son f... col de grue. »

banquette pour se placer en face du cheval, lorsque Sanson et son aide lui disent de se retourner. Le prêtre Girard, en habit bourgeois, monte dans la charrette, et s'assied aux côtés de la Reine. Sanson se place derrière, le tricorne à la main, debout, appuyé contre les écalages de la charrette, laissant, avec un soin visible, flotter les cordes qui tiennent les bras de la Reine. L'aide de Sanson est au fond, debout comme lui et le tricorne à la main (1). Il ne devait y avoir en ce jour de décent que les bourreaux.

La charrette sort de la cour, et débouche dans la multitude. Le peuple se rue, et se tait d'abord. La charrette avance au milieu de gendarmes à pied et à cheval, dans la double haie des gardes nationaux.

La Reine est vêtue d'un méchant manteau de lit de piqué blanc (2), par-dessus un jupon noir. Elle porte un ruban de faveur noire aux poignets, au cou un fichu de mousseline unie blanc (3); elle a des bas noirs, et des souliers de prunelle noire, le talon haut de deux pouces, *à la Saint-Huberty* (4). La Reine n'a pu obtenir d'aller à l'échafaud tête nue : un bonnet de linon, sans barbes, cache au peuple les cheveux que la révolution lui a faits, des cheveux tout blancs (5). La Reine est pâle ; le sang tache ses pommettes et injecte ses

---

(1) Récit du v^{te} Charles Desfossez. Louis XVII, par de Beauchesne, 1853, vol. II.
(2) Histoire de Marie-Antoinette, par Montjoye, vol. II. — Bulletin du tribunal criminel, n° 32.
(3) Récit du vicomte Charles Desfossez.
(4) Mémoires secrets et universels sur la Reine de France, par Lafont d'Aussonne. Déclaration de Rosalie Lamorlière.
(5) Révolutions de Paris, par Prudhomme, n° 210.

yeux, ses cils sont roides et immobiles, sa tête est droite (1), et son regard se promène devant elle, indifférent, sur les gardes nationaux en haie, sur les visages aux fenêtres, sur les flammes tricolores, sur les inscriptions des maisons (2).

La charrette avance dans la rue Saint-Honoré. Le peuple fait retirer les hommes des fenêtres (3). Presque en face l'Oratoire, un enfant, soulevé par sa mère, envoie de sa petite main un baiser à la Reine.... (4). Ce fut le seul moment où la Reine craignit de pleurer.

Au Palais-Égalité le regard de la Reine s'allume un instant, et l'inscription de la porte ne lui échappe pas (5).

Quelques-uns battent des mains sur le passage de la Reine; d'autres crient (6).

Le cheval marche au pas. La charrette avance lentement. Il faut que la Reine « boive longtemps la mort (7)! »

Devant Saint-Roch la charrette fait une station, au milieu des huées et des hurlements. Mille injures se lèvent des degrés de l'église comme une seule injure, saluant d'ordures cette Reine qui va mourir. Elle pourtant, sereine et majestueuse, pardonnait aux injures en ne les entendant pas.

(1) Journal universel (par Audouin), n° 1423.
(2) Bulletin du tribunal criminel révolutionnaire, n° 32.
(3) La Quotidienne ou la Gazette universelle, n° 396.
(4) Mémoires secrets sur les malheurs et la mort de la Reine de France, par Lafont d'Aussonne. 1825.
(5) Bulletin du tribunal criminel révolutionnaire, n° 32.
(6) Révolutions de Paris, par Prudhomme, n° 210.
(7) Journal universel (par Audouin), n° 1423.

La charrette enfin repart, accompagnée de clameurs qui courent devant elle. La Reine n'a pas encore parlé au curé Girard ; de temps à autre seulement elle lui indique, d'un mouvement, qu'elle souffre des nœuds de corde qui la serrent ; et Girard, pour la soulager, appuie la main sur son bras gauche. Au passage des Jacobins, la Reine se penche vers lui et semble l'interroger sur l'écriteau de la porte qu'elle a mal lu : *Atelier d'armes républicaines pour foudroyer les tyrans.* Pour réponse, Girard élève un petit Christ d'ivoire. Au même instant, le comédien Grammont, qui caracole autour de la charrette, se dressant sur ses étriers, lève son épée, la brandit, et, se retournant vers la Reine, crie au peuple : « *La voilà, l'infâme Antoinette!.... Elle est f...., mes amis...* (1)*!* »

Il était midi. La guillotine et le peuple s'impatientaient d'attendre, quand la charrette arriva sur la place de la Révolution. La veuve de Louis XVI descendit pour mourir où était mort son mari. La mère de Louis XVII tourna un moment les yeux du côté des Tuileries, et devint plus pâle qu'elle n'avait été jusqu'alors (2). Puis la Reine de France monta à l'échafaud, et se précipita à la mort... (3).

« *Vive la république!* » cria le peuple : c'était Sanson qui montrait au peuple la tête de Marie-Antoinette (4), tandis qu'au-dessous de la guillotine le

---

(1) Récit du vicomte Charles Desfossez.
(2) Bulletin du tribunal criminel révolutionnaire, n° 32.
(3) La Quotidienne ou la Gazette universelle, n° 396.
(4) Bulletin du tribunal criminel révolutionnaire, n° 32.

gendarme Mingault trempait son mouchoir dans le sang de la martyre (1).

Le soir, un homme, son ouvrage du jour fini, écrivait ce compte (2), que les mains de l'Histoire ne touchent qu'en frissonnant :

« *Mémoire des frais et inhumations fais par Joly, fossoyeur de la Madeleine de la Ville-l'Évêque, pour les personnes mis à mort par jugement dudit tribunal :*

Scavoir :

Du 1ᵉʳ mois. . . . .
. . . .
Le 25 idem.

La Vᵉ Capet. Pour la bierre. . . . 6 livres.
Pour la fosse et les fossoyeurs. . . . 25   »

---

(1) Bulletin du tribunal criminel révolutionnaire, n° 33.
(2) Ce Mémoire, possédé et communiqué par M....., se termine ainsi : « Vu et arrêté par moi, président du tribunal révolutionnaire, à la somme de deux cent soixante-quatorze livres pour être touchée par Joly, fossoyeur de la Madelaine, à la trésorerie nationale. A Paris, ce 11ᵉ brumaire, l'an II de la République française. — Herman, *prdt.* »

La mort de Marie-Antoinette a calomnié la France.

La mort de Marie-Antoinette a déshonoré la Révolution.

Mais il en est de pareils crimes comme de certaines gloires : celles-ci n'ennoblissent, ceux-là ne compromettent pas seulement une génération et une patrie. Gloires et crimes dépassent leur temps et leur théâtre. L'humanité tout entière, associée à elle-même dans la durée et dans l'espace, en revendique le bénéfice ou en porte le deuil; et il arrive que la mort d'une femme désole cette âme universelle et cette justice solidaire des siècles et des peuples : la conscience humaine; il arrive que le remords d'une nation profite aux nations, et que l'horreur d'un jour est la leçon de l'avenir.

Oui, ce jour, dont la postérité ne se consolera pas, demeurera dans la mémoire des hommes l'immortel exemple de la Terreur. Le 16 octobre 1793 apprendra ce que les jeux d'une révolution font d'un peuple, hier les amours du monde. Il apprendra comment, en un moment, une cité, un empire, deviennent semblables à cet ami de saint Augustin, entraîné aux combats du cirque, tout à coup goûtant leur fureur et jouissant de leur barbarie.

Le 16 octobre 1793 parlera aux philosophies humaines. Il s'élèvera contre les cœurs trop jeunes, contre les esprits trop généreux, contre l'armée de ces Condorcets qui meurent sans vouloir renier l'orgueil de leurs illusions. Il avertira les systèmes de leur vanité, les rêves de leur lendemain. Il montrera le fait à l'idée, les passions aux doctrines, à Salente le bois des Furies, aux utopies l'homme.

Ce jour enfin rappellera l'Histoire à la modestie de ses devoirs. Il lui conseillera un ton plus prudent, une raison plus humble. Il lui enseignera qu'il ne lui appartient point de flatter l'humanité, de la tenter, d'exaspérer ses présomptions, de solliciter ses impatiences, et de l'appeler, en l'enivrant de mots, aux aventures d'un progrès continu et d'une perfectibilité indéfinie.

FIN

TABLE DES CHAPITRES

LIVRE PREMIER

1755-1774

Pages.

I. Abaissement de la France au milieu du dix-huitième siècle. — Politique de l'Angleterre. — Traité de Paris. — Nouvelle politique française de M. de Choiseul. — Alliance de la France avec la maison d'Autriche. — Naissance de Marie-Antoinette. — Son éducation française. — Correspondances diplomatiques et négociations du mariage. — Audience solennelle de l'ambassadeur de France. — Départ de Vienne de l'archiduchesse Antoinette.................................... 3

II. Le pavillon de remise dans une île du Rhin. — Portrait de la Dauphine. — Fêtes à Strasbourg, à Nancy, à Châlons, à Soissons. — Arrivée à Compiègne. — Réception de la Dauphine par le Roi, le Dauphin et la cour. — La Dauphine à la Muette. — Cérémonies du mariage à Versailles. — Accident de la place Louis XV...................... 13

III. La Dauphine à Versailles. — Sa gaieté, ses plaisirs. — La comédie dans un cabinet d'entre-sol. — Le Roi charmé par la Dauphine. — Jalousie et manœuvres de madame du Barry. — Dispositions de la famille royale pour la Dauphine : Mesdames Tantes, Madame Élisabeth, le comte d'Artois, le comte de Provence. — Le Dauphin. — Son gouverneur, M. de la Vauguyon. — Son éducation. — M. de la Vauguyon renvoyé par la Dauphine. — Portrait moral de la Dauphine. — Son instituteur, l'abbé de Vermond. — Le clergé et les femmes au dix-huitième siècle. — Madame de Noailles et madame de Marsan.................. 24

IV. Liaisons de la Dauphine. — Madame de Picquigny. — Madame de Saint-Mégrin. — Madame de Cossé. — Madame de Lamballe. — Entrée du Dauphin et de la Dauphine dans leur bonne ville de Paris. — Popularité de la Dauphine. — Intrigues du *parti français* contre la Dauphine et l'alliance qu'elle représente. — M. d'Aiguillon. — La Dauphine appelée *l'Autrichienne*.. 42

LIVRE DEUXIÈME

1774-1789

I. Mort de Louis XV. — Crédit de Madame Adélaïde sur Louis XVI. — Intrigues du château de Choisy. — M. de Maurepas au ministère. — Vaines tentatives de la Reine en faveur de M. de Choiseul. — Conduite de M. de Maurepas avec la Reine. — MM. de Vergennes et de Muy hostiles à la Reine. — Influence de Madame Adélaïde. — Madame Louise la Carmélite et les comités de Saint-Denis. — Rapport au Roi de Madame Adélaïde contre la Reine. — Le *Lever de l'Aurore*. — M. de Maurepas se séparant de Mesdames Tantes. — Bienfaisance de la Reine. — Les préventions du Roi contre M. de Choiseul entretenues par M. de Maurepas. — Défiance du Roi....................... 57

II. La Reine et le Roi. — Le petit Trianon donné par le Roi à la Reine. — Travaux de la Reine au petit Trianon : M. de Caraman, l'architecte Mique, le peintre Hubert Robert. — Tyrannie de l'étiquette : une matinée de la Reine à Versailles. — Madame de Lamballe. — Rupture de la Reine avec madame de Cossé. — Madame de Lamballe surintendante de la maison de la Reine. — La Reine et la mode : coiffures, courses en traîneau, bals. — Inimitiés des femmes de l'ancienne cour contre la Reine... 74

III. Portrait physique de la Reine. — Amour du Roi. — La comtesse Jules de Polignac. — Commencement de la faveur des Polignac. — Première grossesse de la Reine. — Naissance de Marie-Thérèse-Charlotte de France. — Les Polignac comblés des grâces de la Reine. — Succession de ministres mal disposés pour la Reine : Necker, Turgot, le prince de Montbarrey, M. de Sartines. — Retranchements dans la maison de la Reine. — La Reine se refusant à l'ennui des affaires. — La Reine préparée par le parti français et forcée de se défendre. — Nomination de M. de Castries et de M. de Ségur. — Naissance du Dauphin. — Madame de Polignac gouvernante des enfants de France. — Son salon dans la grande salle de bois de Versailles...................... 96

IV. Ennui de Marly. — Le petit Trianon. — La vie au petit Trianon. — Le palais, les appartements, le mobilier. — Le jardin français, la *salle des fraîcheurs*. — Le jardin anglais, le pavillon du Belvédère, le hameau, etc. — La société de la Reine au petit Trianon. — Le baron de Besenval, le comte de Vaudreuil, M. d'Adhémar. — Les femmes. — Diane de Polignac. — Caractère de l'esprit de la Reine. — Sa protection des lettres et des arts. — Son goût de la musique et du théâtre. — Le théâtre du petit Trianon........................... 123

V. Exigences de la société Polignac. — Nomination de M. de Calonne imposée à la Reine. — La Reine compromise par ses amis. — Plaintes et refroidissement des amis de la Reine. — Mort du duc de Choiseul. — Retour de la Reine vers madame de Lamballe. — Mouvement de l'opinion contre la Reine. — Achat de Saint-Cloud. — Tristes pressentiments de la Reine............................ 150

VI. La calomnie et la Reine. — Pamphlets, libelles, satires, chansons contre la Reine. — Les témoins contre l'honneur de la Reine : M. de Besenval, M. de Lauzun, M. de Talleyrand. — Jugement du prince de Ligne. — Exposé de l'affaire du collier. — Arrestation du cardinal de Rohan. — Défense du cardinal. — Dénégations de madame la Motte. — Dépositions de la d'Oliva et de Rétaux de Villette. — Examen des preuves et des témoignages de l'accusation. — Arrêt du parlement. — Applaudissement des halles à l'acquittement du cardinal............ 162

VII. Le portrait de la Reine non exposé au Louvre, de peur des insultes. — Découragement de la Reine. Sa retraite à Trianon. — L'abbé de Vermond, conseiller de la Reine. Plans politiques de l'abbé de Vermond et de son parti. — M. de Loménie de Brienne au ministère. — La Reine dénoncée à l'opinion publique par les parlements. — Retraite de M. de Brienne. — Rentrée aux affaires de M. Necker, soutenu par la Reine. — Ouverture des états généraux.................. 197

LIVRE TROISIÈME

1789-1793

I. Situation de la Reine, au commencement de la révolution, vis-à-vis du Roi, de Madame Élisabeth, de Madame, de la comtesse d'Artois, de Mesdames Tantes, de Monsieur, du comte d'Artois. — Les princes du sang : le duc de Penthièvre, le prince de Condé, le duc de Bourbon, le comte de la Marche. — Le duc d'Orléans. — La Reine et les salons : le Temple, le Palais-Royal, etc. — La Reine et l'Europe. — L'An-

TABLE DES CHAPITRES.

gleterre. — La Prusse. — La Suède. — L'Espagne et Naples. — La Savoie, etc. — L'Autriche 209

II. Chagrins maternels de Marie-Antoinette. — Lettre de Marie-Antoinette sur le caractère et l'éducation du Dauphin. — Mort du Dauphin. — Éloignement de la Reine du salon de madame de Polignac. — La comtesse d'Ossun. — Séparation de la Reine et des Polignac, après la prise de la Bastille. — Correspondance de la Reine avec madame de Polignac. — La Révolution et la Reine. — Plan d'assassinat de la Reine. — Le 5 octobre. — Le 6 octobre. — MM. de Miomandre et du Repaire. — La Reine au balcon de Versailles. — Réponses de la Reine au Comité des recherches et au Châtelet........................ 226

III. La famille royale aux Tuileries. — Les Tuileries. — La Reine et ses enfants. — La Reine prenant part aux affaires. — Mirabeau. — Négociations de M. de la Marck auprès de la Reine. — Entrevue de la Reine et de Mirabeau à Saint-Cloud............................. 245

IV. Varennes. — Le départ. — Le retour. — La surveillance aux Tuileries. — Barnave et la Reine. — La Reine au spectacle. — Tumulte à la Comédie italienne. Insultes de l'*Orateur du peuple*. — La maison civile imposée à la Reine par la nouvelle constitution. Paroles de la Reine. — Illusions de Barnave. — Le parti des assassins de la Reine. — La Reine séparée de madame de Lamballe. — Correspondance de la Reine avec madame de Lamballe................................ 258

V. Marie-Antoinette homme d'État. — Sa correspondance avec son frère Léopold II. — Son plan, ses espérances, ses illusions. — Sa correspondance avec le comte d'Artois. Son opposition aux plans de l'émigration. — Caractère de Madame Élisabeth. Son amitié pour le comte d'Artois. Sa correspondance. Sa politique. — Préoccupation de Marie-Antoinette du salut du royaume par le Roi............... 275

VI. Le 20 juin. — La Reine enchaînée par la faiblesse du Roi. — La seconde fédération. — Démarche du général Dumouriez, démarche de M. de la Fayette auprès de la Reine. — Outrages et insultes aux Tuileries. — La nuit du 9 au 10 août. — La Reine au 10 août. — La Reine au *Logographe*, aux Feuillants. — Départ pour le Temple.. 299

VII. La Reine au deuxième étage de la petite tour du Temple. — Séparation de madame de Lamballe. — Le procureur de la Commune du 10 août, Manuel. — L'espionnage autour de la Reine. — Souffrances de la Reine. — Le 3 septembre au Temple. — La vie de la Reine au Temple. — Outrages honteux. — La Reine séparée de son mari. — La Reine dans la grosse tour. — Drouet et la Reine. — Délibérations de la Commune sur les demandes de la Reine. — Procès du Roi. — Dernière entrevue de la Reine et du Roi. — Nuit du 20 au 21 janvier 1793.. 319

TABLE DES CHAPITRES.

VIII. Portrait de Marie-Antoinette au Temple. — État de son âme. — Les dévouements dans le Temple et autour du Temple : Turgy, Cléry, les commissaires du Temple. — M. de Jarjayes. — Toulan. — Projet d'évasion de la Reine. — Billets de la Reine. — Le baron de Batz. Sa tentative au Temple. — Marie-Antoinette séparée de son fils........ 344

IX. Marie-Antoinette à la Conciergerie. — Le concierge Richard. — Impatiences de la Révolution. — Vaine recherche de pièces contre la Reine. — Espérances du parti royaliste. — L'œillet du chevalier de Rougeville. — Le concierge Bault. — Discours de Billaud-Varennes. — Lettre de Fouquier-Tinville.................................... 373

X. Premier interrogatoire de Marie-Antoinette. — Chauveau-Lagarde et Tronçon-Ducoudray, ses défenseurs. — La Reine devant le tribunal criminel extraordinaire. — Acte d'accusation. — Les témoins, les dépositions, les demandes du président, les réponses de la Reine à l'accusation d'Hébert. — Épuisement physique de la Reine. — Clôture des débats. — Le procès de la Reine jugé par le *Père Duchêne*. — Marie-Antoinette condamnée et ramenée à la Conciergerie............ 387

XI. Dernière lettre de la Reine à Madame Élisabeth. — Le curé Girard. — Sanson. — Paris le 16 octobre 1793. — La Reine sur la charrette. — Le chemin de la Conciergerie à la place de la Révolution. — Le Mémoire du fossoyeur Joly. — La mort de Marie-Antoinette et la conscience humaine... 412

FIN DE LA TABLE.